墨香财经学术文库

"十二五"辽宁省重点图书出版规划项目

高管权力、企业创新及股价崩盘风险关系研究

Study on the Relationship between
Managerial Power, Corporate Innovation and
Stock Price Crash Risk

侯婧 著

东北财经大学出版社
Dongbei University of Finance & Economics Press

大连

图书在版编目（CIP）数据

高管权力、企业创新及股价崩盘风险关系研究 / 侯婧著 . 一大连：东北财经大学出版社，2022.12

（墨香财经学术文库）

ISBN 978-7-5654-4736-5

Ⅰ.①高⋯　Ⅱ.①侯⋯　Ⅲ.①企业领导-研究 ②企业创新-研究 ③股票价格-研究

Ⅳ.①F272.91 ②F273.1 ③F830.91

中国版本图书馆CIP数据核字（2022）第251698号

东北财经大学出版社出版发行

　　大连市黑石礁尖山街217号　邮政编码　116025

　　网　　址：http://www.dufep.cn

　　读者信箱：dufep @ dufe.edu.cn

大连图腾彩色印刷有限公司印刷

幅面尺寸：170mm×240mm　字数：237千字　印张：16.25　插页：1
2022年12月第1版　　　2022年12月第1次印刷
责任编辑：孙　平　　　　　责任校对：吴　奂
封面设计：原　皓　　　　　版式设计：原　皓
定价：58.00元

前言

习近平总书记在党的二十大报告中强调,"加快实施创新驱动发展战略,强化企业科技创新主体地位,发挥科技型骨干企业引领支撑作用"。2021年年底召开的中央经济工作会议指出,"进入新发展阶段,我国发展内外环境发生深刻变化,面临许多新的重大理论和实践问题,需要正确认识和把握",其中之一就是"要正确认识和把握防范化解重大风险",在资本市场要妥善处理金融市场异常波动,规范金融市场秩序,维护国家金融经济安全。由此可见,企业创新驱动和资本市场稳定是目前我国经济新常态下的两个重要议题。从企业创新驱动来说,我国整体创新水平得到大幅提升,但实质性创新能力有待加强。企业作为技术创新的主体,高质量的创新不仅是自身发展的动力,更是在转型期驱动经济增长的关键要素。高管位于企业科层结构的顶端,是企业创新的决策者和执行者,其可能出于自身规避风险考虑抑制创新,也可能出于企业家精神促进创新,还可能把创新作为获取私人收益的工具,因此高管权力对企业内部的创新行为具有重要影响。从资本市场稳定来说,作为新兴的资本市场,股价暴涨暴跌的现象时有发生,而暴跌引起的崩盘对市场危害极大。学术界普遍认为企业内部代理问题引起的信息不对称是股价崩盘风险形成的内因，投资者的反应是外部推力。高管权力对企业内部的决策行为所产生的代理问题和信息不对称可能会加剧外部资本市场的股价崩盘风险。

本书以此为契机，在我国部分企业高管权力不断膨胀导致代理问题、国家层面上呼吁企业创新但企业实质性创新效果有限以及资本市场上股价波动剧烈的现实背景下，区分异质性产权，考察了高管权力、企业创新和股价崩盘风险之间的关系规律，对于制衡高管权力、提升企业实质性创新能力、降低股价崩盘风险、维护金融市场稳定具有重要的理论和现实意义。本书选取了2006—2017年沪深两市A股上市公司样本数据，采用规范研究和实证研究相结合的方式，在回顾了高管权力、企业创新与股价崩盘风险相关文献的基础上，根据契约观的委托代理理论、信息不对称理论、剩余控制权理论以及行为观的现代管家理论、过度自信理论，结合我国高管权力形成的制度背景，提出了高管权力、企业创新与股价崩盘风险的理论分析框架。随后利用非平衡面板数据进行OLS回归和Tobit回归、调节变量分析、中介效应检验等方法探讨高管权力对创新投入和创新产出的影响规律、高管权力对未来股价崩盘风险的影响规律、企业创新行为对股价崩盘风险的影响规律以及高管权力通过企业创新影响股价崩盘风险的传导规律。研究发现：

（1）高管权力提升了企业创新投入和产出水平，但并不能将其全部归因于高管出于维护股东利益动机和企业家精神的体现。在国有企业中，高管权力对创新投入具有挤出效应，与创新投入无显著相关性。相比于实质性创新，高管权力对策略性创新的促进作用更显著。非国有企业可能面临严峻市场竞争环境和较少的政府干预，高管权力促进了创新投入和实质性创新，但也可能是受到"掏空"动机影响，将创新投入作为代理工具，从而促进了策略性创新投入和产出水平。以制度环境作为调节变量时，发现良好的制度环境约束了高管的自利动机、减少了政府干预程度，同时提供了宽松的创新环境，从而对创新投入和实质性创新具有促进作用。

（2）高管权力加剧了股价崩盘风险。在股权分散的非国有企业中，相对大股东的监督作用抑制了两者的正相关关系；在股权集中的非国有企业中，控股股东的"掏空"效应加剧了两者的正相关关系；国有企业中高管规避风险动机明显，两者的正相关关系相比于非国有企业较弱。对上述关系规律进行影响机制研究发现，高管权力影响股价崩盘风险的主因并非高管过度自信而是深层的代理问题；制度环境约束了高管权力的膨胀并增加了信息的透明度，从而有效抑制了两者的正相关关系。

（3）创新产出减少了创新的不确定性，抑制了股价崩盘风险，投资者关注的信心效应增强了两者的负相关关系；创新投入增加了信息不对称，加剧了股价崩盘风险，投资者关注的信息解读效应减弱了两者的正相关关系；增加创新投入还可能成为内部人进行减持的工具，内部减持加剧了股价崩盘风险，投资者关注引起市场恐慌从而增强了两者的正相关关系。

（4）在总样本和非国有企业样本中，高管权力影响股价崩盘风险在创新投入的路径中具有部分中介效应，而高管权力影响股价崩盘风险在创新产出总水平和实质性创新中具有部分遮掩效应，而在国有企业样本中，无论是创新投入还是创新产出都无法实现高管权力对股价崩盘风险的中介效应。

本书的撰写得到河北省社会科学基金项目（HB20GL045）、河北省教育厅人文社科重点项目（SD2021025）、廊坊师范学院博士科研启动项目和横向课题项目"创新视角下高管权力配置的外部市场效应研究"资助。本书参考文献涉及的学科主要有管理学、经济学和法学，主要来自于 The Journal of Finance、Journal of Financial Economics、Journal of Political Economy、Academy of Management Review、American Economic Review、The Accounting Review、《管理世界》、《经济研究》、《中国工业经济》、《南开管理评论》、《世界经济》以及《金融研究》等国内外经济与管理领域的顶级学术期刊。感谢每篇论文的作者及他们所发表的高质量论文，这是撰写本书的基础。感谢我的导师朱莲美教授对框架设计、研究思路和方法运用所提出的宝贵建议。最后，感谢东北财经出版社对本书出版给予的大力支持！

著　者

2022 年 10 月

▌目录

第1章　引言

1.1　研究背景及意义

1.1.1　研究背景

习近平总书记在党的二十大报告中强调，"加快实施创新驱动发展战略，强化企业科技创新主体地位，发挥科技型骨干企业引领支撑作用"。2021年年底召开的中央经济工作会议指出，"进入新发展阶段，我国发展内外环境发生深刻变化，面临许多新的重大理论和实践问题，需要正确认识和把握"，其中之一就是"要正确认识和把握防范化解重大风险"，在资本市场要妥善处理金融市场异常波动，规范金融市场秩序，维护国家金融经济安全。由此可见，企业创新驱动和资本市场稳定是目前我国经济发展新常态下的两个重要议题。

（1）我国企业创新能力有待加强

经过40多年经济快速增长，我国一跃成为世界第二大经济体并在世界经济中担当重要角色（李春涛和宋敏，2010[1]）。这种快速增长主要依托的是要素投入和规模扩张，但此模式已经不适应经济发展"新常态"的状况。目前我国正处于转变发展方式、优化经济结构、转换经济增长动力的攻坚期，由高速增长阶段转向高质量发展阶段，而转变的关键在于技术创新，技术创新成为经济持续稳健增长的引擎。1998—2017年的20年间 R&D 投入占 GDP 的比例从 0.65% 增长到 2.15%，国内年专利申请数量（1998—2016 年）从 12 万余件快速增长至 369 万余件①，在世界知识产权组织发布的 2018 年全球创新指数排名中，我国位列世界最具创新力经济体第 17 位，第一次进入前 20 名，排名的快速攀升反映了最高领导层的战略导向，提升自主创新能力成为国家长期发展的战略目标。而企业作为技术创新的主体，高质量的创新不仅是企业自身发展的动力，更是驱动国家经济增长、提升国家竞争力的关键要素（Solow，1957[2]）。因此，企业技术创新问题引起政府、企业和学术界的广泛关注。

高管位于企业科层结构的顶端，是企业创新的决策者和执行者，利用自身权力影响和控制企业重大决策的制定，因此对企业创新的影响最为关键。企业创新是一项高风险且预期未来收益不确定的长期投资活动（Holmstrom，1989[3]），它包括创新投入和创新产出两部分。从高管的创新动机来说，可能出于自身规避风险考虑而抑制创新（Manso，2011[4]），可能出于过度自信的心理乐观预期未来而鼓励创新（Hirshleifer et al.，2012[5]），也可能出于企业家精神积极承担风险而促进创新（Davis et al.，1997[6]），同时还可能出于个人声誉、职位考虑或以构建商业帝国为目的而增加创新投入，此时的创新投入可能意味着更高的代理成本（Jensen 和 Meckling，1976[7]），并不一定能真正转化为创新产出尤其是高质量的创新产出。只有以推动技术进步为目的的实质性创新才是高质量的创新，而以其他自利动机为目的的策略性创新（Tong et al.，2014[8]；黎文靖和郑曼妮，2016[9]）并不能有效驱动经济增长。从我国的创新产出来看，如图 1-1 所示，实质性创新虽逐年递

---

① 数据来源于国家统计局科技创新数据。

增，但明显低于策略性创新，企业创新能力亟待提升。综上，权力是高管重要的特征，拥有自由裁夺权的高管可以将自身的动机直接作用于企业的战略决策中，会直接影响到企业的创新行为，因此为我们从高管权力去研究企业创新问题提供了良好的视角。

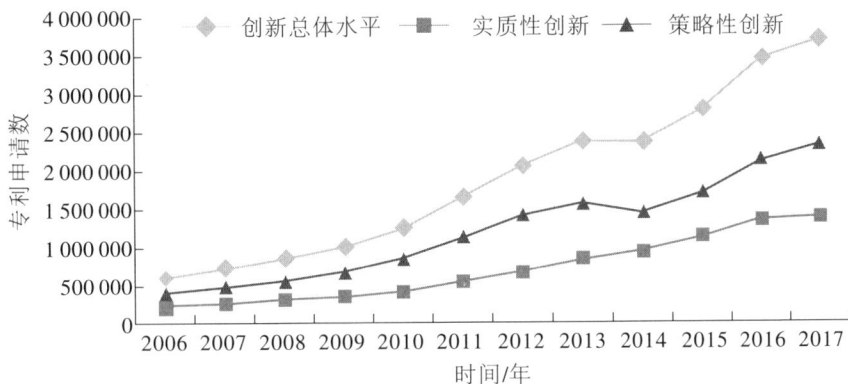

图1-1　2006—2017年中国创新产出历年变化折线图

数据来源：国家统计局。[①]

（2）股价崩盘影响资本市场稳定

技术创新是经济发展的内在动力，资本市场的稳定是经济持续增长的外在保障。在大规模调整经济布局的经济转型期，中央政府多次强调要防范金融风险，维护资本市场的稳定。而股价的"暴涨暴跌"是资本市场上的重要现象，我国资本市场作为新兴的资本市场，起步时间短、信息环境较差[②]、投资者投机性较强，近年来股价暴涨暴跌的现象时有发生。2014年下半年，前四个月A股大盘指数暴涨150%，后两个月暴跌50%左右，2015年上半年股指突破5 000点，下半年不足两个月暴跌40%，出现千股涨停、千股跌停的局面，2018年年底再次出现百股跌停的现象。个股暴跌的案例也屡见不鲜：从重庆啤酒（600132）到乐视网（300104），从天广中贸（002509）到佳源国际（H股02768），瞬间百亿市值蒸发。虽然股价波动是资本市场的正常情况，但个股的暴跌往往具

[①]　根据已有文献将发明专利申请界定为实质性创新，将实用新型和外观设计专利申请界定为策略性创新。

[②]　信息环境差的一个重要表现是股价的同步性。在 Morck（2000）的研究调查中，中国的股价同步性位居世界第二；Jin 和 Myers（2006）研究发现，中国市场的股价同步性高居世界第一。

有传染性，会引发多只股票同时下跌，造成股票市场的恐慌，尤其是股价暴跌引起的崩盘不仅会造成投资者的个人财富严重缩水，损害股东利益，打击投资者信心，而且也不利于金融市场的长期稳定发展，甚至导致资源错配、危害实体经济发展。因此，探究股价崩盘风险的形成机理和治理机制是学术界一直以来关注的焦点问题。

学术界普遍认为股价崩盘风险形成的原因是公司内部人（高管或控股股东）出于私利对企业的负面信息进行捂盘，导致公司信息透明度进一步降低，当负面信息持续增加达到一定阈值后集中爆发而引起股价的暴跌（Jin和Myers，2006[10]；Hotton et al.，2009[11]）。可见股价崩盘风险的内因是由企业内部代理问题引发的信息不对称所致，而市场投资者的反应是外部推力。从内因来说，企业中最大的代理问题是管理层与股东之间的代理问题（Berle和Means，1932[12]；Jenson和Meckling，1976[7]）和控股股东与中小股东之间的代理问题（Shleifer和Vishny，1986[13]；Claessens et al.，2000[14]；Faccio和Lang，2002[15]）。高管凭借其特殊的组织地位、信息优势以及个人权威不断影响董事会的决策和意愿（Lambert et al.，1993[16]），在很大程度上获得了公司的控制权，导致在我国上市公司中往往存在以上两种代理问题。综上，高管权力下的代理问题以及由此形成的信息不对称会对资本市场上股价崩盘风险造成重要影响。

（3）我国企业高管权力膨胀较为明显

高管权力在企业内部影响战略决策行为，同时在决策过程中由于自利动机可能产生代理问题进而增加信息的不对称性，由此对资本市场上的股价崩盘风险产生影响，因此高管权力问题是研究的重点。

在现代企业制度下，两权分离导致股东与管理层利益不一致，产生了股东与管理层之间的委托代理问题和信息不对称问题（Berle和Means，1932[12]）。作为委托人股东，其目标是企业价值最大化，追求长期利润；而作为代理人的管理层，通过契约掌握着企业重要的经营管理权，对企业的经营发展具有决定性作用（Coase，1937[17]），可能引起逆向选择和道德风险行为的发生（Jensen和Meckling，1976[7]）。董事会作为重要的内部控制机制（Baysinger和Hoskison，1990[18]），拥有股东赋予的绝对权力，对重要事项具有决策权，通过行使其合法权力监督高管，对其进行雇用、辞退和激励。但管理权理论认为，由于"搭便车"现象以及信息控制等问题存在，管理层"超越"董事会拥有对经营决策的绝对控制权（Bebchuk et al.，2002[19]）。不同于发达国家已经建立了成熟的职业经理人市场，在我国活跃的经理人市场尚未真正存在，不能提供有效的公司治理机制（姜付秀等，2016[20]）。在国有企业中，"一股独大"的股权结构以及"所有者缺位"导致内部人控制；而在非国有企业中，高管由控股股东本人或其亲属担任，拥有较高的"话语权"，高管权力表现为控股股东的控制权（王茂林等，2014[21]）。可见，高管在国有企业和非国有企业中都拥有了超越董事会的绝对影响力（卢锐，2008[22]），但高管在异质性产权下行为动机和产生的代理问题不同，从而高管权力对企业经营决策和资本市场的影响亦不相同。

本书以此为契机，研究异质性产权下高管权力对企业内部技术创新的影响、对外部资本市场上股价崩盘风险的影响，企业完整的创新行为（创新投入和创新产出）对股价崩盘风险的影响，以及高管权力是否会通过企业创新行为影响未来股价崩盘风险，对于规范高管权力、提高企业创新能力、降低股价崩盘风险、维护金融市场稳定具有重要的理论和现实意义。

1.1.2 研究意义

（1）理论意义

第一，基于委托代理理论、信息不对称理论、剩余控制权理论、现代管家理论和过度自信理论解释高管权力对企业创新行为和未来股价崩盘风险的影响，拓展了高管权力的研究范围。以往研究中多基于管理层权力理论和管理者防御理论，研究高管的自利动机视角下高管权力对高管薪酬、公司治理、业绩波动性或投资效率的影响，本书在此基础上，从自利动机出发分析了高管的"经济人"属性和国有企业高管的"政治人"属性，同时也考虑到了高管作为企业家的利他动机，意在发挥高管权力的正面作用，拓宽高管权力的研究假设。将管理层权力理论应用于高管的行为动机、企业创新行为以及外部资本市场的股价崩盘风险，进一步丰富了管理层权力理论，也为企业创新和股价崩盘风险研究提供了新的视角。

第二，通过异质性产权下的高管权力和外部治理（制度环境）的交互作用的视角去分析企业创新行为，同时分析了企业创新行为可能引起的经济后果，拓宽了企业创新的研究范围。以往研究中多从经济不确定性、产业政策、公司治理、高管政治关联或个人特征角度分析对企业创新的影响，本书从权力配置视角探究了高管创新动机的差异性可能导致差异化的创新结果，把创新看作复杂化的企业行为，厘清了创新投入、实质性创新和策略性创新的关系；同时研究了企业创新的经济后果即对股价崩盘风险的影响，发现创新投入和创新产出对其影响并不相同，丰富了企业创新的研究视角。

第三，从高管权力和企业创新行为两方面探究其对未来股价崩盘风险的影响，拓宽了股价崩盘风险的研究范围。股价崩盘风险主要是由内部人代理问题所导致的信息不对称而引起，投资者反应在其中起到了推波助澜的作用。以往文献中多从代理问题和信息不对称视角进行分析，较少涉及企业行为对股价崩盘风险的影响，本书在内部高管权力影响的基础上，探究了企业创新行为对其的影响，发现创新投入、创新产出以及创新投入引起股价上涨后内部人减持行为对股价崩盘风险具有差异化影响，同时投资者关注在其中起到不同的调节作用，丰富了股价崩盘风险形成机理的研究。

（2）现实意义

本书通过探究高管权力、企业创新和股价崩盘风险三者之间的关系规律，首先是有助于从多个维度了解高管权力，有针对性地监督和制衡高管权力的机会主义行为，从而激励高管权力对企业创新的积极作用，提升企业创新价值；其次是有助于更为全面客观地认识企业创新行为，通过内外部治理机制促进创新投入形成实质性创新产出，提高企业创新能力，进而促进经济增长；最后是有助于深入了解股价崩盘风险的形成机理，从代理问题引发的信息不对称的内在原因和投资者关注的外在推力两个方面缓解股价崩盘风险，以维护资本市场的稳定。

1.2　相关概念界定

1.2.1　高管

高管权力是对公司高管或管理层而言的。高管是高级管理人员的简称。现代公司制的企业的突出特点是两权分离，拥有所有权的股东保留剩余索取权，将经营权让渡出来，由此形成所有者与经营者之间的委托代理关系。董事会享有公司的经营决策权和管理权，对股东大会负责并负责聘任公司的管理层。高管在董事会的授权下负责经营和管理企业，并受董事会的指挥和监督。因此，高管是公司重大经营决策的实施者，同时大部分高管是内部董事甚至兼任董事长或本身持股，高管又是公司决策的制定者和参与者，代表着股东权益。

学者们基于不同研究视角对高管的界定一般分为两类：其一，从广义上说，高管指公司中承担经营决策和管理职责的关键人员，包括董事长、董事、监事、总经理、CEO（首席执行官）和总裁（陈震和丁忠明，2011[23]）；其二，从狭义上说，高管包含总经理、CEO 和总裁，即核心高管（权小锋和吴世农，2010[24]；刘星等，2012[25]；王茂林等，2014[21]；李海霞和王振山，2015[26]；赵毅等，2016[27]）。本书基于产权性质研究高管权力与企业创新以及与股价崩盘风险的关系，将高管在国有与非国有企业中进行区分，在国有企业中"所有者缺位"问题较突出，董事长并不是委托人的代表，与总经理一样也是经营者（吕长江和赵宇恒，2008[28]），同时是董事会决策的领导者，董事长的权力至高无上，因此在国有企业中限定为公司的董事长；在非国有企业中，我们将高管界定为"核心高管"，即总经理、CEO 或总裁。

1.2.2　高管权力

权力在组织运行中处于核心位置，其通过各种方式影响组织中的成员，即每个成员的行动都受到权力不同程度的影响，并且间接地影响组织的利益分配方式和资源，进而影响组织绩效（Thomas，1984[29]）。

权力并非狭义上的压迫性强权，还包括来自行为主体在组织活动中所具备的优势，如获得资源的优势、自身专业知识和技能的优势，以及应对不确定性的优势等（May，1998[30]）。

Coase（1937）[17]曾提到公司组织中的内部权威具有影响公司决策的能力，其实质就是高管权力的含义；而"高管权力"这一概念是由Rabe（1962）[31]最早提出的，将其定义为"高管通过控制公司以完成自身目标的意愿和能力"，即高管凭借其在公司中的权力获取有利于自身利益的薪酬和工作环境；March（1966）[32]在此基础上提出"高管权力就是压制所有不同意见的能力"；Pfeffer（1981）[33]在此基础上将其界定为高管在完成战略目标、实施战略过程中克服阻力的能力；之后Louis（1988）[34]将高管权力界定为管理层对企业的经营和决策的主导权。Finkelstein（1992）[35]总结性地将高管权力界定为"高管对企业战略施加影响使其自身意愿发展的能力"，即高管处理内部不确定性（股东、董事会及其他高管）和外部不确定性（企业战略目标和外部制度环境）的能力，具体过程为管理层对股东大会或董事会制定、执行决策的影响力，甚至能够达到左右企业的战略决策的效果，并进而将高管权力划分为所有权权力、组织权力、专家权力和声望权力四种。随着学术界对代理问题的广泛关注，Bebchuk et al.（2002）[19]基于高管薪酬制定视角提出了管理层权力理论，认为高管权力是指公司在内外部监督控制机制存在缺陷时，高管对公司治理层面施加影响的能力，就薪酬制定层面而言主要指高管在与董事会进行薪酬谈判过程中所拥有的制定高额薪酬的能力。

我国目前正处于经济转轨期，内部公司治理机制缺乏有效制衡，外部制度环境地区差异明显，国有企业中"所有者缺位"导致内部人控制问题显著，非国有企业中总经理大多来自控股股东或受其控制形成利益捆绑，致使高管权力较为集中，超过了董事会确定的范围，不仅拥有执行权，还具有一定的决策权。

综上，本书在Finkelstein（1992）[35]、Bebchuk et al.（2002）[19]的基础上，遵循权小锋等（2010）[24]、王雄元等（2014）[36]观点认为高管权力是在内外部治理机制不健全的前提下，高管所拥有的超过其特定权力范围，能够对企业经营决策和战略决策施加影响的能力。

1.2.3　企业创新

企业创新从广义上来说包括组织创新、技术创新、管理创新、战略创新等方面，从狭义上来说只包含技术创新，本书主要研究狭义的企业创新即企业技术创新。技术创新活动是企业长期投资的重要组成部分，被认为是促进企业发展与经济增长的重要手段之一，决定着企业长期竞争力水平的高低甚至国家竞争战略优势的保持（Tian & Wang，2014[37]）。企业技术创新从过程上来说包括两个阶段，即创新投入阶段和创新产出阶段。创新投入也称研发投入或R&D支出，是企业战略投资决策的重要组成部分，一般来说创新投入的增加会提高企业的创新实力和竞争力，但创新投入与高水平创新产出或创新效率并不具有必然联系，过多的创新投入可能意味着更多的代理成本（Jensen和Meckling[7]）。高管位于科层结构的顶端，对于企业创新战略具有重要影响。创新产出可进一步细分为发明专利、实用新型专利和外观设计专利。发明专利旨在产品方法、技术上的创新，具有技术含量最高、创造性劳动投入最多、研发难度最大、创新风险最高等特点；实用新型和外观设计专利旨在产品形状、构造和图案上的突破，并非技术上的革新，技术含量相对较低。因此，创新产出从动机角度进行划分，可以分为实质性创新和策略性创新。其中"实质性创新"是以推动企业技术进步和获取竞争优势为目的的发明专利；"策略性创新"是以谋取其他利益为目的、追求创新数量和速度而迎合外部政策的实用新型和外观设计专利（Tong et al.，2014[8]；黎文靖和郑曼妮，2016[9]）。依据以上分析，本书在对企业创新进行研究时，是从创新过程和创新动机两个层面进行探讨，从而更为全面地揭示高管权力、企业创新与股价崩盘风险三者的关系。

1.2.4　股价崩盘风险

股价崩盘主要指在证券市场上由于某种原因出现证券被大面积抛售，进而引起单个公司股价或整个市场指数快速下跌并无法预期下跌程度和时间的现象。而股价崩盘风险并不一定是股价的真正崩盘（谢德仁等，2016[38]），而是指上市公司股价出现该种极端负值的概率或者说公司股票收益左偏的程度（Jin 和 Myers，2006[10]）。

已有文献大多基于代理理论视角来研究股价崩盘风险的原因，提出管理层隐藏公司利空消息是发生股价崩盘的主观原因（Jin 和 Myers，2006[10]；Bleck 和 Liu，2007[39]），信息不对称是发生股价崩盘的客观前提（Hutton et al.，2009[11]；潘越等，2011[40]）。Jin 和 Mayers（2006）[10]指出管理层出于私利会隐藏利空消息，利空消息不断在公司内部积累引起公司股价被高估。但是管理层不能无限制隐藏企业的利空消息，当隐藏利空消息的成本和收益达到平衡时达到临界值，而继续隐藏利空消息其成本将超过收益即超过临界值，此时管理层被迫一次性披露所有的被隐藏的利空消息，导致股价崩盘。此后学者将研究逐步深入，从管理层扩展到内部人所引起的代理问题，同时认为并不是坏消息本身导致股价崩盘风险，而是由于股票被抛售后所带来的不确定性的提升所致。因此，在研究股价崩盘风险时应从其形成的动因入手，才能有效抑制和缓解股价崩盘风险，维护金融市场的稳定。

1.3　研究方法、内容及框架

1.3.1　研究方法

本书采用规范研究和实证研究相结合的方式。规范研究主要集中于概念界定、文献梳理研究、理论基础分析以及政策建议提炼，而实证研究则是构建回归模型、选取样本数据、进行描述性统计、单变量分析和经验检验。规范研究是实证研究的基础和方向，实证研究验证了研究假设并为政策建议提供了经验证据。

（1）规范研究

本书运用的规范研究主要有：第一，梳理高管权力、企业创新以及股价崩盘风险的相关文献，对当前研究现状进行分析总结，并寻找研究的交叉点，为提出研究假设做准备；第二，推演委托代理理论、信息不对称理论、剩余控制权理论、现代管家理论以及过度自信理论的逻辑关系，从契约观和行为观两大视角构建本书的理论研究基础；第三，回顾国有企业和以民营企业为代表的非国有企业高管权力形成的条件，为本书的后续研究提供制度背景依据；第四，依据理论基础和制度背景分析异质性产权背景下高管权力对企业内部创新和外部资本市场的股价崩盘风险的影响机理，并分析企业创新行为与股价崩盘风险之间的关系，提出相应的研究假设；第五，根据已有的实证结果提出制衡高管权力、提升企业实质性创新能力以及稳定资本市场的政策建议。本书用到的具体规范研究方法有文献研究法、比较分析法和理论演绎法。

（2）实证研究

本书运用的实证研究主要有：第一，运用主成分分析构建高管权力多维度指标，利用因子分析构建制度环境指标；第二，运用相关性分析（Pearson和Speaman相关系数分析）检验变量之间的基本关系，并减少可能存在的多重共线性问题；第三，运用单变量分析比较在不同强度下高管权力对企业创新和股价崩盘风险的影响差异以及不同创新水平下股价崩盘风险的差异；第四，利用非平衡面板数据的OLS回归、GMM估计、Tobit回归、调节变量分析以及中介效应检验等方法进行主要回归分析；第五，在稳健性分析时采用替换代理变量、改变估计模型（分位数回归、泊松回归）、延长预测期等方法以验证结论的稳健性；第六，考虑到可能存在的遗漏变量和样本自选择等内生性问题，采用了面板工具变量估计和倾向得分匹配估计（PSM）等识别策略。

1.3.2　研究内容

本书主要围绕着高管权力、企业创新与股价崩盘风险三者之间的关系和作用机理展开研究，全书共分为8章。

第1章，引言。主要介绍研究背景和意义，并进一步阐述相关概念界定、研究方法、研究内容和研究框架，为后续研究搭建结构性思路。

第2章，文献综述。详细梳理了国内外有关高管权力、企业创新以及股价崩盘风险的文献，通过已有的研究脉络，厘清相关研究领域的发展趋势，找到研究中的薄弱点和交叉点，在此基础上确定本书的研究主题和方向。

第3章，理论基础、制度背景与分析框架。首先提炼出高管权力与企业创新关系的理论基础、高管权力与股价崩盘风险关系的理论基础以及企业创新与股价崩盘风险关系的理论基础；其次分析我国国有企业和以民营企业为代表的非国有企业中高管权力形成的制度背景；最后搭建高管权力、企业创新与股价崩盘风险的理论分析框架。

第4章，检验高管权力与企业创新投入和创新产出（策略性创新和实质性创新）的关系。首先从不同理论视角分析高管权力对企业创新行为的影响机理，并据此提出研究假设；其次实证检验高管权力对企业整体创新行为的影响，并进一步检验两者的相关关系在异质性产权和异质性创新过程中的差异；最后对主要结论进行理论解释。

第5章，检验高管权力对股价崩盘风险的关系和影响机制。首先理论分析高管权力对股价崩盘风险的影响机理，并据此提出假设；其次实证检验高管权力对股价崩盘风险的影响，并进一步检验在不同产权性质、不同股权结构下的差异；再次进行影响机制检验以探究高管权力对股价崩盘风险影响的主要原因；最后对主要结论进行理论解释。

第6章，检验企业创新与股价崩盘风险的关系。首先理论分析创新投入、创新产出与内部人减持对股价崩盘风险的影响机理，并据此提出研究假设；其次实证检验三者对股价崩盘风险的影响，并检验以上三者关系在投资者关注不同效应下的差异；最后对主要结论进行解释。

第7章，检验高管权力、企业创新与股价崩盘风险的传导关系。首先分析三者关系的理论假设，并简要介绍中介效应模型；其次实证检验高管权力通过企业创新行为影响股价崩盘风险是否成立；再次分析在不同产权性质下这种传导机制是否可以成立；最后对主要结论进行解释。

第8章，研究结论、建议和展望。根据上文的研究过程和结果，归纳总结本书的研究结论，并根据已发现的问题提出相应政策建议，最后指出研究中的不足和对未来研究的展望，为后续研究提供思考方向。

1.3.3　研究框架

本书的总体框架如图1-2所示。

研究思路 　　　　　　　　研究路径 　　　　　　　　研究方法

问题提出
（第1章）

现实背景与理论背景

文献综述

理论分析
（第2~3章）

理论基础、制度背景与分析框架

文献研究法
比较分析法
理论演绎法

理论基础

委托代理理论
剩余控制权理论
现代管家理论
过度自信理论

高管权力、
企业创新与
股价崩盘风险
理论分析框架

制度背景

国有企业高管
权力的形成

非国有企业高
管权力的形成

高管权力、企业创新与股价崩盘风险研究假设

实证研究
（第4~7章）

高管权力对
企业创新
影响研究

高管权力对
股价崩盘风险
影响研究

企业创新对
股价崩盘风险
影响研究

OLS回归分析
Tobit回归分析
GMM估计
工具变量法
倾向得分匹配
分析（PSM）
中介效应检验

高管权力、企业创新与股价崩盘风险的传导分析

归纳总结
（第8章）

结论、建议和展望

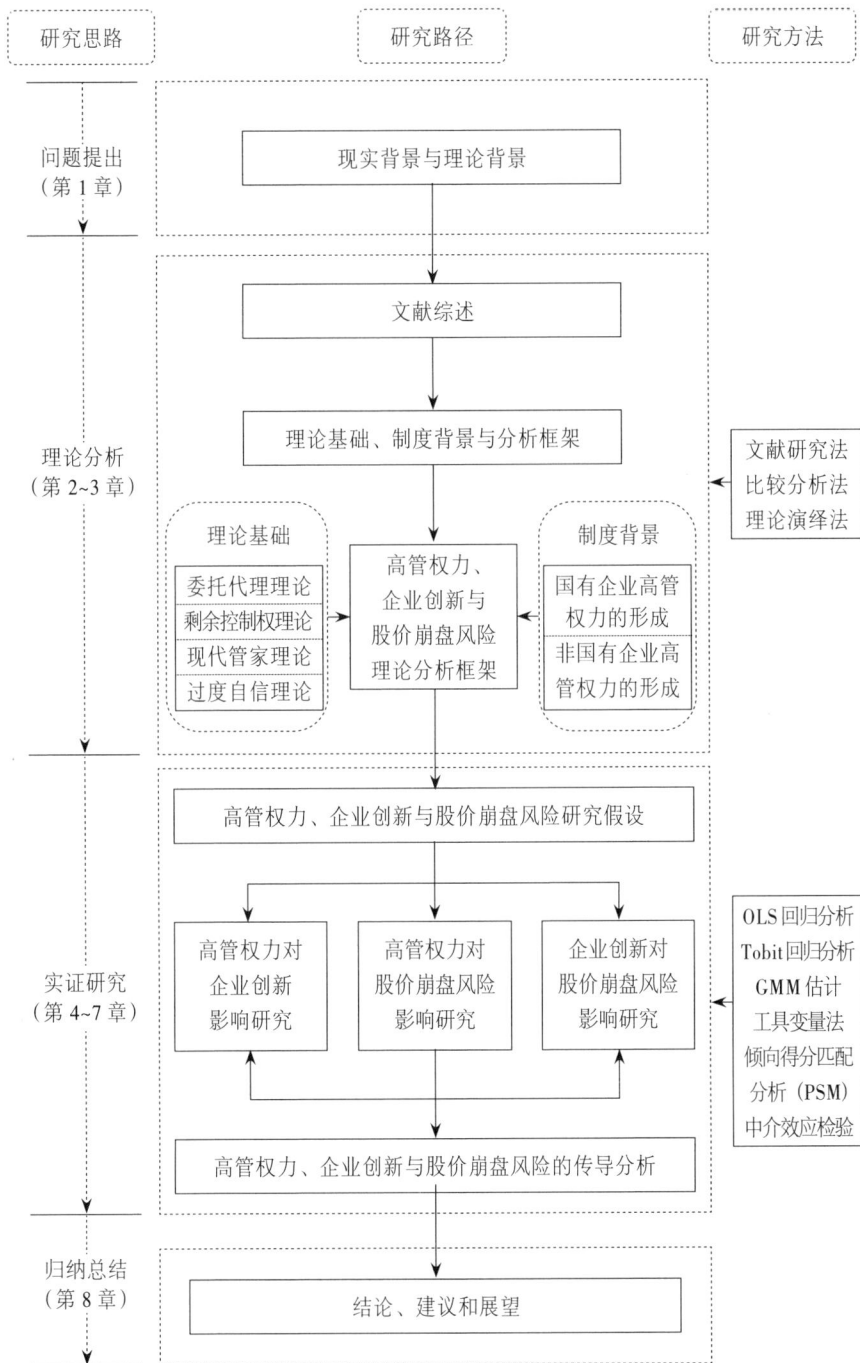

图1-2　本书研究框架图

1.4　研究创新点

首先，基于契约观和行为观的理论基础，本书系统地分析了高管权力对企业创新行为和股价崩盘风险的影响，构建了"内部治理—企业行为—外部资本市场经济后果"的逻辑主线。本书突破了以往研究中基于管理层权力理论只关注高管的自利动机，将高管"自利"动机和"利他"动机相结合，综合考虑高管的"经济人"和"社会人"假设，从委托代理理论、剩余控制权理论、现代管家理论和过度自信理论出发，阐述异质性产权下的高管权力与企业创新行为的关系以及异质性产权下的高管权力与股价崩盘风险的关系，进一步丰富了高管权力的研究范围。

其次，在企业创新行为的研究中，本书突破以往将创新作为静态的、孤立的指标，而是把企业创新作为受高管权力影响的复杂的、动态的行为。本书从创新动机和创新过程两个层面进行探讨，即以高管的创新动机引导创新行为以及高管权力对整个创新过程的影响，其中包括创新投入、创新产出（实质性创新和策略性创新）以及创新价值。在研究中发现高管在自利动机驱使下进行创新可能带来更多的代理成本，而只有实质性创新才能真正提升企业创新能力，从而丰富了企业创新的研究视角。

最后，本书在探讨高管权力对股价崩盘风险的影响时，深入分析了异质性股权性质和股权结构下，高管权力、大股东与股价崩盘风险的关系，通过影响机制检验发现代理问题才是高管权力加剧股价崩盘风险的主因而非高管过度自信；在探讨企业创新行为对股价崩盘风险的影响时，分析了创新投入、创新产出以及内部人减持对其的影响，并且进一步分析了投资者关注所起的不同调节作用，明确了投资者关注是形成股价崩盘风险的外部推力；同时开创性地分析和检验了企业创新作为高管权力影响股价崩盘风险的中介作用，拓展了股价崩盘风险形成机理的研究，对深入分析企业行为的经济后果具有一定的借鉴意义。

1.5 本章小结

本章首先介绍了本书的研究背景和意义，指出企业创新驱动和资本市场稳定是我国经济新常态下的两个重要议题。而高管是企业创新的决策者和执行者，利用自身权力影响和控制企业重大决策，对企业创新的影响最为关键，在企业内部决策时形成的代理问题以及信息不对称对外部资本市场的股价崩盘风险具有重要影响，通过考察高管权力、企业创新和股价崩盘风险之间的关系规律，对于制衡高管权力、提升企业实质性创新能力、维护金融市场稳定具有重要的理论和现实意义。其次，对重点概念进行了诠释。最后，确定了研究内容、研究方法、技术路线和主要创新，为研究搭建了基础平台。

第 2 章　文献综述

2.1　高管权力问题研究

2.1.1　高管权力的衡量

对于高管权力的衡量，众多学者采用了不同的指标，同一学者在不同文献中进行指标选取时也存在差异，主要分为通过调查问卷获得一手资料的直接测量和运用代理变量的间接测量。由于直接测量没有统一和标准的量表，在设计运用测量题目时具有主观性和随意性，标准难以统一，应用范围受限。本书选用代理变量间接测量法对高管权力进行衡量。在选取代理变量时学者们多从以下指标入手，见表2-1。

在运用代理变量的间接测量法衡量高管权力时，基本分成两个阵营：一个是以 Hambrick 和 Finkelstein（1987）[77] 为代表的以单一指标或综合指标衡量高管权力；另一个是以 Finkelstein（1992）[35] 为代表的以不同维度指标衡量高管权力。

表2-1   高管权力代理变量统计表

代理变量	学者
两职合一（两职兼任）	Harrison et al., 1988[41]；Hambrick 和 Finkelstein, 1995[42]；Westphal 和 Zajac, 2001[43]；Bebchuk et al., 2002[19]；Hu 和 Kumar, 2004[44]；王克敏和王志超, 2007[45]；Cheng, 2008[46]；Kalyta 和 Mangnan, 2008[47]；卢锐, 2008[22]；卢锐等, 2008[48]；吕长江和赵宇恒, 2008[28]；Fahlenbrach, 2009[49]；权小锋和吴世农, 2010[24]；Chikh 和 Filbien, 2011[50]；Morse et al., 2011[51]；王清刚和胡亚军, 2011[53]；Lewellyn 和 Muller-Kahle, 2012[52]；刘星等, 2012[25]；孙健和卢闯, 2012[54]；代彬和彭程, 2012[55]；周建等, 2013[56]；赵纯祥等, 2013[57]；赵息和张西栓, 2013[58]；傅颀和汪祥耀, 2013[59]；王茂林等, 2014[21]；白俊和连立帅, 2014[60]；Chen, 2014[61]；吴卫华等, 2014[62]；夏芸, 2014[63]；王雄元等, 2014[36]；李海霞和王振山, 2015[26]；张祥建等, 2015[64]；李胜楠等, 2015[65]；姚冰湜等, 2015[66]；赵毅等2016[27]；苏坤, 2017[67]
是否内部董事或占董事会比例	Kalyta 和 Mangnan, 2008[47]；吕长江和赵宇恒, 2008[28]；权小锋和吴世农, 2010[24]；Morse et al., 2011[51]；赵毅, 2016[27]
是否来自控股股东	王克敏和王志超, 2007[45]
股权集中度	Hu 和 Kumar, 2004[44]；吴育辉和吴世农, 2010[68]；王清刚和胡亚君, 2011[53]；赵息和张西栓, 2013[58]；王雄元等, 2014[36]；白俊和连立帅, 2014[60]；张祥建等, 2015[64]；赵毅, 2016[27]
股权分散度	卢锐等, 2008[48]；王清刚和胡亚君, 2011[53]；Lewellun 和 Muller-Kahle, 2012[52]；王雄元和何捷, 2012[69]；赵息和张西栓, 2013[58]；王茂林等, 2014[21]；王雄元等, 2014[36]
董事会规模	Kalyta和Mangnan, 2008[47]；Fahlenbrach, 2009[49]；权小锋和吴世农, 2010[68]；Morse et al., 2011[51]；代彬和彭程, 2012[55]；赵息和张西栓, 2013[58]；张祥建等, 2015[64]；姚冰湜, 2015[66]
董事会独立性强	Lewellun 和 Muller-Kahle, 2012[52]

续表

代理变量	学者
董事会唯一内部人	Adams et al., 2005 [70]；Cheng, 2008 [46]
独立董事比例	Hu 和 Kumar, 2004 [44]；Kalyta 和 Mangnan, 2008 [52]；吕长江和赵宇恒，2008 [28]；Fahlenbrach, 2009 [49]；吴育辉和吴世农，2010 [68]；Lewellun 和 Muller-Kahle, 2012 [52]；孙健和卢闯，2012 [54]
机构投资者比例	Fahlenbrach, 2009 [49]；吴育辉和吴世农，2010 [68]；权小锋和吴世农，2010 [24]
是否持股或持股比例	Westphal 和 Zajac, 2001 [43]；Combs et al., 2007 [71]；Kalyta 和 Mangnan, 2008 [52]；Fahlenbrach, 2009 [49]；权小锋和吴世农，2010 [24]；Chikh 和 Filbien, 2011 [50]；Lewellun 和 Muller-Kahle, 2012 [52]；代彬和彭程，2012 [55]；刘星等，2012 [25]；张祥建，2015 [64]
创始人或其亲属	Adams et al., 2005 [70]；Cheng, 2008 [46]；Chikh 和 Filbien, 2011 [50]
内部晋升	Pathan, 2009 [78]；刘星和汪洋，2014 [72]；姚冰湜，2015 [66]
正式职位和头衔	Adams et al., 2005 [70]
高管相对薪酬	赵息和张西栓，2013 [58]
高管年龄	吕长江等，2009 [73]
是否在两年内退休	Hu 和 Kumar, 2004 [44]
任期期限	Hu 和 Kumar, 2004 [44]；卢锐等，2008 [48]；吕长江和赵宇恒，2008 [28]；Kalyta 和 Mangnan, 2008 [52]；Fahlenbrach, 2009 [49]；权小锋和吴世农，2010 [24]；代彬等，2011 [74]；Lewellun 和 Muller-Kahle, 2012 [52]；代彬和彭程，2012 [55]；孙健和卢闯，2012 [54]；傅颀和汪祥耀，2013 [59]；李胜楠等，2015 [65]；张祥建，2015 [64]；赵毅，2016 [27]
外部董事任职年限	Kalyta 和 Mangnan, 2008 [52]

续表

代理变量	学者
外部兼职	权小锋和吴世农，2010[24]；Morse et al.，2011[51]；Lewellun 和 Muller-Kahle，2012[52]；刘星等，2012[25]；代彬和彭程，2012[55]；姚冰湜，2015[66]；赵毅，2016[27]
并购经验	Chikh 和 Filbien，2011[50]
学历背景	权小锋和吴世农，2010[24]；Chikh 和 Filbien，2011[50]；刘星等，2012[25]；代彬和彭程，2012[55]；赵纯祥等，2013[57]；张祥建，2015[64]；赵毅，2016[27]
职称背景	权小锋和吴世农，2010[24]；刘星等，2012[25]；代彬和彭程，2012[55]；张祥建，2015[64]；赵毅，2016[27]
政治关联	代彬等，2011[74]；刘星等，2012[25]；代彬和彭程，2012[55]；李胜楠等，2015[65]；张祥建，2015[64]
高管与董事会是否存在社会关联(同学、同乡或同事)	Hwang 和 Kim，2009[75]；陆瑶和胡江燕，2014[76]
独立董事工作地点与上市公司地点是否一致	代彬等，2011[74]；刘星等，2012[25]
金字塔链条深度	权小锋和吴世农，2010[24]；王茂林等，2014[21]

（1）单一或综合指标衡量

单一指标是指只选用一个指标作为衡量标准。Hambrick 和 Finkelstein（1987[77]；1995[42]）最早以行业作为单一指标衡量不同行业的高管权力的大小。但是，学者们发现高管权力属于企业微观层面，以行业作为衡量指标缺乏合理性，因此之后多选用与公司治理或高管个人特征相关的指标进行衡量。王克敏和王志超（2007）[45] 分别以两职合一和总经理是否来自控股股东公司作为衡量高管权力的变量；Pathan（2009）[78] 以 CEO 是否兼任董事会主席作为高管权力的代理变量；吴卫华等（2014）[62]、王化成等（2015）[79] 和苏坤（2017）[67] 沿袭 Pathan

（2009）[78]的做法，同样以两职是否兼任作为衡量高管权力的代理变量；吕长江和赵宇恒（2008）[73]分别以两职兼任、执行董事所占比例以及总经理任职时间作为衡量高管权力的代理变量；Cheng（2008）[46]分别以 CEO 是否是企业创始人、是否兼任董事长以及是否为企业唯一的内部董事来衡量高管权力；王清刚和胡亚君（2011）[53]分别采用两职是否兼任、股权制衡度和第一大股东持股比例作为衡量高管权力的指标；孙健和卢闯（2012）[54]分别以股权集中度和两职合一作为衡量高管权力的变量。

综合指标是指不进行层面划分，而是从众多指标中进行选取，并综合成一个总体指标。由于综合指标并不区分层面，时常出现指标之间跨度可能较大或指标间相关性较强的情况。卢锐（2008）[22]选用两职兼任、股权分散程度和高管是否长期任职三个指标共同构成高管权力的综合指标；权小锋等（2010）[80]在 Fan et al.（2009）[81]和卢锐（2008）[22]的基础上，选择公司 CEO 是否兼任董事或董事长、CEO 任职年限、董事会规模、董事会中内部董事的比例以及金字塔控制链条的长度五个指标构建高管权力综合指标。周建等（2013）[56]在 Combs et al.（2007）[71]的基础上将 CEO 任期、所有权、执行董事的比例以及两职兼任四个指标得分标准化后进行汇总度量高管权力；王茂林等（2014）[21]以两职是否兼任、股权分散度以及企业金字塔控制链条的深度三个指标的积分合成管理层权力变量；夏芸等（2014）[63]、王楠等（2017）[82]以高级职称、所有权、执行董事以及两职兼任四个变量进行标准化后算术平均作为高管权力的度量值。

（2）多维度指标衡量

Finkelstein（1992）[35]最早提出多维度的高管权力模型，将高管权力具体划分为结构权力（组织权力）、所有权权力、专家权力和声誉权力四个维度的权力，并进行了初步的指标量化。我国学者权小锋和吴世农（2010）[24]以及国外学者 Chikh 和 Filbien（2011）[50]对 Finkelstein（1992）[35]所界定的各种维度的权力进行了进一步的量化指标选取。之后的学者在进行高管权力维度指标度量时基本沿袭这一做法，以几位具有代表性的学者选取指标为例，如表 2-2 所示。

表2-2 高管权力多维度衡量相关文献

年份	作者	维度选取	指标释义
1992	Finkestein[35]	结构权力	高级职称的比例、目前的报酬、头衔数目
		所有者权力	经理人持股数量、家族其他成员持股数量、是否是公司创始人或创始人亲属
		专家权力	关键经验、职能性经验、曾经担任的职位数目
		声誉权力	董事职务数目、担任非营利组织的数目、精英教育、平均董事会级别
2010	权小锋和吴世农[80]	组织权力	是否兼任董事长、是否公司内部董事
		所有者权力	是否持有本公司股权、机构投资者持股比例
		专家权力	是否具有高级职称、任职时间
		声誉权力	是否具有高学历、是否在本企业外兼职
		综合指标	①8个指标进行主成分分析的综合得分 ②8个虚拟变量直接相加求平均值
2011	Chikh和Filbien[50]	结构权力	是否两职兼任
		所有者权力	是否持有股权、（家族企业）创始人或继承人
		专家权力	是否具有收购经验
		威望权力	是否接受过大学教育、在CAC40企业中的职位
2012	刘星、代彬、郝颖[25]	结构权力	高管是否兼任董事、副董事长或董事长，董事会规模，独立董事工作地点与上市公司地点是否具有一致性
		所有者权力	高管持股
		专家和声誉权力	是否具有高学历和高级职称、高管任期、是否在其他企业兼职、是否具有高管政治联系
		综合指标	①8个指标进行主成分分析的综合指标 ②8个指标求算术平均值

续表

年份	作者	维度选取	指标释义
2015	张祥建、徐晋、徐龙炳[64]	组织权力	是否兼任董事长、董事会规模
		所有者权力	是否持股、大股东控制
		专家权力	职称级别、任职年限
		声望权力	是否拥有博士或硕士学位、是否党派成员
		综合指标	以上4个维度8个指标求算术平均值
2016	赵毅、戚安邦、乔朋华[27]	结构权力	是否两职兼任、是否兼任内部董事
		所有者权力	是否持有本公司股份、大股东持股比例
		专家权力	是否具有高级技术职称、任职天数
		声誉权力	是否接受过高等教育、是否在本企业之外兼职
		综合指标	8个虚拟变量进行算术平均

多维度选取指标既可以避免单一指标的特定性和缺失性，又避免了综合指标选取时相关性强或统一性差的弊端，有利于全面、完整地进行高管权力的描述。在多维度高管权力的构建指标中，根据 Adams et al. (2005)[70] 的权力划分标准，结构权力和所有者权力往往是组织授予的，可以称为正式权力；而专家权力和声誉权力往往来自高管自身的特征和个人能力，可以称为非正式权力。正式权力是高管权力的基础和根本，而非正式权力对其起到保障和延伸作用，两者相辅相成。例如，高管的专家权力和声誉权力有利于高管获得股权激励从而增加其所有者权力，当所有者权力增加时就奠定了声誉权力和专家权力的基础（李胜楠和牛建波，2014[83]）。因此，本书在构建高管权力指标时也选用多维度指标进行衡量。

正式权力：①结构权力。在组织的科层结构中，高管职位本身位于结构顶端，被赋予一系列正式权力，掌握公司的经营权，而结构本身也赋予高管享有自上而下的指挥权以及自下而上的服从。选取两个指标对其进行衡量：其一，高管兼任董事甚至董事长必将进一步强化高管的控制权和参与决策权，优势是决策更加及时，但可能的不良后果是缺乏对管理层的有效监督和约束。董事会规模越人，越难达成共识，运作效率和决策能力越低，并且更容易为 CEO 所控制（Jensen，1993 [84]；Cheng，2008 [46]），即高管权力越大。因此，选取以下两个指标进行衡量：其一，当高管兼任董事长时取值为2，兼任内部董事时取值为1，否则为0；其二，当公司董事会规模超过行业中位数时取值为1，否则为0。

②所有者权力，即高管既是公司的股东又是管理者，既拥有决策参与权又拥有经营权，双重身份可以使高管有能力与董事会进行权力制衡，高管拥有的股份越多，越有能力不受公司内部治理机制的约束。我国股权激励制度实施年限较短，而且总体水平较低，在国有企业有严格限制。当选择大股东持股作为衡量指标时，通常认为股权集中度高削弱了高管权力，但在国有企业往往所有者缺位，以股权集中度来衡量国有企业可能出现相异情况。近年来机构投资者发展迅速，能够对企业管理层起到外部监督的作用，对高管权力起到制衡作用（权小锋和吴世农，2010 [24]）。因此，选取以下两个指标进行衡量：其一，当高管持有本公司股份时取值为1，否则为0；其二，当所在企业的机构投资者所持股份低于行业中位数时，制衡能力较弱，取值为1，否则为0。

非正式权力：①专家权力，即高管凭借自身的专业技能能够在复杂的环境中有效地管理和经营公司所形成的权力。当高管具有较高职称时，往往说明其具有与公司业务相关的知识和能力，相比于董事而言更了解企业，其意愿能够实施的可能性更大；当高管任期更长时，拥有了丰富的经营管理和业务上的经验，也形成了以自身为核心的管理团队，董事会对其的约束力随着任期的增长而减弱。因此，选取以下两个指标进行衡量：其一，将声誉权力中的学历指标在此进行合并，取得高级职称并取得硕士以上学历时取值为1，否则为0[①]；其二，任职时间高于行业中位数时取值为1，否则为0。

②声誉权力。高管凭借自身的魅力赢得公司内部以及外部的信任和支持，并有效缓解不确定性环境带来的冲击；声誉高的高管更有能力获

---

① 高级职称包括高级研究员、研究员、副研究员、教授、副教授、高级经济师、精算师、特许财务分析师、高级会计师、高级审计师、注册会计师、注册税务师、注册建筑师、高级工程师、律师等，但不包含高级政工师，因其并非企业经营管理经验或技术专长，因此不作为高级职称处理。

得公司资源，并有能力调用外部资源为公司所用，为公司发展赢得更多的机会。因此，选取以下两个指标进行衡量：其一，高管在外兼职会维护自身声誉，因此在外兼任取值为1，否则取0。其二，考虑到国有企业所占比例较大，且与非国有企业存在区别，要单独考虑。当国企高管具有官员背景，或兼任党内职务或享有行政级别时，更容易与各级政府建立政治与经济上的联系（刘星等，2012[25]），尤其是中央企业的高管级别高、与政府联系更为密切，所受监督比地方国企少，自主权更大（齐鲁光和韩传模，2015[85]）。因此，当国企高管具有政府官员背景或兼任党组织负责人且所在企业为央企时取值为2，具有政府官员背景或兼任党组织负责人取值为1，否则为0。高管权力指标的具体构建见第4章表4-1。

2.1.2　高管权力的经济后果相关研究

学者们对高管权力的研究最初开始于高管权力对高管薪酬的影响研究。

（1）高管权力与薪酬制定

对于高管薪酬的理论依据支撑大致经历了几个阶段：

首先，认知阶段。依照委托代理理论，两权分离后为解决股东与管理层之间的代理冲突，学术界公认制定最优薪酬是理想的解决方式，即股东依据管理层的努力程度（公司业绩）为其制定合理的薪酬进行激励和约束，但各国大量实证结果表明高管薪酬与公司的业绩并无显著的相关关系。例如，Hambrick 和 Finkelstein（1995）[42]的研究发现，在经理人控制的企业中，高管薪酬增速要高于非经理人控制的企业，同时高管可以利用对企业的控制权而对自身薪酬施加有利影响。Core et al.（1999）[86]研究指出，当企业董事会规模较大且高管具有独立董事任命权时，高管可以通过控制董事会而获得更高的薪酬。Cyert et al.（2002）[87]研究发现当两职兼任时，高管会利用其身份影响董事会的薪酬制定，使其薪酬明显高于非兼任企业的高管，同时当独立董事比例增加时，薪酬水平随之降低。可见，最优契约理论解释高管薪酬受到了争议和质疑。

　　其次，确认阶段。Bebchuk et al.（2002）[19] 就高管薪酬问题提出了"管理层权力"理论（Managerial Power Theory），指出管理层会利用手中权力为自身制定更为有利的薪酬，为大量实证结果和结论提供了有力的理论支持，但并未能很好地解释高管薪酬业绩敏感性问题。Bebchuk 和 Fried（2003）[88] 又进一步实证检验了高管权力对高管薪酬的正向作用，即在有效的公司治理条件下董事会按照股东利益最大化原则制定高管薪酬，但高管权力会促使高管薪酬偏离最优状态，除了高管薪酬绝对数的增加外还会降低薪酬业绩敏感性。Duffhues 和 Kabir（2008）[89] 的实证检验同样发现，高管利用权力既能影响薪酬总额也能减弱薪酬业绩敏感性。Dorff（2005）[90] 的研究结论支持了管理层权力理论而否定了最优契约理论，他利用薪酬模型研究发现当高管权力能够超过董事会的约束范围时高管报酬明显增加。

　　最后，深入阶段。此后学者们基于管理层权力理论进一步将狭义的显性薪酬概念延展到管理层私利、超额薪酬、在职消费和股权激励等广义的隐性薪酬的范畴。Grinstein 和 Hribar（2004）[91] 在研究高管薪酬与企业并购关系时发现，在高管权力的影响下高管固定薪酬与其权力大小存在显著关系，强权高管主导的并购会产生负向市场异常回报，即为高管带来与企业并购业绩无关的收益。我国学者卢锐较早地研究了高管权力与薪酬（显性和隐性薪酬）两者之间的关系，他首先分析了我国上市公司形成高管权力的条件和制约因素，并在此基础上提出相应观点：高管利用权力提高自身货币薪酬、削弱薪酬业绩敏感性、利用盈余管理提高企业业绩、在股权激励中进行寻租以及提高在职消费（卢锐，2007[92]）；之后利用中国上市公司数据实证检验了高管权力与在职消费（卢锐，2008[22]）以及高管权力与薪酬业绩敏感性的关系（卢锐等，2008[48]），即在高管权力较大的企业中高管的薪酬更高、在职消费更高，但薪酬业绩敏感性不相关或弱相关，不能有效提高企业业绩，同时高管薪酬与盈利业绩敏感度高而与亏损业绩敏感度较低，非国有企业由于高管与大股东身份重合存在较为严重的第二种代理问题且所受监督更薄弱，其高管权力与在职消费的相关性更强。

　　继卢锐之后我国学者就高管权力与薪酬进行了一系列的探讨，在两者关系的基础上针对不同侧重点进行了研究。王克敏和王志超（2007）[45]基于中国上市公司数据实证检验了高管权力与高管薪酬具有显著的正相关关系，但高管权力一定程度上抑制了盈余管理程度，说明高管权力控制下高管薪酬的增加对盈余管理具有替代性作用。吕长江和赵宇恒（2008）[28]以我国国有上市公司为样本，结合我国国有企业高管权力形成的特征，实证分析了差异性高管权力与货币性薪酬和企业绩效的关系，研究发现强权高管可以通过自定激励方式获取权力收益，而弱权高管无法获取权力收益转而通过盈余管理方式达到激励标准，此结论进一步解释了王克敏和王志超（2007）[45]关于高管权力、薪酬与盈余管理之间的关系。吴育辉和吴世农（2010）[68]的研究发现，高管薪酬随着控制权的增加而提高且在非国有企业更易操作，证实了高管在薪酬制定中存在明显的自利性，降低了薪酬激励的作用。代彬等（2011）[74]同样研究发现，在国有企业高管权力提高了高管薪酬水平、获得了超额薪酬，并进一步发现其扩大了与普通员工的差距，同时权力较大且具有政治联系的高管降低了薪酬黏性，而政府控制层级的提升和外部良好的制度环境可以在一定程度上抑制高管获取超额薪酬。陈震和丁忠明（2011）[23]针对垄断和竞争行业对高管权力与薪酬进行了对比研究，发现垄断行业中高管可以利用权力制定有利于自身的显性薪酬，规模对薪酬的影响要远胜于业绩，高度竞争机制能够有效抑制高管权力对薪酬的影响，在完全竞争企业中高管利用权力获取隐性薪酬而非显性薪酬；同时企业高管权力可以提高薪酬规模敏感性，相对于成长较慢的企业，高成长企业的薪酬规模敏感性更强，产品市场竞争对权力的滥用具有显著抑制作用（陈震和汪静，2014[93]）。刘星和徐光伟（2012）[94]研究发现，政府管制降低了国企高管的薪酬业绩敏感性，国企高管利用权力导致薪酬业绩敏感性降低从而获取私利，外部良好的治理环境（市场化程度较高和政府对经济的干预程度低）以及企业内部良好的治理机制能够减少薪酬刚性，增加国企高管的薪酬业绩敏感性；国企高管还可能利用权力通过发放较高的现金股利而遮掩过高薪酬（刘星和汪洋，2014[72]）；甚至可以利用权力将政府补助"转为"公司业绩，从而增加高管薪酬（步丹璐和王晓艳，2014[95]）。

以上研究基本上得出了较为统一的结论，即高管利用自身权力制定利己的薪酬，降低了薪酬业绩敏感性，管理层权力理论为其提供了理论依据。随着研究的深入，学者们发现高管除了可以利用显性货币性薪酬方式，还可以利用隐性的非货币性薪酬方式获取私利，以上都反映了高管的自利性动机。

（2）高管权力与其他企业行为研究

高管权力与薪酬关系研究引起了学术界广泛探讨，随后学者们将关注点逐步向高管权力与公司治理效率、企业绩效、企业绩效的波动性（风险承担）以及企业财务决策行为（股利分配、投资活动）等方面延伸，对高管权力进行了更为全面和细致的剖析，同时开始探析制衡高管权力的有效途径。

就公司治理角度而言，Hermalin 和 Weisbath（1998）[96]利用美国公司治理的实践过程模拟了董事会从选拔到留任再到解雇高管的过程，研究发现高管变更与公司业绩负相关，高管权力与董事会的效率负相关。Stephen 和 Cheng（2005）[97]利用连续六年业绩考核的数据证实了高管权力与离职业绩敏感性负相关。Morse et al.（2011）[51]研究发现，当高管任命的外部董事较多时，即高管权力超过董事会制约范围时，董事会效率明显下降。我国学者刘星等（2012）[25]在此研究基础上以我国国有企业高管变更为角度分析了高管权力对公司治理效率的影响，同样证实了高管变量与公司业绩在总体上负相关，但高管权力的增加降低了离职业绩敏感性，同时强权高管变更后公司业绩不会像弱权高管变更后得到显著改善，以上结论都说明了在自利动机的驱动下高管权力在高管变更过程中发挥了堑壕作用。Nakauchi 和 Wiersema（2015）[98]研究发现，如果前任高管权力较大，继任高管的企业战略会延续前任高管的方向。

就高管权力与企业投资关系而言，往往同样表现出高管的机会主义动机，但作用方式有两种：一种是高管为争取私利而增加投资进而可能导致过度投资；另一种是高管为规避风险而减少投资进而可能导致投资不足。

其一，为争取私利而增加投资。Adams et al.（2005）[70]研究发现，当高管权力较大时，公司决策更多地表现为高管的个人意愿而非董事会的集体意愿，高管利用权力通过投资行为谋取个人获利机会；高管还利用权力进行寻租行为，通过增加企业投资以完成业绩考核从而直接获得超额薪酬（Bergstresser 和 Philippon，2006[99]）。我国学者詹雷和王瑶瑶（2013）[100]以我国上市公司数据同样支持了上述观点，当高管薪酬水平较低时，往往采取过度投资以增加个人薪酬。代彬和彭程（2012）[55]、谭庆美等（2015）[102]、王嘉歆等（2016）[102]都证实了高管权力与过度投资具有正相关关系，但各有侧重。代彬和彭程（2012）[55]研究了国有企业中两者关系，高管权力对国有企业扩张具有显著影响，当现金流充足时影响更为显著，同时强权高管引起的资本扩张更可导致企业陷入财务困境。谭庆美等（2015）[101]在验证两者关系的基础上，进一步从高管权力的各维度指标分析其与过度投资之间的关系，研究发现其中高管学历、任职年限及持股比例与过度投资正相关，而两职兼任与过度投资负相关。王嘉歆等（2016）[102]进一步考虑了企业所在生命周期以及面对不同产品市场竞争程度时两者关系的差异性。

其二，为规避风险而减少投资。高管在自利性和机会主义动机的驱使下，还可能表现为不愿承担风险、规避风险而引起投资不足。Holmstrom et al.（1986）[103]的研究认为，高管基于风险规避和厌恶风险的动机，会主动放弃风险较高但有利于股东价值的投资项目，比如说周期长、风险大但具有远期超额收益的研发项目。Leonard（2002）[104]研究发现，高管受风险规避动机影响，高管年龄越大，企业的长期投资支出越少，投资短视、投资不足等问题更加严重。Campbell et al.（2011）[105]研究认为，管理层出于个人财务和职位保障考虑，有可能对研发项目投资不足；我国学者任海云（2011）[106]和吴卫华等（2014）[62]支持了上述观点。

就高管权力与企业风险承担而言，风险承担（Risk-taking）简单来说就是企业可以承受的波动性，这种波动性一般是指业绩的波动性。企业获取收益必然伴随着风险，收益越高也必然承受越高的风险。Adams et al.（2005）[70]较早从高管权力视角对企业业绩波动性进行了探讨，发现当企业高管权力集中时，会削弱董事会权力，引起极大的业绩波动，给企业经营带来一定风险。我国学者权小锋和吴世农

（2010）[80] 以我国深交所的上市公司为样本，分析了高管权力、信息披露质量和风险承担（公司横向和纵向业绩波动性）的影响，研究发现高管权力越大，企业业绩越高但同时波动性也越大，即企业面临更多的经营风险，同时企业信息披露能够抑制高管权力强度增加而引起的经营风险。李海霞和王振山（2015）[26] 在此基础上同样以公司横向和纵向业绩波动性为衡量风险波动性的指标，基于行为决策理论和代理人风险规避理论提出两种对立假说，研究进一步证实了 Adams et al.（2005）[70] 以及权小锋和吴世农（2010）[24] 的观点。苏坤（2017）[67] 基于社会心理学的权力接近/抑制理论，同样证实了高管权力与风险承担的显著正相关关系。

2.1.3 高管权力的研究评述

管理层权力理论在委托代理理论的基础上更好地诠释了高管薪酬的设计，认为高管利用权力可以制定对自己有利的薪酬。大量学者由此开始关注高管权力，之后将视角逐步扩展到高管权力与其他隐性薪酬、高管权力与公司绩效、高管权力与公司治理、高管权力与非效率投资以及高管权力与风险承担（公司业绩波动性）的研究，进一步证实了管理层权力理论，论证了高管权力的增加可能激发高管的自利动机和机会主义行为，并在此基础上探究了制衡高管权力的影响因素。关于高管权力的研究成为近几年学术界研究的热点问题。

高管权力研究中取得里程碑式成果的代表人物是 Finkelstein 和 Bebchuk。其一，Finkelstein（1992）[35] 采用结构权力、所有者权力、专家权力和声誉权力四个维度对高管权力进行衡量，此后的学者基本沿用了这一模式，为后期实证研究中代理变量的确定奠定了基础；其二，Bebchuk et al.（2002）[19] 提出了管理层权力理论，在理论上为高管权力的研究奠定了基础。管理层权力理论最初是在西方国家股权分散基础上进行研究的，对我国而言同样适用，但与西方国家有所区别。我国正处于经济转轨时期，外部治理机制（法律法规、市场化进程以及政府治理水平）有待完善，经理人市场还未真正成熟，在国有企业中内部人控制所导致的"所有者缺位"问题严重，缺乏实际股东有效的监督和约束，同时政府干预使国企高管被赋予了更多权力；在非国有企业中，股权集中现象明显，高管往往来自控股股东或形成利益捆绑，高管权力更多地表现为控制权权力。由此来看，在我国股权集中并不能有效制约高管权力，反而增加了高管权力，这与西方国家存在较大区别。

2.2 企业技术创新问题研究

自Schumprter提出创新理论后，经济学家们将企业技术创新与经济增长相联系，提出了技术创新理论，其大致经历了四个阶段：第一阶段为将基础创新加入生产函数中，第二阶段为以技术创新的模仿和推广作为经济增长的推动力，第三阶段意识到垄断和竞争的市场结构对创新的影响，第四阶段提出了国家创新系统理论，将创新主体的激励机制与外部环境条件有机结合，将技术创新由企业家推动扩展到整个国家层面，企业和其他组织等创新主体在国家制度的安排和作用下，推动知识的创新、推进和扩散，进而提升整个国家的技术创新水平。由此来看，企业是创新的主体，提高企业创新效率和质量以及自主创新的能力才能推动国家经济稳定发展，提高国家的竞争力。因此，学者们分别从外部宏观政策环境、公司内部治理、外部治理等多个层面探讨其对企业创新的影响。

但同时也要认识到技术创新活动是企业长期投资的重要组成部分（Tian和Wang，2014[37]），与普通投资存在区别：首先，技术创新具有高风险性。创新成功概率较低，创新结果具有不确定性，创新投入在短期内难以获得相应回报，也不能进行准确预测。其次，技术创新具有较高的转换成本。创新需要长期的持续投入，这种投入既包括资金的持续投入，还需要技术人才知识的积累和沉淀，研发投入的中断或人才的流失都可能导致创新的失败（Lach和Schankerman，1989[107]）。最后，技术创新具有外部性。创新投入的目的是取得创新成果并获取创新收益，但创新所获得的新知识和新技术以及创新收益不可能被企业独享，最终会成为整个社会的成果（Arrow，1962[108]），因此可能降低企业的创新意愿。

2.2.1　企业创新影响因素的相关研究

影响企业技术创新的因素有很多，既包括一国的宏观经济政策、社会文化价值、知识产权保护水平等，也包括企业所在行业的竞争程度、市场势力、企业规模等，同时也涉及公司治理等方面的原因。

（1）外部宏观政策对企业创新的影响

学者们关于外部宏观政策对企业创新的影响结论并不一致。Marcus（1981）[109]较早地探讨了政府政策对科技创新活动的影响，他提出针对外部政策的不确定性，企业要客观地权衡企业风险和收益而做出决策。Bloom（2007）[110]则开创性地提出外部政策不确定性可能会给企业投资和生产带来负面影响，但对创新投入的影响可能比较乐观。Atanassov et al.（2015）[111]首次利用美国选举作为政策不确定性的代理变量，实证考察了政策不确定性对创新投入的影响，研究发现两者具有正相关关系。我国学者顾夏铭等（2018）[112]实证检验了经济政策不确定性对创新投入和产出的影响，发现具有显著正相关关系，其对创新具有激励和选择效应。而陈德球等（2016）[113]从政治关联视角考察政策不确定性对创新效率的影响，发现二者具有负相关关系。黎文靖和郑曼妮（2016）[9]首次将创新产出划分为以技术进步为目的的"实质性创新"和以其他自利动机为目的的"策略性创新"，研究发现我国产业政策更多激发了企业的策略性创新而非实质性创新，企业创新产出的增加往往是获取政府补贴或税收优惠的手段，而只有实质性创新才能提升企业价值，进而提高企业竞争实力并促进经济发展。

（2）政治关联对企业创新的影响

政治关联与政府财税政策及企业战略决策有很大的相关性，大量学者专注于政治关联与企业创新的关系，提出了对立的观点并在不同层面上都得到实证的支持。

一种观点认为政治关联阻碍了企业创新行为。从资源诅咒理论来说，资源禀赋可能会对一地区的就业率、经济增长水平以及寻租行为产生影响，政治资源也隶属资源范畴，当企业享受丰富的政治资源时，更易通过寻租行为提升企业绩效，而削弱了通过具有风险较大的创新活动提升绩效的可能（潘红波等，2008[114]）；从市场竞争上来说，政治关联在一定程度上破坏了市场的公平竞争机制，从而削弱了市场竞争对企业创新的促进作用，导致企业创新意愿减弱（沈坤荣和孙文杰，2009[115]）；从政府官员晋升来说，有政治关联的企业要更多地满足地方政府的政治目标和"锦标赛"的晋升机制，往往采用短期的过度投资方式实现而牺牲长期的创新活动（徐业坤等，2013[116]）；从企业的投资决策来说，有政治关联的企业更易获得政府补助和银行贷款，为了维系与政府的良好关系需要付出寻租成本，可能会挤出创新投入进而阻碍企业创新行为（Chen et al.，2005[117]）。

另一种观点认为政治关联促进了企业创新行为。从资源获取来说，政治关联是一种社会资源，有利于企业获得政府技术创新政策方面的信息，了解政府创新导向，为企业带来政府补贴（Yu，2009[118]；张小红和逯宇铎，2014[119]）和税收优惠（冯海红等，2015[120]），有利于企业进行创新投入，在制度环境和市场条件不甚完善的情况下为企业创新提供有力支持（Luo，2003[121]）；从创新的特点来说，企业创新具有长期性和高风险性，政治关联降低了由于创新投入导致短期内业绩不佳而引起的高管离职率，提高了高管对企业创新失败的容忍度，增加了高管的创新意愿（游家兴等，2010[122]；Tian和Wang，2014[37]）；从缓解融资约束来说，有政治关联的企业更易获得银行贷款从而一定程度上缓解了企业的融资约束（Faccio，2006[123]），也更易获得机构投资者的关注，丰富创新资源的同时增加创新过程中的管理经验，规避创新过程潜在的风险，增加创新活动成功的概率（Nanda和Rhodes，2013[124]）。

（3）公司治理对企业创新的影响

公司治理包括内部治理机制和外部治理机制。内部治理主要包括股权结构和股权性质、董事会以及经理激励等；而外部治理主要包括投资者保护环境、政府治理水平以及产品市场竞争和要素市场竞争等（姜付秀等，2016[20]）。完善的治理机制可有效降低企业所面临的代理冲突，优化企业的资源。良好的公司治理促使企业关注长期目标，为企业建立技术创新的长期投入机制奠定基础。鲁桐和党印（2014）[125]认为，有效的公司内外治理可以促进企业技术创新，并且不同国家企业创新水平和经济增长的差异往往由公司内外部治理水平的差异所决定。综上可见，公司治理与企业技术创新密不可分，因此大量学者从公司内外部治理的各层面探讨了其对企业创新投入或产出的影响。

其一，公司治理内部机制对企业创新的影响。从股权结构上来说，Hall et al.（2006）[126]利用15个国家公司数据进行对比研究发现，大股东控制对创新投入与市场表现之间具有调节作用，尤其在法国和意大利大股东控制的调节作用更加显著。文芳（2008）[127]以我国上市公司为样本，发现控股股东持股比例与创新投入强度呈"N"型关系，私有产权控股的企业对创新投入的促进作用明显优于国有控股的企业。从股权性质来说，国有企业和民营企业在制度逻辑和资源禀赋方面存在明显差异，两者在创新上也存在较大差异（杨洋等，2015[128]），从创新资源和意愿视角大量学者认为在国有企业中由于受到政府干预要承担更多的政治任务，同时享有更多的市场保护而缺乏竞争意识，高管受于政治任命更关注谨慎和职位保全，激励机制也不甚完善，因此在创新的效率和质量上明显低于非国有企业（唐跃军和左晶晶，2014[129]）。从董事会来说，Yeh et al.（2008）[130]研究发现，规模小且独立性强的董事会更能促进企业创新投入，获得良好的市场反应。从经理人激励机制来说，夏芸和唐清泉（2008）[131]研究发现，高管股权激励有利于促进创新产出，尤其是企业资源相对丰富、公司业绩较好时促进作用更加显著。鲁桐和党印（2014）[125]在区分公司行业的基础上对比考察了不同行业间股权制衡度、董监高持股比例、机构投资者持股比例以及董监高的薪酬激励对创新活动影响的差异，提出治理应与行业相匹配，发挥其对创新的促进作用。

其二，公司治理外部机制对企业创新的影响。从投资者保护来说，鲁桐和党印（2015）[132]研究发现，完善的投资者保护环境可以为投资者提供稳定的创新预期，降低创新风险，投资者提供资金的意愿较强，有利于创新投入的增加并提高创新投入转化为创新产出的效率。机构投资者持股往往被看作投资者保护的一种衡量方式，近年来从机构投资者视角分析其对创新的影响成为研究热点，Aghion et al.（2013）[133]利用美国上市公司的样本数据进行实证检验发现，有机构投资者持股的企业具有更好的创新业绩，同时机构投资者与市场竞争存在互补效应。温军和冯根福（2012）[134]分析了我国异质性产权制度背景下机构投资者持股与企业创新的关系，研究发现在民营企业中机构投资者促进企业创新，但在国有企业中两者并无显著关系，同时对全样本的创新产出无显著正向关系，但由于国有企业的影响导致机构投资者持股与创新投入负相关。从政府治理水平来说，鲁桐和党印（2015）[132]研究发现，较好的行政环境有利于降低企业创新的交易成本，从而引导企业加大创新投入，提高了企业的创新效率。从市场环境来说，良好的市场化竞争水平和资本市场要素发展水平，一方面可以为企业研发投入提供更好的市场环境，另一方面也有利于创新投入转化为高质量的创新产出，扩大技术创新的价值效应（Yang et al.，2009[135]）。解维敏和方红星（2009）[136]研究发现，金融发展水平提高即要素市场的完善有利于缓解企业的融资约束，可以有效推动企业的创新投入。朱永明和贾明娥（2017）[137]支持了上述观点，并进一步验证了市场化进程加强了融资约束与企业技术创新之间的负相关关系。

2.2.2 高管权力影响企业创新的相关研究

企业高管是创新战略的决策者，也是执行者，对企业创新的影响最为关键。研究高管权力对创新活动的影响，可以更为深入地了解两者的内涵，通过公司治理等方式抑制高管权力的自利性并激发高管的企业家精神以促进创新效率和质量，增强企业竞争实力。

（1）高管权力对企业创新影响的理论分析

企业成长理论的发展过程较为系统地阐述了企业家与创新之间的关系发展。

首先，古典企业成长理论的代表人物马歇尔在其著名的《经济学原理》中论证了企业家的作用。他认为企业家可以消除买卖双方供求的不均衡性，是企业成长的关键和根本动力，无论实现内部经济还是突破销售障碍都需要有"富于进取心、创造性和组织能力"的企业家，其担负着承担风险的特殊使命；同时企业家作为一种社会资源非常稀缺，有能力无资本的人成为职业经理人，从而在很大程度上享受企业剩余的控制权。

其次，企业成长理论和创新经济学理论的重要代表人物 Schumpeter（1934）[138] 认为创新是企业家的职能，企业家将新生产要素引入生产体系，并能够革新生产方式促使组织获得超额收益，革新会打破原来的均衡状态，组织需要不断补充新资源以达到新的平衡，在超额利润逐渐降低直至为零的过程中，企业家要尝试新的创新，企业的创新活动是经济体系从一种均衡走向另一种均衡的基础。因此，作为企业家代表的经理人的重要职能是创新。创新思想、冒险精神是企业家的重要精神特质，而股东应具备相应的风险承担能力以支持企业家在组织中的创新。

最后，现代企业成长理论的奠基人 Penrose（1959）[139] 在其重要著作《企业成长理论》中指出企业成长是内因成长，即企业的内部经济来自自身的不断挖掘而获取的优势，就企业经理人而言，其在经营管理过程中不断积累经验并获得专业知识对企业成长具有重要作用，但同时拥有专业知识和管理经验的经理人也会利用自身权力维护自身利益而阻碍竞争者的进入，从而在一定程度上阻碍了企业正常成长。

（2）高管权力对企业创新影响的相关文献

以上不同时期的企业成长理论的代表人物都指出了经理人在企业成长、创新以及价值创造方面的"核心"地位，但并未就高管如何利用企业赋予的"正式权力"以及自身所特有的"非正式权力"影响企业创新进行阐述。

其一，正式权力与企业创新的研究。正式权力主要以委托代理理论、管理层权力理论为支撑，高管作为理性经济人，高管权力更多出于自利动机，表现为两种方式：一种是通过增加研发投入以提高声誉或职位晋升，另一种是通过减少创新行为来规避风险。赵旭峰和温军（2011）[140] 认为两职分离对创新具有促进作用。朱德胜和周晓佩（2016）[141] 则认为高管持股与创新效率具有非线性关系，股权制衡度能够提高企业创新效率。任海云（2014）[106] 研究发现，相比于高管不持股的企业，高管持股的企业研发投入与企业业绩正相关，由此可以说明高管本身不愿承担研发投入所带来的不确定性；高管更倾向于减少研发投入，尤其是当研发项目的收益不确定性强、研发时间较长、风险较大时（Chen和Hsu，2009[142]）。吴卫华等（2014）[62]从代理问题的角度出发认为高管作为股东的代理人，以获取个人财富和职位为目的，高管权力与公司冒险倾向显著负相关。

其二，非正式权力与企业创新的研究。非正式权力主要以高阶梯队理论、行为决策理论为支撑，高管作为社会人，高管除了追求自利经济动机外，也追求个人自我价值的实现，表现为企业的责任感和勇于承担风险的主人翁意识。高管的个人特质（专业、学历及性格）和经历影响企业的战略决策和经营管理（Hambrick，2007[143]）。从高管的受教育水平来说，Wiersema和Bantal（1992）[144]认为学历较高的高管具有良好的知识储备，具备处理和积累信息的能力，可以应对复杂而多变的环境并理性做出创新决策。Carmen et al.（2005）[145]研究发现，受教育程度较高的高管对创新的态度更加积极和理性，可以合理评估风险并做出规划以规避风险的不确定性，而受教育水平较低的高管往往采取规避风险的态度，保持原来状态而避免创新。Dalziel et al.（2011）[146]进一步指出，受过高等教育可以使高管更加熟悉创新项目，并从中获取知识和能力的积累。从高管的个人经历来说，Hillman和Dalziel（2003）[147]认为具有创新经历的高管不仅可以抑制管理层短视行为，同时拥有实施创新战略的决策权和控制权，能够有效地获取资源为创新行为提供支持。Francis et al.（2015）[148]研究发现，当高管本身是发明家时，其深厚的专业知识可以更好地把握技术前沿的进展，倾向于挖掘创新机会，不仅可以提高企业创新投入，而且可以有效地将创新投入转化为高质量的创新产出并提高创新效率。虞义华等（2018）[149]支持了上述观点，利用我国制造业上市公司的数据证实了发明家高管对创新投入、创新产出和创新效率具有促进作用。从高管的社会资源来说，Lin et al.（2011）[150]利用世界银行对中国制造业企业的调查数据分析发现企业高管的受教育水平、专业背景和政治关联对企业的创新绩效具有促进作用。Faleye et al.（2014）[151]研究发现，高管的社会网络性越强，越有利于企业创新信息的互动，越可以激发高管的创新热情进而提升创新积极性，促进企业创新。申宇等

（2017）[152] 在此基础上分析了高管校友网络对企业创新的影响，实证发现高管校友网络不仅可以缓解融资约束还可以实现信息共享，两者都可以促进企业创新。

其三，综合高管权力与企业创新的研究。近年来学者们分别从代理理论和管家理论探讨了高管综合权力对企业创新的影响。张祥建等（2015）[64] 认为高管是企业战略行为的主导者，高管掌控力影响着企业资源的创新和利用。熊婷等（2017）[153] 的研究支持了管家理论，认为高管权力对提升企业创新投入和强度具有重要影响，同时产品市场竞争能够对两者关系起到调节作用。赵毅等（2016）[27] 以我国高新技术企业为样本，基于群体决策理论和资源依赖理论证实了高管权力对企业创新投入具有正向作用，同时进一步检验了风险投资对两者关系的调节作用。

其四，高管权力、过度自信与企业创新的研究。社会心理学认为过度自信是个体对自我或事物做出的过于乐观而非理性的判断。Adams et al.（2005）[70] 认为当高管权力较大时具有较强的决策权和控制权，更倾向于过度自信。由此，一部分学者认为过度自信的高管更具有冒险精神，偏好冒险活动，因此更倾向于具有挑战性的创新项目以显示其个人能力（Griffin 和 Tversky，1992[154]；Goel 和 Thakor，2008[155]），同时过度自信的高管会乐观评价自身的能力并低估失败的风险以期获取超额创新收益（Malmendier 和 Tate，2005[156]；姜付秀等，2009[157]）。依据以上观点，高管过度自信会增加创新投入，但创新投入很可能由于预期风险不足或高管自身能力等原因而失败（Lee 和 O'Neill[158]），也可能存在过度投资或投资不足。另一部分学者则认为过度自信的高管在进行创新投入以后，会投入更多的精力并及时调整企业战略、组织结构等以适应创新项目的开展，促使创新投入转化为创新产出（Hirshleifer et al.，2012[5]）。我国学者易靖韬等（2015）[159] 在此基础上进行了更为深入的研究，发现高管过度自信会促进创新投入和产出，即便在创新投入不变的前提下依然会带来更多的产出，说明高管过度自信促进了企业创新绩效水平。

2.2.3　企业创新问题的研究评述

在以上文献中，对企业创新这一主题的研究，主要集中于公司内外部治理各因素，如股权结构、股权性质、董事会规模及独立性、管理层股权激励、管理者特征、市场化进程、投资者保护等与企业创新之间的关系，而专门从高管权力出发研究其与企业创新之间关系的文献相对较少，主要停留在单独对创新投入或单独对创新产出等层面，未把企业技术创新作为一个完整的过程进行探讨，将创新简单认为创新投入与创新产出和创新价值是同等概念，忽略了创新投入本身可能代表更高的代理问题，也忽略了创新产出具有实质性创新和策略性创新的异质性；同时在理论假设中也存在片面性，或以代理理论为基础，或以管家理论为基础，而并未把高管作为一个复杂的利益主体进行考量。因此，在我国特殊的异质性产权背景下，探讨高管权力对创新投入、创新产出以及企业价值提升的综合影响具有理论和现实意义。

2.3　股价崩盘风险问题研究

2.3.1　股价崩盘风险形成动因的相关研究

资本市场的稳定性是人们关注的热点，不仅影响着投资者的利益，而且对整个区域和国家的实体经济发展也具有重要意义。股价暴涨暴跌的异常波动会严重干扰资本市场的正常秩序。而相对于暴涨，暴跌所引起的股价崩盘后果更加严重，个股的暴跌在导致投资者的财富瞬间大幅缩水的同时，可能导致悲观情绪在市场中蔓延，最终造成整个资本市场的恐慌。因此，探寻何种因素导致了股价崩盘风险以及在此基础上如何有效抑制和缓解股价崩盘风险是迫切需要解答的理论和现实问题。国内外学者开始从市场层面和公司内部探寻成因。

（1）市场层面引起股价崩盘风险的研究

西方学者从20世纪70年代就开始致力于在市场层面探寻股价崩盘风险的成因。Black（1976）[160]和Christie（1982）[161]率先基于有效市场框架提出了"财务杠杆效应假说",他们认为股票价格下跌会导致企业经营杠杆和财务杠杆的增加,而增加的经营杠杆和财务杠杆会进一步引起风险溢价的上升。该假说在一定程度上解释了股票价格大幅波动更倾向于股价下跌的原因,但并未对股价大幅波动具有传染性和股票收益的非对称性进行解释。此后,Pindyck(1984)[162]和French et al.(1987)[163]在此框架下又提出了"波动率反馈假说",认为股价波动率的上升增加了投资者预期的风险溢价,而风险溢价会抵制好消息对股价的正向影响而扩大坏消息所带来的负面效应,由此会导致股价收益率呈负偏分布。以上观点解释了短期内股价的非对称波动问题,但外生信息对市场波动率的影响是非常短暂的,因此无法解释市场收益率的持续非对称变化。之后学者们放松对完全信息和理性人的假设,在行为金融学框架下从投资者非理性和信息不完全两个视角为市场层面所引起的股价崩盘风险提供理论假说,主要包括"股价泡沫假说"(Blanchard和Watson,1982[164])、"信息不完全性假说"(Romer,1993[165])以及"异质信念假说"(Hong和Stein,2003[166])。

(2)公司层面引起股价崩盘风险的研究

更多的研究是在Jin和Myers(2006)[10]构建了简单的信息模型以后,创新性地从管理层代理问题和投资者信息不对称视角考察股价崩盘风险的成因,从而将主流研究视角从市场层面转向个股公司层面。在Jin和Myers(2006)[10]之前,Chen et al.(2001)[167]更早地分析了个股公司的股价崩盘风险,将其定义为股票收益率的条件偏态分布并进行了指标测定,但未对个股公司中股价崩盘风险形成的机理进行系统描述,而Jin和Myers(2006)[10]认为管理层基于自身职位和薪酬的考虑而隐藏坏消息导致公司透明度降低,当坏消息积累到阈值后在市场上集中爆发进而引起股价暴跌,他们利用不同国家市场的宏观数据进行分析,证实了市场透明度与股价崩盘风险具有正相关关系。Hutton et al.(2009)[11]在此基础上,以微观公司研究替代宏观国别研究,以盈余管理作为反映公司信息透明度的代理变量,以美国上市公司为样本研究了信息透明度与个股未来股价崩盘风险之间的关系,进一步支持了Jin和Myers(2006)[10]的观点。此后学者们基本从代理问题和信息透明度两个视角探讨其与股价崩盘风险的关系以及如何缓解和抑制股价崩盘风险。

①就代理问题方面研究来说。首先，学者们从管理层机会主义动机角度入手探究如何影响和缓解股价崩盘风险。Kothari et al.（2009）[168]认为管理层出于自身薪酬、职业生涯、政治晋升和构建商业帝国方面考虑，会故意隐藏或推迟披露负面消息而主动披露好消息引起股票回报信息不对称进而导致股价被严重高估产生泡沫，加大未来股价崩盘风险。Kim et al.（2011a）[169]以美国上市公司的数据为样本，研究发现公司CEO的股权激励与未来股价崩盘风险正相关，而CFO的期权价值与未来股价崩盘风险正相关，公司高管为了实现自身利益最大化可能采取如隐藏坏消息的短期行为而加大股价崩盘风险。Xu et al.（2014）[170]研究发现，管理层为追求更多的在职消费会故意隐瞒公司负面信息从而加重了股价崩盘风险。

其次，将视角从管理层拓展到大股东等内部人的代理问题。我国学者王化成等（2015）[79]分析了第一大股东持股与股价崩盘风险的关系，研究发现当第一大股东持股比例上升时会显著抑制未来股价崩盘风险，说明大股东具有"监督效应"和"更少掏空效应"而非"更多掏空效应"。沈华玉等（2017）[171]认为控股股东具有"隧道效应"，控股股东控制权显著增加了股价崩盘风险，尤其是在公司治理水平比较低的情况下更为明显。林川等（2017）[172]利用创业板上市公司的数据同样验证了为攫取私利，控制人权力的增加会加重股价崩盘风险。姜付秀等（2018）[173]认为多个大股东可以有效监督控股股东的机会主义行为，减少负面信息的隐藏和延迟披露，进而有效抑制了股价崩盘风险。

最后，将研究视角扩展到公司决策行为对股价崩盘风险的影响。Kim et al.（2011b）[174]分析了避税活动中的代理行为对股价崩盘风险的影响，他们认为管理层出于个人私利有隐藏坏消息的动机，而税收规避行为具有良好的隐蔽性成为管理层进行捂盘行为的工具，他们利用美国上市公司数据证实了税收规避行为与股价崩盘风险显著正相关，同时发现外部监督机制和面临较大收购风险时，可以降低股价崩盘风险。江轩宇（2013）[175]在此基础上以中国上市公司数据验证了上述观点，同时提出税收征管可以有效制约经理人利用税收规避行为中的自利动机，当税收征管强度提高时，可有效降低税收规避行为引起的股价崩盘风险。江轩宇和许年行（2015）[176]研究发现，企业过度投资会导致其相关的负面信息不能及时反映到资本市场的股价中从而加剧了股价崩盘风险，相比于高管过度自信代理问题是导致两者关系的主要原因。谢德仁等（2016）[38]分析了控股股东股权质押行为与股价崩盘风险的关系，研究发现控股股东在股权质押期间利用盈余管理和操纵的信息披露等机会主义行为降低了股价崩盘风险，而在股权质押解除后股价崩盘风险随之提高。

②就信息透明度（信息不对称）方面研究来说。前文中提到Hutton et al.（2009）[11]实证检验了信息透明度与股价崩盘风险的关系后，许多学者沿着这一路径去思考和分析股价崩盘风险的问题。我国学者潘越等（2009）[40]以我国上市公司为样本，认为我国目前市场完善程度与西方发达国家相比还存在较大差距，公司盈余管理问题更加严重，实证结果证明公司信息不透明与股价崩盘风险显著正相关，并进一步研究发现我国的信息披露制度并不规范，未能起到增加企业信息透明度的作用。杨锦之和张园园（2017）[177]在Kim和Zhang（2016）[178]的基础上进一步验证了会计稳健性与股价崩盘风险的负相关关系，同时发现稳定型的机构投资者会增强两者的负相关关系，而交易型的机构投资者则会减弱两者的负相关关系。之后学者从信息披露角度展开更为深入的分析研究。权小锋等（2015）[179]和宋中献等（2017）[180]分别探讨了社会责任信息披露与股价崩盘风险的关系，但得出了不同的结论。权小锋等（2015）[179]认为社会责任信息披露是管理层进行机会主义行为的一种方式，可以隐瞒坏消息从而增加了代理成本同时加剧了信心不对称程度，进而增加了股价崩盘风险。宋中献等（2017）[180]则从社会责任信息披露的信息效应（信息透明度）和声誉效应（投资者情绪）出发，认为其降低了管理层捂盘的能力而且有助于缓解投资者应对不确定信息的冲击，进而降低了股价崩盘风险。肖土盛等（2017）[181]利用公司信息披露考评作为公司信息披露质量的代理变量，研究发现信息披露质量的下降显著增加了股价崩盘风险。

③投资者关注和情绪对股价崩盘风险的影响的研究。Gennotte和

Leland（1990）[182]研究发现，当不确定程度较大时，外部环境的微小信息变化会在投资者中产生巨大的冲击，从而引起股价的剧烈波动。Marin和Oliver（2008）[183]否定了股价崩盘风险由管理层捂盘造成信息披露不及时而导致，认为是由于内部人率先抛售股票一段时间后停止，外部投资者判断企业存在负面信息但不能了解其严重程度进而争相抛售，最终引起股价崩盘。高昊宇等（2017）[184]认为机构投资者是企业良好的监督股东，可以参与公司治理并减少公司信息囤积，可以有效抑制股价暴跌风险。许年行等（2013）[185]则认为机构投资者存在真羊群行为降低了企业信息的透明度，增加了股价崩盘风险。

2.3.2　高管权力影响股价崩盘风险的相关研究

就个股股价崩盘风险的成因来说，学者们最先从管理者自利动机入手，认为管理层基于薪酬、职位或构建商业帝国等考虑而故意隐藏或推迟披露负面消息最后导致负面消息集中爆发而引起了股价崩盘风险（Jin和Myers，2006[10]；Kim et al.，2011a[169]；Xu et al.，2014[170]）。而企业高管是公司决策的决定因素，高管权力的强弱对于实现自身动机具有决定性作用。我国学者李小荣和刘行（2012）[186]从女性管理者特征视角分析了女性CEO与个股股价崩盘风险的关系，研究发现当高管权力越大时，女性CEO可以更加显著地降低股价崩盘风险，而女性CFO作用有限。王化成等（2015）[79]在分析第一大股东与股价崩盘风险的关系时，以高管权力作为公司第一类代理问题（股东与管理层）的代理变量，当高管权力越大时，大股东对股价崩盘风险的抑制作用越显著。曾爱民等（2017）[187]从行为金融学的视角分析了高管过度自信、高管权力与股价崩盘风险的关系，研究发现高管权力增强了过度自信对股价崩盘风险的正向作用。

2.3.3　企业创新影响股价崩盘风险的相关研究

目前从管理层的企业战略行为对股价崩盘风险的研究还较为有限，前文已经提到，目前学者主要从税收规避（Kim et al.，2011b[174]；江轩宇，2013[175]）、过度投资（江宇轩和许年行，2015[176]）、控股股东股权质押（谢德仁等，2016[38]）等角度分析其与股价崩盘风险的关系。研究企业创新与股价崩盘风险的关系的文献也较少，Kim 和 Zhang (2016)[178] 在分析会计稳健性与股价崩盘风险时，以创新投入作为信息透明度较低的代理变量，研究发现加大创新投入会增加信息的不透明度从而加剧了股价崩盘风险。周铭山等（2017）[188] 以中国创业板上市公司为样本，分析了创新投入与股价崩盘风险的关系，研究发现创业板对研发信息披露有较高要求，从而提升了公司信息透明度进而抑制了股价崩盘风险。

2.3.4 股价崩盘风险的研究评述

对于我国资本市场来说，证券市场成立时间较短，市场尚不成熟，制度规范尚不完善，信息透明度更低，为我们深入地分析股价崩盘风险影响因素提供了条件。通过以上文献的梳理和分析发现，对于个股股价崩盘风险，多数学者认为代理问题和公司信息透明度是股价崩盘风险形成的主因，但并未重视投资者关注和情绪对股价崩盘风险的外部作用，实际上内外部两者共同作用影响着股价崩盘风险。

在高管权力与股价崩盘风险的研究中，鲜有文献直接研究高管权力与股价崩盘风险的关系，尤其在我国特殊制度背景下，高管权力在国有企业和非国有企业产生不同的代理问题，都可能在不同程度上引起代理问题并增加公司信息的不对称性，因此分析我国异质性产权下高管权力与股价崩盘风险具有较大的现实意义；在企业创新与股价崩盘风险的研究中，学者们尚未对我国主板市场上企业创新（创新投入和创新产出）与股价崩盘风险进行探讨，只是从创新的信息不对称角度进行了分析，并未考虑管理层出于构建商业帝国等动机可能利用创新投入作为工具带来更为严重的代理问题，同时也未考虑到投资者关注和情绪所产生的影响。

2.4 本章小结

本章系统梳理了高管权力问题、企业创新问题和股价崩盘风险问题相关的文献，通过分析高管权力的文献发现我国股权集中的结构并不能有效制衡第一种代理问题，反而成为高管权力扩张的助力，同时文献中多从自利动机研究高管权力，而忽视高管作为企业家的积极作用；在企业创新问题的文献中较少从创新动机和过程入手，简单认为创新投入等于高质量的创新产出，忽略了高管利用创新可能产生的代理问题；在股价崩盘风险的研究中，多从代理问题和信息不对称出发，较少考虑投资者关注这一外部要素。综上，本书在分析和总结研究发展脉络的基础上，寻找问题的薄弱点和交叉点，为后续研究奠定理论基础。

第3章　理论基础、制度背景与分析框架

3.1　理论基础

　　现代企业理论发端于科斯对"黑箱理论"的探索，他在论文《企业的性质》中开创性地指出"使用价格机制是有成本的"，提出了"交易费用"的概念。自此学术界开始用理性的眼光去思考企业内部组织和制度的本质，"企业理论"由此兴起。之后学者们沿着这一思路取得了巨大的发展，主要以契约观的理性人假设为基础，主流企业理论的逻辑框架逐渐完善，但主流企业理论并未对企业的起源和发展进行探讨。随着创新创业活动在全世界兴起，以人为基础、以企业家为中心的行为科学理论开始受到重视，部分学者开始考察企业家如何发挥自身能力影响企业决策并促进企业发展，构成了现代企业理论的又一组成部分。根据Adams et al.（2005）[70]的权力划分将高管权力分为正式权力和非正式权力。正式权力是具有结构和所有权的组织所赋予的权力；而非正式权力是高管个体所具备的知识、经验和社会资源等构成的个人能力的权

力。高管正式权力是以主流企业理论契约观为理论基础，主要的代表理论为委托代理理论和剩余控制权理论；非正式权力则是以行为观为理论基础，主要的代表理论为现代管家理论和过度自信理论等。

3.1.1 委托代理理论

（1）经典的委托代理理论

Berle 和 Means（1932）[12] 较早关注了公司所有权和经营权分离后所导致的股东与经营者之间的代理问题。他们认为在股权分散的公司里，股东与管理者双方利益不一致，股东持股规模有限，不愿付出更多的监督成本，存在普遍的"搭便车"现象。管理者成为公司实际的控制人，拥有信息优势的管理者有很强的动机做出有利于自身却有损于股东和企业的机会主义行为，代理问题由此产生。此后，众多学者开始探究这一问题，其中最具代表性的是 Jensen 和 Meckling（1976）[7] 提出的委托代理理论。该理论指出，契约双方根据契约的规定，由委托方将资源授予代理方，委托方根据代理方所完成契约的程度和质量支付相应的报酬，以此对代理方实施激励和约束。其中委托方为企业资源的拥有者即企业所有者，代理方即企业的经营者，委托方和代理方都是理性经济人，以自身利益最大化为目标，因此会形成利益冲突。代理方为了实现自身利益利用信息优势可能做出损害委托方的行为，委托方为了消除或降低这种损害而制定监督机制，双方因代理问题而产生的损失即为代理成本。就代理问题而言，上述股东与管理者之间的代理问题被称为第一种代理问题，而控股股东与小股东之间的代理问题为第二种代理问题（Shleifer 和 Vishny，1997[189]）。委托代理理论就是探究这两种代理问题并以期降低代理成本而衍生发展的理论。

对第一种代理问题来说，在股权分散的公司中，股东为了实现股东财富最大化而对经理人制定各种激励和约束约定以保证经理人付出最大的努力，而经理人通过努力只能获得规定的收益，并不能获得剩余索取权，因此会采取偷懒、增加在职消费或构建商业帝国等机会主义行为偏离股东价值最大化的目标，此时大股东通过抑制经理人不合理的投资动机（Denis et al.，1997[190]）、提高经理人变更概率（Helwege et al.，

2012[191]）、抑制盈余管理行为（LLSV，1998[192]）等方式对经理人进行有效的监督从而降低第一种代理问题成本；对第二种代理问题来说，在股权较为集中的公司中，控股股东控制私有权收益，通过各种方式侵占中小股东的利益（Shleifer 和 Vishny，1997[192]；LLSV，1999[193]），此种侵占行为被称为隧道挖掘或掏空行为（Johnson et al.，2000[194]），主要通过关联方交易、集团内并购、过度投资以及金字塔结构使现金权和控制权分离的方式实现其获取私利的目的，形成第二种代理问题成本。在我国控股股东掏空现象也较为常见，多采用关联方交易（柳建华等，2008[195]）、大股东资金占用（姜国华和岳衡，2005[196]）、盈余管理（雷光勇和刘慧龙，2006[197]），近年又开始使用较为隐蔽的股权质押行为（郑国坚等，2014[198]）。

委托代理理论中另一重要问题为信息不对称问题，以上两种代理问题中双方在信息方面均具有较高的不对称性，逆向选择和道德风险问题时有发生。代理方对企业内部经营和管理掌握绝对的信息优势，从而拥有了获取私有收益的优先权，当代理方通过各种方式对委托方的利益进行侵占时，进一步降低了双方信息的对称性，企业信息的透明度进一步恶化。

（2）本书研究与委托代理理论的关系

委托代理理论贯穿本研究的各组成部分。我国企业中同时存在以上两种代理问题，在国有企业中虽股权高度集中，但所有者缺位，管理者容易形成内部控制，利用自身权力获取私利而损害国有股东和企业利益，此时主要为第一种代理问题；在非国有企业中股权集中现象明显，控股股东利用其所占较大的持股比例侵占中小股东利益，而高管往往来自控股股东，难以监督自身行为，高管权力更多表现为控股股东的控制权，两者利益一致，此时主要表现为第二种代理问题。委托代理理论是本书各章节最为重要的理论基础；委托代理理论伴随而生的信息不对称理论是企业创新与股价崩盘风险的理论基础。

3.1.2 剩余控制权理论

（1）经典的剩余控制权理论

继 Coase（1937）[17]提出契约理论以后，Grossman 和 Hart（1986）[199]

提出了剩余控制权的概念，Hart 和 Moore（1990）[200]、Hart（1995）[201] 又将这一理论不断深入，形成了不完全契约理论的分析框架，即 GHM 理论。Grossman 和 Hart（1986）[199] 将契约权力分为具体权力和剩余权力两种，主要以是否在契约中明确规定物质资产的处置权来区分。Hart 和 Moore（1990）[200] 在此基础上将物质资产的概念进行外延，认为契约控制权分为特定控制权和剩余控制权，特定控制权是契约中明确规定的对企业经营决策行为的控制权，而剩余控制权是事前未在契约中明确设定的事项的处置权。在现实情况下，契约是不可能完备的，由于不确定性的存在，企业在事先不可能确定好所有事项发生的可能和概率。Fama 和 Jensen（1983）[202] 认为企业经理人负责提出决策方案并在方案批准后负责执行，其所拥有的是特定控制权，而股东和受其委托的董事会负责决策方案的审核和监督，其所拥有的是剩余控制权；但 Kaplan 和 Stromberg（2000）[203] 基于大量实证结果提出了相反的结论，认为真正享有企业剩余控制权的不是股东而是企业经理人，股东只拥有特定控制权，因此企业经理人往往基于自利动机进行决策。所以，对于不完全契约条件下的企业内部来说，谁拥有企业剩余控制权谁就掌握了企业决策行为的优先权，就可以做出对自身有利的经营决策。同时，GHM 理论还强调了剩余控制权与剩余索取权的统一。他们认为当企业契约不完备时，要保证契约在遇到新问题时能够继续进行，必须对契约的不完备性进行必要的权力安排，否则剩余索取权将丧失。剩余控制权是剩余索取权的保障，剩余索取权是剩余控制权存在的前提。当同一主体拥有剩余控制权和剩余索取权时，才能保证企业效率化经营，否则这是一种低效行为，我国学者应用这一原理分析了国有企业的低效现象。

（2）本书研究与剩余控制权理论的关系

随着现代企业制度的建立，两权分离引起了委托代理问题。企业经营者即企业高管作为代理人掌握了企业的特定控制权，而作为委托人的企业股东及行使股东权利的董事会，在契约不完备条件下，受到信息不对称以及监督成本过高等影响，可能将剩余控制权部分或全部让渡到企业高管手中，此时高管在掌握特定控制权的同时拥有了一定剩余控制权，企业高管拥有了更多经营裁夺权。高管拥有企业控制权后，就可以对公司的重大决策享有直接或间接的支配权，或拥有绝对影响力，进而拥有实现自身意愿的能力。剩余控制权理论为高管权力与企业创新研究以及高管权力与股价崩盘风险研究奠定了理论基础。

3.1.3 现代管家理论

（1）经典的现代管家理论

以契约理论和理性经济人假设为主流的企业理论认为，企业的特定控制权和剩余控制权统一归为股东所有，而拥有经验、专有知识、资源和剩余的高管在企业控制权中属于从属地位。随着现代行为学理论对行为人的关注，以上观点受到了极大挑战，打破了 Grossman 和 Hart（1986）[199] 认为剩余控制权只包括物质资产而不包含人力资本的限定。学者们将人力资本与高管相联系，认为具有知识储备、独特技能、经验以及良好声誉的高管是企业中最重要的人力资本，企业的控制权开始向人力资本倾斜，尤其在现代企业中人力资本已成为企业存在和发展的关键要素，物质资本所有者不再处于主导地位（Rajan 和 Zingales，1998[204]）。

随着对剩余控制权问题研究的深入，现代管家理论得到迅速发展。Davis et al.（1997）[6] 从人性假设出发，将"社会人"的假设与高管行为相结合，提出了现代管家理论。他们认为委托代理理论中对经理人的完全理性人和以自身利益最大化为目标的机会主义动机假设并不合适，经理人对自身有尊严、有信仰，对内在工作有追求并努力经营，具有强烈的主人翁意识和企业家精神，受到集体主义动机驱动。现代管家理论将视角从剩余控制权转移到对高管的有效激励中，可以更为全面地认识和理解高管角色，高管不仅仅是按照契约完成任务的经济个体，同时是具有能动性且有价值愿景的社会个体，高管受到自我价值提升和成就动机的激励，通过个人的能力、经验和声誉处理各种不确定性问题，努力承担责任，实现组织目标。学者们在研究中证实了管家理论的存在（Eddleston 和 Kellermanns，2007[205]）。当然委托代理理论和现代管家理论并不是完全对立的，当股东与经理人利益目标一致时，经理人更多发挥管家角色，但当经理人的地位受到威胁时会保护自身利益而更多受代理理论影响。作为高管来说，既不是天生的经济人（机会主义者），也不是天生的社会人（管家），高管是融合了代理理论和管家理论双重人性假设的个体，他们的行为是对复杂激励措施和市场信息的理性反应（Lee 和 O'Neill，2003[158]）。

（2）本书研究与现代管家理论的关系

从现代管家理论来说，高管为实现企业利益最大化，会发挥企业家精神而承担风险和责任，会主动完成具有挑战性的工作，此时公司治理的关键不是对高管进行契约化的制约，而是应给予充分的授权和权利，明确高管角色，使其凭借自身所特有的知识经验、管理才能和声誉威望等人力资本实现企业目标。由此来看，现代管家理论是高管权力与企业创新的理论基础。

3.1.4 过度自信理论

（1）经典的过度自信理论

过度自信理论是从行为学和心理学角度出发，以往研究中经常将人设定为完全理性人或有限理性人，而过度自信理论则把人设定为非理性人。Miller 和 Ross（1975）[206]较早关注过度自信，他们认为人们常常将成功的取得归因于自身的能力和行动，而将失败归因于运气不佳，同时人们对自我进行评估时往往认为自身能力在中等偏上。Langer（1975）[207]研究发现，人们对自身知识的准确性往往非常确信，因此会高估某些信息而低估其他信息。Gervaris et al.（2002）[208]首次对过度自信进行了界定，认为人们往往存在一种信念，即自身所掌握知识的准确性更高，也就是说过度自信导致人们倾向于自身的判断和认知。Forbes（2005）[209]将过度自信理论与企业家行为结合起来，认为企业家的经历、声望和知识结构以及公司决策的复杂程度都会对过度自信有所影响，企业家的认知偏差是自身个体和外界综合因素共同作用的结果，同时他发现由于创始人高管对企业的突出贡献往往比非创始人高管多，因此其过度自信会更加明显；而当企业高管过度自信时，会高估项目的远期收益和自身的能力而低估可能遇见的风险，从而导致投资的扭曲性。虽然对于非理性行为的研究时间尚短，却引起了学术界的广泛关注，继人力资本理论和高阶梯队理论后，将研究视角从高管的人力资本特征转为个体心理认知，诠释了以往很多契约理论无法解释的问题。

（2）本书研究与过度自信理论的关系

过度自信理论认为个体的认知偏差会影响个体的行为，也会影响对风险和决策的态度。具体到企业决策行为来说，高管的过度自信体现在对风险的态度上，以往研究中将人设定为理性人往往体现为风险规避，而过度自信则更多地体现为对风险的偏好，从而影响财务信息的披露和企业的创新投入，最终表现为高管的认知偏差与企业财务行为之间的相关性。过度自信理论为研究高管权力与股价崩盘风险提供了理论基础。

3.2　高管权力形成的制度背景

我国企业高管权力的形成受到特殊的背景和产权性质影响，并且伴随着国有企业改革历程和民营企业的发展壮大，高管权力也在发展中积蓄力量、慢慢扩大。异质性的产权性质使国有企业与非国有企业的高管权力在先天形成和后期成长时存在显著性差异。

3.2.1　国有企业高管权力形成的制度背景

（1）国有企业改革进程中高管权力的变化

国有企业在我国国民经济发展中占有举足轻重的地位，国有企业改革是整个经济体制改革的中心环节，从表面上看是提高国企经营效率的问题，实质上是从政府机关的附属向市场化主体转变的问题。国有企业改革大致经历了初步探索（1978—1992年）、制度突破（1993—2003年）、纵深推进（2004年至今）三个阶段。伴随着国有企业改革的不断推进，公司治理效率大幅提升，政府对企业的控制权逐步下放，同时国企高管权力形成并逐渐提升。

第一阶段：改革初步探索阶段，国企高管权力初步形成。改革开放之初，政府意识到经济管理体制的一个严重缺陷是权力过于集中，开始对国有企业进行放权让利的改革试点。1984年正式提出政企分开，明确国企要成为自主经营、自负盈亏的独立经济实体，改革的主要措施是实行厂长（经理）负责制，对大多数国企实行承包制经营，对少数有条件的大中型国企实施股份制和集团化改造。国企实施厂长负责制后，企业的控制权由政府慢慢转向厂长，厂长获得一定程度的经营决策权，高管权力初步形成。但由于现代企业制度还未完善，厂长集决策权、执行权和监督权于一身，缺乏有效的监督和约束机制，同时厂长的薪酬与绩效不挂钩，内部人控制、高管权力滥用现象明显。

第二阶段：改革制度突破阶段，国企高管权力得以发展。20世纪90年代末，计划经济和市场的问题使改革陷入僵局，国企改革由政策调整正式进入到制度创新阶段。此阶段改革主要有两个重点：其一是现代企业制度的建立，通过建立现代企业制度使国企真正成为自负盈亏、自主经营的法人实体和市场竞争主体；其二是调整国有经济布局，把国有经济在国民经济中的主体地位改变为主导地位，推出各项政策解决企业冗员过多、企业办社会问题为国企解困。随着现代企业制度的建立，国企高管权力更具现代企业特点，权力的范围扩大。

第三阶段：改革纵深推进阶段，国企高管权力得以深化并规范。随着国有资产监督管理体制的确立，国有企业以产权多元化和治理结构建设为重点。2003年成立国资委对中央和地方国有资产实施监督管理，履行国有资产出资人的身份责任，解决"出资人缺位"问题；深化产权制度改革，以股份制作为公有制的主要实现形式，提倡各种资本参股的混合所有制经济发展，实现投资主体多元化；建立和完善董事会制度，明确规定独立董事的身份背景、占董事会的比例以及要求设立监事会；同时规范了中央国企负责人的薪酬问题，以考核增强激励效果。国企高管权力向纵深发展，同时随着公司治理机制的不断完善，高管权力在一定程度上得以规范。

（2）国有企业高管权力的形成条件

首先，从股权结构上来说，表3-1列示了国有控股上市公司第一大股东和前五大股东的持股比例，可以看出，从1999年到2017年无论是第一大股东还是前五大股东持股比例虽都有所下降，但最大股东持股比例依然在40%左右，而前五大股东持股则超过一半，说明国有控股上市公司股权集中度非常高，也可以说"一股独大"现象非常明显。国企的所有者是全体国民，其无法行使控制权和决策权，委托给政府代为管理，在所有者缺位的情况下，行使监督权和控制权的不是大股东而是各级国资委（即由政府官员代为行使），政府官员由于不享受企业的剩余索取权而缺乏监督动力，同时在企业监督信息上也存在劣势，因此国企高管所受的有效监督和管理缺失，甚至形成自我监督、自我管理的局面，成为企业实际的控制者。可见在"一股独大"股权结构下，"所有者缺位"和"内部人控制"是国企高管权力形成的最主要原因。

表3-1   国有控股上市公司股权结构

年份	观测值	第一大股东持股比例		前五大股东持股比例	
		均值	中位数	均值	中位数
1999	769	0.4768	0.4776	0.6061	0.6210
2000	873	0.4696	0.4737	0.6007	0.6154
2001	930	0.4636	0.4667	0.5950	0.6094
2002	935	0.4640	0.4728	0.5987	0.6137
2003	939	0.4598	0.4624	0.5993	0.6172
2004	945	0.4557	0.4562	0.6024	0.6183
2005	930	0.4378	0.4410	0.5911	0.6062
2006	918	0.3937	0.3886	0.5385	0.5411
2007	934	0.3903	0.3890	0.5306	0.5328
2008	953	0.3932	0.3895	0.5295	0.5284
2009	954	0.3973	0.3911	0.5317	0.5249
2010	988	0.3971	0.3918	0.5344	0.5299
2011	981	0.3974	0.3904	0.5354	0.5326
2012	979	0.4032	0.3966	0.5415	0.5343
2013	948	0.4032	0.4001	0.5419	0.5385
2014	939	0.4001	0.3959	0.5386	0.5364
2015	948	0.3939	0.3856	0.5422	0.5345
2016	972	0.3885	0.3750	0.5487	0.5382
2017	996	0.3928	0.3788	0.5587	0.5559

其次，从董事会治理层面来说，董事会的监督取决于董事会本身和独立董事两者的独立性。在国有企业中，董事会具有较强的政府主导性，董事会成员基本由上级主管政府部门任命，与高管往往存在交叉或重叠现象，难以实施监督。同时，独立董事的独立性也难以保证，一方面独立董事的任命由高管决定和影响，另一方面独立董事获取企业信息的渠道基本与高管有关，因此独立董事也难以发挥有效监督作用。可见，内部治理机制不健全为国企高管权力的扩大创造了条件。

最后，从国企高管的选聘来说，国企高管的选聘并不来自于经理人市场，大多仍然局限于上级党政部门的委派或体制内选聘，国企高管的人事管理参照行政机关管理模式。政府官员与国企高管在同一体制内流动，政府官员可以从同级国有企业或下一级国有企业中选拔，因此国企高管为获得晋升或保持现在职位往往与政府部门保持密切联系。保持政治联系的高管，尤其是受到政府行政任命或有政府官员背景的国企高管可以获得更大特权，政府部门对其监督更为有限。同时，我国的控制权市场几乎不存在，国有企业的控制权转移基本由政府部门进行负责，更多体现为行政划拨，政府既是国有资产所有者的代理人，也是社会管理者，出于对经济的控制、就业以及社会稳定的考虑，无意将国企转让，因此控制权市场无法对国企高管实施有效的治理。国企高管的选聘制度和控制权市场的缺失也助长了国企高管权力的扩大。

综上，在国有企业中，国有控股股东缺位同时缺乏有效的内外部治理机制，国企高管凭借与政府部门的天然密切联系，成为企业的实际控制人，利用不断累积的权力，凌驾于董事会之上，实施对公司的控制权和决策权。因此，国有企业中高管权力主要表现为高管对股东利益的侵占，即第一类代理问题。

3.2.2 非国有企业高管权力形成的制度背景

（1）民营企业改革进程中高管权力的变化

我国目前是多种所有制企业并存，除国有企业外，还包括民营企业、集体所有制企业、联营企业和外资企业等，在非国有企业中民营企业占比在80%以上，国有企业和民营企业是我国经济发展的主导力量，因此这里主要介绍民营企业发展历程。党的十一届三中全会以后，将民营经济作为国营经济的补充而确立了民营经济的地位。民营企业自成立后大致经历初步形成（1978—1991年）、快速成长（1992—2001年）、深入发展（2002年至今）三个阶段。

第一阶段：民营企业初步形成阶段。1978年国家开始承认私有经济的合法性，中国民营经济起步。城市和农村允许个体商户的存在，但限定雇用人数。到1988年宪法修正案中允许私营经济在法律规定的范围内存在并作为公有制经济的补充，在法律上确立了民营企业的地位，民营企业得到迅速发展。此时，民营企业多以个体商户的形式存在，以个人或家庭为单位，个体既是经营者也是所有者，高管权力处于萌芽阶段。

第二阶段：民营企业快速成长阶段。邓小平同志南方谈话明确提出"三个有利于"标准，为民营经济发展提供了政策支持。党的十五大提出非公有制经济是社会主义经济的重要组成部分，民营企业的政治环境更为宽松，同时国有企业发展遭遇瓶颈以及互联网经济的到来，为民营企业发展提供了历史机遇，民营企业获得快速发展。大中型民营企业出现，企业集团开始形成。此时，大部分民营企业已初步具备现代企业公司制特征，并且内部公司治理结构不断完善，现代企业制度下的高管权力渐渐形成。

第三阶段：民营企业深入发展阶段。加入WTO为民营企业国际化发展奠定了基础，民营企业综合实力增强，在资本市场上成立中小企业板、新三板和创业板拓宽了民营企业的融资渠道。在党的十八大报告中首次强调非公有制经济的重要支柱作用，民营企业在经济新常态背景下转型升级，创新能力大幅度提高。此时，民营企业的高管权力不断深化。

（2）以民营企业为代表的非国有企业高管权力的形成条件

从表3-2中可以看到1999—2017年我国非国有控股上市公司的数量迅速增加，在国民经济中的地位逐步提升。从股权结构上来看，第一大股东持股比例在30%以上，前五大股东持股比例在50%以上，说明非国有企业中股权集中现象也比较明显。控股股东是否会抑制非国有企业的高管权力的扩大有待商榷。其一，与国有企业高管权力相比，非国有企业的高管权力更具先天性，在非国有企业中家族企业占较大比例，

表3-2 非国有控股上市公司股权结构

年份	观测值	第一大股东持股比例		前五大股东持股比例	
		均值	中位数	均值	中位数
1999	148	0.3467	0.2980	0.5638	0.5746
2000	178	0.3458	0.2979	0.5506	0.5603
2001	198	0.3395	0.2966	0.5492	0.5538
2002	255	0.3342	0.2941	0.5504	0.5561
2003	312	0.3268	0.2900	0.5520	0.5540
2004	397	0.3330	0.2925	0.5617	0.5758
2005	411	0.3204	0.2904	0.5418	0.5482
2006	479	0.3081	0.2858	0.5083	0.5155
2007	580	0.3163	0.2912	0.5117	0.5168
2008	616	0.3230	0.2945	0.5131	0.5111
2009	751	0.3237	0.2941	0.5134	0.5122
2010	1062	0.3356	0.3097	0.5429	0.5570
2011	1297	0.3391	0.3135	0.5546	0.5790
2012	1418	0.3410	0.3142	0.5529	0.5741
2013	1473	0.3369	0.3104	0.5392	0.5489
2014	1591	0.3293	0.3066	0.5264	0.5305
2015	1780	0.3208	0.3008	0.5275	0.5363
2016	2054	0.3143	0.2972	0.5305	0.5412
2017	2409	0.3155	0.2977	0.5424	0.5476

高管往往来自家族控股股东（实际控制人）或家族成员，兼任现象比较普遍，即便来自职业经理人，其任命权也在控股股东手中，往往选聘维护自身利益的职业经理人作为高管；其二，从监督机制来看，高管来自实际控制人的选拔，董事会的成员同样由实际控制人任命，尤其当实际

控制人既是董事长又是总经理两职兼任时，企业的监督机制形同虚设，控制权无法进行有效限制，此时高管权力更多表现为控股股东的控制权权力。

综上，非国有企业中尤其是民营企业中高管来自控股股东或其委托亲属担任，两职兼任的情况较为普遍，高管在企业中拥有较强的话语权，代表控股股东的控制权，拥有的权力有时超过了董事会和股东大会（王茂林等，2014）。因此，在非国有企业中高管权力主要表现为大股东对中小股东的利益侵占，即第二种代理问题。

3.3 高管权力、企业创新与股价崩盘风险的分析框架

以上理论基础和制度背景分析表明，在我国经济转轨时期，国有企业和非国有企业的高管权力在权力配置中占据重要地位，高管权力的不断增加对企业经营行为和战略决策具有重要影响，亦会对企业的创新决策具有重要影响。高管权力在代理理论和控制权理论的影响下出于自利动机可能会选择风险规避而抑制创新行为，在管家理论和过度自信理论的影响下出于利他动机或认知偏差可能会选择风险偏好而促进创新，同时创新投入可能成为高管实施代理行为的工具；高管权力的膨胀会导致较高的代理成本，同时会增加企业信息的不对称性，进而加剧资本市场的未来股价崩盘风险；而作为创新，可分为创新投入和创新产出两个层面，创新投入会增加信息的不对称性，创新产出尤其是实质性创新产出则会增强投资信心，因而创新的不同侧面会对股价崩盘风险产生差异化影响。高管权力在三者关系中起到了关键性和决定性作用。

第一，从制度背景分析可知，虽然国有企业和非国有企业的高管权力产生的背景和根源不同，但都为高管权力的形成和扩大提供了条件。国有企业高管相比于非国有企业高管，同时具备"政治人"和"经济人"双重身份，其政治动机更加明显。国企高管利用权力进行固守职位或追求政治晋升，并不会显著增加创新投入，在创新产出中表现为努力提升对自身有利的策略性创新；而非国有企业高管往往来自企业创始人或控股股东，生存和发展的危机意识更强，因而会利用权力促进创新投

入和实质性创新。委托代理理论、控制权理论和管家理论是高管权力与企业创新的理论基础。

第二，随着高管权力的不断增加，在自利动机的驱使下其寻租空间增大、代理成本增加。在国有企业中，高管利用手中权力谋取显性或隐性的薪酬补偿，也可能利用盈余管理或过度投资的方式占取控制权收益，公司负面信息不断累积、信息披露质量下降，第一种代理成本显著提高从而增加了股价崩盘风险；在非国有企业中，高管往往与控股股东利益一致，利用权力对中小股东进行利益侵占，同时掩盖不良信息，第二种代理成本显著提高，也增加了股价崩盘风险。同时，随着高管权力的增加会激发高管的过度自信，乐观估计企业盈利的可能性而低估可能的风险，财务报表有夸大成分，增加了信息的不透明度，也会增加股价崩盘风险。委托代理理论、控制权理论和过度自信理论是高管权力与股价崩盘风险的理论基础。

第三，并非所有的创新都会提升竞争实力和促进经济增长，企业创新包括创新投入和创新产出，创新投入增加了企业信息的不对称性，可能增加股价崩盘风险，同时作为长期投资的组成部分，创新投入往往会受到高管权力的影响，当高管出于自利动机将创新投入作为机会主义行为的工具时将会增加代理成本，进而提升股价崩盘风险，内部人减持行为在一定程度上验证了创新投入作为代理工具的真实性；而创新产出又可以细分为策略性创新和实质性创新，策略性创新往往是高管为谋求政府补贴或税收优惠的工具，因此不会增加企业信息的透明度，只有实质性创新可以给投资者以信心从而抑制股价崩盘风险。委托代理理论和其衍生的信息不对称理论是企业创新与股价崩盘风险的理论基础。

上述分析表明异质性的高管权力既会对企业创新产生影响，同时也会影响资本市场中的股价崩盘风险，同时受到高管权力影响的企业创新行为也会影响股价崩盘风险。基于此，本书在委托代理理论、信息不对称理论、控制权理论、现代管家理论和过度自信理论的基础上，考察高管权力、企业创新与股价崩盘风险三者的关系。具体分析框架如图3-1所示。

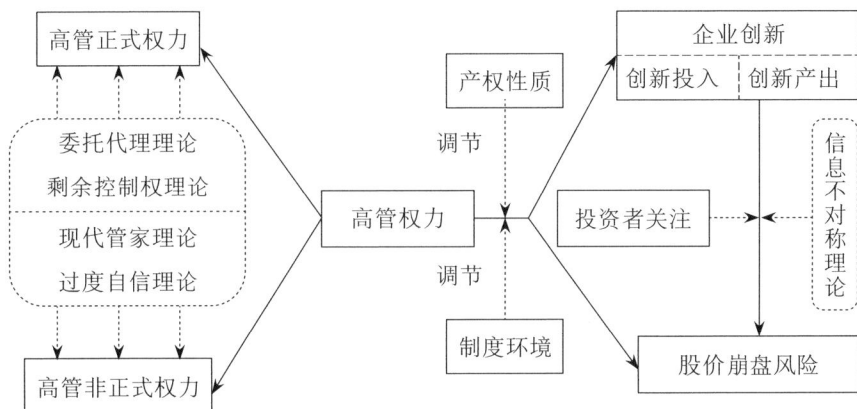

图 3-1　高管权力、企业创新与股价崩盘风险分析框架

3.4　本章小结

　　本章首先分析了本书的理论研究基础，从委托代理理论（信息不对称理论）、剩余控制权理论、现代管家理论和过度自信理论等相关理论系统提炼出高管权力与企业创新关系理论基础、高管权力与股价崩盘风险关系理论基础、企业创新与股价崩盘风险关系理论基础。然后，分析了国有企业和以民营企业为代表的非国有企业发展历程并探究了高管权力在异质性产权性质下形成的背景和根源，这为后面章节的实证研究提供了制度背景的铺垫。最后，基于上述理论基础和现实的制度背景，设计了高管权力、企业创新和股价崩盘风险的理论分析框架。

第4章 高管权力与企业创新关系实证检验

创新是一国经济增长和发展的动力（Schumpeter，1934[138]）。我国目前正面临日趋严重的经济下行压力，处于经济转型、结构调整的攻坚期，与此同时，美国加大对我国多种产品的关税征收力度，两国贸易战态势不断升级。面对国内外双重压力，坚定不移地实施创新发展战略成为目前实体经济建设和政府工作的重点。企业作为技术创新的主体，创新不仅关系到企业自身的发展，更是提升国家竞争实力以及保证经济持续稳定增长的关键要素（Solow，1957[2]；Tian和Wang，2014[37]）。如何提高企业技术创新能力成为各界普遍关注的焦点问题，学术界对于企业技术创新的研究不断丰富。高管作为企业战略的决策参与者和执行者，是影响企业技术创新的核心因素（周铭山等，2016[210]），权力是公司决策和战略选择的关键。高管位于科层结构顶端，在企业经营决策活动中拥有自由裁夺权及决策权（Adams et al.，2005[70]）。Finkelstein（1992）[35]认为高管权力是企业经营活动的核心，在企业战略中发挥决定性作用。

因此，本章以企业技术创新为研究的切入点，考察如下几个问题：①在我国特殊制度背景下位于科层顶端的高管其权力是否影响企业创新战略制定和实施？②是出于企业家精神增加创新投入进而促进实质性创新和提升企业创新价值，还是出于管理层私利通过创新投入实现策略性创新但不能有效提升企业创新价值？③在不同产权背景的企业中，高管权力对企业创新发挥的作用是否相同以及各自的形成作用机理如何？

4.1 理论分析与研究假设

企业技术创新是提高企业自身竞争优势和生产效率的动力，也是推动国家竞争力提升、实现经济增长的关键（Porter，1992[211]）。企业创新活动是一项高风险、高收益同时具有不确定性的长期投资活动（Holmstrom，1989[3]；Hirshleifer et al.，2012[5]），是企业战略决策中重要的组成部分，需要有较强的创新意愿和风险承担能力，以及持续投入的创新资源（鞠晓生等，2013[212]；He和Tian，2013[213]）。现代企业制度下两权分离导致股东与代理层之间的利益不一致（Jensen和Meckling，1976[7]），高管位于科层结构的顶端，掌握公司的内部信息，同时可以发挥自由裁夺权和部分决策权（Adams et al.，2005[70]），影响企业的组织结构、发展规划、财务决策以及技术创新等方面，继而在一定程度上影响企业的未来发展（Hambrick和Finkelstein，1987[77]）。高管权力是公司治理中一个复杂的问题，需要结合多种学科、多种理论来对其展开研究，学者们从不同理论视角出发探讨高管权力与企业创新的关系，但结论并不相同。

4.1.1 高管权力与企业创新关系的理论分析与研究假设

首先，从创新意愿来看，学者们分别从代理理论和管家理论两种视角探讨得出不同的结论。代理理论认为，作为理性经济人的高管拥有企业内部信息优势，有很强的动机最大化自身效用，为获取私利而做出有损于公司股东价值的机会主义行为，如卸责（Bertrand和Mullainathan，1999[214]）、构建私人帝国（Jensen，1986[215]）和在职消费（Yermack，

2006[216]）等，高管权力的扩大可能会助长上述机会主义行为（吴卫华等，2014[62]）。Wright et al.（1996）[217]认为经理人以"自我效用最大化"为目标，在决策时倾向于采用风险规避方式固守职位以保持财富和地位的稳定性，权力越大，风险规避的倾向越严重。在创新方面，高管出于自利性往往会规避创新风险，其原因是创新行为虽然能使企业在长期获得超额利润，但具有不确定性且需要前期付出较多的研发投入而可能造成短期亏损，增加高管的薪酬–业绩敏感性和离职–业绩敏感性（Nakano 和 Nguyen，2012[218]），在此情况下高管利用自身权力对董事会施加影响，以减少创新投入（Fama 和 Jensen，1983[202]），因此，代理理论认为高管出于自利性或机会主义动机，权力越大，越有可能抑制企业技术创新。管家理论认为，代理理论中对高管自利性和机会主义的假定不合理，高管不是受自利动机驱动的"经济人"，而是有个人信仰和利他性的"社会人"，恪守"管家"职责，实现组织利益最大化（Davis et al.，1997[6]）。基于管家理论，股东应给予高管足够的信任和支持，提升高管权力以激发其内在潜能和创新性，实现股东价值最大化进而提高企业价值（Lin，2011[150]）。任海云（2011）[106]认为创新活动具有很强的信息不对称性和专业性，很难进行有效监督，通过对管理层进行有效的激励措施，给予自主权能促进创新活动。在公司治理机制中强调通过股权激励等方式使管理层与股东利益相一致，促使高管以股东利益最大化行使经营权，给予高管一定的自主权以发挥企业家精神和才能，高管为了企业长期的发展以及保持竞争优势，会促进企业创新行为。股东应避免对高管的过度监督，过度监督会挫伤企业管理层的创新积极性，当给予管理层经营上的自由时，可提高企业的创新效率（朱德胜和周晓佩，2016[141]）。因此，管家理论认为高管出于利他性和以股东利益最大化为动机，权力越大，越有可能促进企业技术创新。

其次，从风险承担来看，学者们从社会心理学的权力接近/抑制理论和行为决策理论出发进行了相关探讨。Keltner et al.（2003）[219]提出了权力的接近/抑制理论，该理论认为当个体权力较大时，一方面能够接触和获取更多资源从而赢得物质与非物质奖励，另一方面在完成目标的过程中，随着掌控权的不断扩大会获得更多资源信息，因此权力变大会激发行为接近系统，此时更关注行为的正面产出，如奖励、宽松自由的行为方式，更容易尝试冒险行为（Anderson 和 Galinsky，2006[220]）；反之，权力变小会激发行为抑制系统，更加关注行为的负面产出，如惩罚、威胁和受约束的行为方式，此时更容易回避风险采取保守行为。就高管权力对创新行为的影响来说，当高管权力较大时会激发接近系统，使其在预判风险时会更关注风险所带来的潜在利益，而忽视风险行为的不利后果，进而更加积极地承担风险，增加企业的创新行为，反之亦然（Lewellyn 和 Muller-Kahle，2012[52]）。行为决策理论认为，应充分发挥集体的智慧，由多人共同参与决策分析并制定决策。Eisenhardt 和 Zbaracki（1992）[221]在此理论基础上发现，高管权力越大越能够影响企业的战略决策。Adams et al.（2005）[70]研究发现高管权力强度越大时，向决策团体妥协合作的可能性就越小，业绩波动性越大；高管权力相对越小时，在企业重大决策上越呈现出妥协状态，在集体决策环境下经营业绩波动越小，之后 Cheng（2008）[46]、权小锋和吴世农（2010）[24]均得出同样结论。因此，依据权力的接近/抑制理论和行为决策理论，高管权力与企业技术创新呈正相关关系。

最后，从创新资源来看，Teece et al.（1997）[222]认为资源是企业战略决策的基础，企业进行创新活动需要有充足的资源，以增强创新能力。基于资源的视角，学者们从资源基础理论和资源依赖理论出发进行了相关探讨。资源基础理论强调"资源"是企业战略决策的出发点（Wernerfelt，1984[223]），资源具有特殊性、稀缺性和不可复制的特点，通过获取异质性资源实现企业竞争优势和超额利润，并且为保持竞争优势要不断地进行组织学习、知识管理和建立外部网络。资源依赖理论强调组织权力，认为组织的策略在于获取与控制资源并且在外部环境不确定且不断变化的前提下，组织通过不断修正自身以适应环境同时努力控制和改变环境。基于以上理论，企业创新既需要资源也需要资源获取，在这两个层面上，组织权力都发挥了重要的作用。Eggers 和 Kaplan（2009）[224]认为强权高管拥有更多影响力和资源，在新产品研发上发挥重要作用；赵毅等（2016）[27]在此基础上发现强权高管倾向于具有风险性的战略决策，权力越大的高管拥有和控制资源的能力越强，越倾向于进行创新行为。

通过以上相关文献分析，发现学术界对高管权力与企业创新之间的关系结论并不统一，且都具有合理性。为了保证研究结论的可靠性，提出两个竞争性假设，分别为假设 H4.1a 和 H4.1b。

H4.1a：在限制性条件下，高管权力与企业技术创新呈显著正相关；

H4.1b：在限制性条件下，高管权力与企业技术创新呈显著负相关。

4.1.2 高管权力、产权性质与企业创新

如前文所述，在我国特殊的制度背景下，国有企业与非国有企业高管权力的形成和发展存在显著差异（王茂林等，2014[21]）。同时，在前文关于企业创新概念界定时，分别从创新活动过程和创新活动动机两个层面进行了界定。因此，在异质性产权性质下，由于上述创新过程和创新动机的不同导致高管权力对企业技术创新的影响也会存在巨大差异。

（1）高管权力、产权性质与企业创新投入

已有研究认为在政府干预下，由于国有企业承担着多元化的政治目标、竞争忧患意识不足、高管激励机制不完善等问题，其创新强度和效率明显低于非国有企业（唐跃军和左晶晶，2014[129]）。

全民所有的国有企业由政府代为执行监督权，但由于监督动力不足、信息不对称等原因导致国企高管拥有对公司的重要控制权，总经理往往兼任董事甚至董事长，形成了"内部人控制"（刘星等，2012[25]），高管权力不断扩大。国企高管同时具有"政治人"和"经济人"双重身份（杨瑞龙等，2013[225]），"政治人"身份有时更为突出，在职业生涯中追求政治仕途，高管权力越大越有利于其进行职位固守或实现政治晋升以控制更多资源、获取更多权力收益（吕长江和赵宇恒，2008[28]）。

从国有企业高管权力与企业创新投入来看，首先，国企高管作为理性经济人会权衡收益和支出。创新是一项高风险的长期投资，实质性创新失败风险更大、需要研发投入更多、时间更长，高管通过策略性创新同样可固守职位、晋升以及获得权力收益，因此随着国有企业高管权力增大不会有意提高创新投入。其次，国企高管根据业绩考核的要求不会

大规模增加创新投入。国有企业高管的考核是以经济增加值为核心的，虽然将创新投入作为会计调整项目予以考量，但主要指标依然是企业绩效。规模越大、投入越多的创新项目对高管在任期内的绩效影响越大，创新投入具有滞后性，在任期内无法形成超额效益，增加了国企高管的离职风险，进一步影响了所在区域政府官员的政绩。最后，国企高管"政治人"的身份可能挤出创新投入。国企高管除了关注经营业绩指标外，同时也承担政治目标，政府为了实现经济增长目标或社会稳定目标时，通常会将政府业绩要求和就业压力转嫁给国有企业尤其是地方国企。国企高管为了自身政治利益，需要和政府保持良好关系，权力较大的国企高管往往拥有较高的行政级别，与政府的各种利益联系也可能更为密切，利用企业资源"借花献佛"进行寻租行为（金太军和袁建军，2011[226]），以上行为占用了国企的有限资源，随着高管权力的增大，并不会显著增加创新投入。

而在非国有企业中，经理人经常由控股股东或董事长、副董事长担任，拥有较高的"话语权"，股东与高管间的"特殊关系"为高管权力的形成提供了基础（王茂林等，2014[21]），影响着企业经营决策的制定和实施。其所面临的市场竞争环境更为严酷，创新是其生存和发展的唯一途径（董晓庆等，2014[227]），尤其作为创始人的高管对企业生存和发展有强烈的危机感，创新意愿强（Kandel和Lazear，1992[228]）。同时，非国有企业通常没有高度内化的生产系统、冗余雇员、政策性负担等问题，在实施创新战略时有更大的自主权和灵活性（Child 和 Pleister，2003[229]），具有更好的长期导向和快速决策实施能力（Liang et al. 2012[230]），高管权力越大，董事会对其制定和实施战略的控制力减弱，高管根据自身发展意愿选择研发战略，提高创新投入。

基于以上分析，提出以下研究假设：

H4.2：在限制性条件下，非国有上市公司高管权力与企业创新投入正相关，国有上市公司高管权力与企业创新投入关系并不显著。

（2）高管权力、产权性质与创新产出

以往与创新相关的文献较少从动机角度讨论企业创新行为，一般默认企业投入资源进行研发创新活动，进而带来企业技术进步和竞争优势，表现为高质量的创新行为（实质性创新）。但一些学者发现以专利申请衡量的企业创新行为有时表现为一种策略性行为（Dosi et al.，2006[231]；Tong et al.，2014[8]）。策略性创新更多的是谋求私人利益，不以技术进步和竞争优势为前提，通过数量和速度赢得认可。

①从国有企业高管权力与企业创新产出来看

首先，以结果为导向的业绩考核为国企高管进行策略性创新提供了条件。在我国经济转型期，政府意识到技术创新是提升国家竞争力、保证经济持续稳定增长的关键，在政府工作报告和历次规划中不断深入关于技术创新战略的论述，并于2010年颁布了《中国国家专利事业发展战略（2011—2020）》，明确专利申请量数目和规模。在国家创新战略的量化目标下，政府将专利申请量作为年度任务层层下放，专利申请量成为地方政府官员的政绩考核指标，同时也就成为国有企业高管业绩考核的指标，政府需要国企达到一定的专利产出量，但并未对专利的内容进行要求，这为国企高管进行策略性创新提供了条件。Tong et al.（2014）[8]研究发现修订后的专利法鼓励国企申请专利，国企的实用新型和外观设计专利显著增加，发明专利没有显著增加；李莉等（2018）[232]也发现国有企业的创新存在严重的形式主义问题，其创新经常是以获奖为导向，而不是以企业价值最大化为目标。

其次，以结果为导向的政府补贴为国企高管进行策略性创新提供了条件。当中央把技术创新作为国家战略时，提升地区企业创新能力和水平就成为地方官员的重要政绩标准。政府官员选择有创新能力的企业提供政府补贴，但在进行补贴对象甄选时由于与企业信息不对称、缺乏对企业创新内容的专业判断，主要依据企业现有的创新结果，为企业获得补贴而发生逆向选择提供了可能；国有企业与政府之间有着天然的密切联系，高管权力的提升使企业与官员之间的双向贿赂和寻租行为可能更频繁，彼此关系更紧密（Shleifer 和 Vishny，1994[233]；Faccio，2006[123]），获得创新补贴的企业并不是具有高效率创新的企业，导致了补贴资源的错位和浪费。国企易于通过增加策略性创新而获得政府补贴，政府官员也因此达到了政绩考核要求，双方均受益。同时，政府官员与国企高管都适用于晋升锦标赛理论（周黎安，2004[234]），两者任期都在

3到4年，实质性创新无法在短期内获得创新产出，为了在任期内出成绩，策略性创新成为最优选择。郑志刚等（2012）[235]研究发现国企高管为追求政治仕途倾向于缺乏实际效用的形象工程建设，通过简易的"创新行为"粉饰企业创新能力，有利于其职位固守或晋升，但并不会提升企业价值。

②从非国有企业高管权力与企业创新产出来看

首先，基业长青的发展意愿促使非国有企业高管提高实质性创新产出。Schumpeter（1934）[138]认为企业创新的原动力来自企业对超额利润的追求和企业家精神。相比于国家委托任命的国企高管，非国有企业高管在激烈的市场竞争中更具企业家精神，有很强的创新才能和冒险意识（董晓庆等，2014[227]）。尤其在家族企业中，股东给予企业高管充分的信任和支持，任期长度的限制较少提高了高管对创新失败的容忍度（Schulze et al.，2003[236]），同时企业高管与控股股东利益高度一致，高管自身发展与企业的发展息息相关，渴望追求企业基业长青，因此更关注企业的长期竞争优势（李婧和贺小刚，2010[237]），而只有推动企业技术进步的创新行为即实质性创新才能在激烈的市场竞争中赢得竞争优势。高管权力越大，越有利于发挥企业家精神对资源进行有效整合，挖掘潜在价值和提高利用效率，从而不断地将资源转化成创新产出（张祥建等，2014[64]）。

其次，激烈的市场竞争环境促使非国有企业高管努力提高实质性创新产出。创新可以帮助非国有企业击败竞争对手、获取市场份额、赢得市场主动并通过创新获得超额利润。在激烈的市场竞争中，非国有企业为了赢得市场份额，会产生强烈的创新意愿和动力，谋求技术进步和产品升级，会将宝贵的时间和有限的资源用于实质性创新，注重提高创新"质量"（黎文靖和郑曼妮，2016[9]），同时相比国有企业，非国有企业在组织和管理能力上较有优势，而这些优势使非国有企业能更有效地将已有的创新资源转化为创新产出。因此，非国有企业较少受政府干预，高管权力的发挥主要用于企业发展，高管权力越大获取资源的能力越强，创新失败的容忍度越高，对创新产出的效果越明显。

但同时也应注意到非国有企业高管与大股东利益往往保持一致性，

两者会形成利益协同（Claessens et al.，2002[14]），高管权力是两者综合实力的反映。随着控股股东控制权的增加，自利动机更加明显，为了获取私利往往通过关联交易、交叉持股等方式"掏空上市公司"（Dyck和Zingales，2004[238]；姜付秀等，2015[239]），策略性创新也可能成为其获取利益或吸引投资者的手段。

基于以上分析，提出以下研究假设：

H4.3a：在限制性条件下，国有上市公司高管权力与企业创新产出正相关，但更多表现为与策略性创新正相关；

H4.3b：在限制性条件下，非国有上市公司高管权力与企业创新产出正相关，与实质性创新和策略性创新两者都显著正相关。

（3）国有企业高管权力、控制层级与企业创新

国有企业分别由中央和地方各级国资委实行分层监管，按照实际控制人的不同又可以分为中央政府控制与地方政府控制（包括省级、市级、县级等）的上市公司。由于政府干预程度和承担经济责任不同，中央企业与地方国有企业在行为上存在巨大差异，高管权力由于动机不同对于企业创新行为也存在着明显差异（刘星等，2012[25]）。就央企而言，主要涉及掌握国家经济命脉的重要资源和重要基础建设行业，主要承担经济责任，政治责任承担相对较少（李胜楠，2011[240]）。在国家创新战略的指引下，央企率先肩负经济转型和国家创新竞争力的重任，往往受到中央政府更多的监管和国内外媒体的关注，高管的权力寻租行为受到较大的牵掣，央企中的高管权力对企业创新往往表现得更为积极；而对地方国有企业而言，自分税制改革以后税收收益更多流向中央政府，地方政府财政面临巨大缺口（周飞舟，2006[241]），政府级别越低，通过任务层层下放所面临的财政困难就越严重，干预所控制国有企业的动机就越强（刘骏和刘峰，2014[242]）。地方政府与所控制的国有企业存在千丝万缕的利益关联，并且掌握着企业高管的任命权。地方国企高管权力更多地表现为通过寻租行为与地方政府建立密切的联系，完成地方政府社会性和政治性目标，加重了高管权力对创新投入的挤出效应，由于受到地方保护企业仍然可以获得稳定收益，创新意愿减弱，更追求策略性创新产出，不利于创新价值的实现。

基于以上分析，提出以下研究假设：

H4.4：在限制性条件下，与中央政府控制上市公司相比，地方政府控制上市公司高管权力对策略性创新的正向作用更显著。

H4.5：在限制性条件下，企业创新产出与企业价值正相关，但更多表现为实质性创新与企业价值正相关。

4.2 研究设计

4.2.1 变量定义与模型构建

（1）变量定义

①被解释变量——企业创新

A.创新价值（TobinQ）。参考余明桂等（2016）[243]、周铭山等（2016）[210]的做法，采用TobinQ衡量企业价值。

TobinQ=(年末流通股股数×年末股价+年末非流通股股数×每股净资产+年末负债总额)/年末总资产

B.创新产出（Patent）。对于创新产出有两种基本度量指标：其一是公司开发的新产品的数量（Kochhar和David，1996[244]）；其二是专利的申请或授权量（Dosi et al.，2006[231]；He和Tian，2013[22]；Tong et al.，2014[8]；江轩宇，2016[245]）。考虑到数据的可得性以第二种方式进行度量，同时采用申请量而非授予量，一方面由于授予量存在时滞性，另一方面专利授予需要检测和缴纳年费，存在较大的不确定性和人为性（周煊等，2012[246]），专利的申请量更能及时、可靠地反映企业创新水平，体现出企业高管的创新意识和动机，因此将专利申请年度作为公司创新产出的年度。

我国专利法将专利区分为发明专利、实用新型专利和外观设计专利三大类。借鉴 Tong et al.（2014）[8]、黎文靖和郑曼妮（2016）[9]的研究，根据创新动机对创新产出进行划分，把企业申请"高质量"发明专利的行为认定为实质性创新（Patenti），把企业申请实用新型专利和外观设计专利的行为认定为策略性创新（Patentud）。并由于专利数据呈右偏态分布，分别对专利申请数量、发明专利申请数量和非发明专利申请数量进行99%的缩尾处理，加1后再取自然对数进行标准化处理。

C.创新投入（RDsale/RDsize），即研发投入的强度。采用学术界一般做法（Wahal 和 McConnerll，2000[247]；鲁桐和党印，2014[125]）以研发支出占企业销售收入的比值来度量，同时参考余明桂等（2016）[243]、刘张发和田存至（2017）[248]的方法，选用企业当年的研发支出占总资产的比值来衡量。

②解释变量——高管权力

本书借鉴 Finkelstein 的权力模型。Finkelstein（1992[35]）认为，高管是企业战略决策的制定者和实施者，具有裁夺权，能够处理来自董事会和其他高管的内部不确定性，也能处理企业未来发展和外部环境的外部不确定性，并将高管权力划分为结构权力、所有者权力、声誉权力和专家权力。本书沿袭这一思路，并结合国内学者权小锋和吴世农（2010）[24]、刘星等（2012）[25]和赵毅等（2016）[27]的研究，将高管权力从以上四个维度进行划分，并从每个维度各选取两个虚拟变量度量权力强度的大小。使用第2章所构建的多维度综合高管权力指标Power1在主回归中度量高管权力的大小，对Power2进行稳健性检验。代理变量指标Power1（Power2）数值越大，说明公司赋予高管的权力越大。高管权力指标构建见表4-1。

表4-1　　　　　　　　　　　　高管权力指标构建

一级指标	二级指标	三级指标	指标代码	指标解释及赋值
正式权力	结构权力	兼任情况	Dual	总经理与董事长兼任时取2，兼任董事或副董事长时取1，否则取0
		董事会规模	Board	董事会规模超过行业中位数取1，否则取0
	所有者权力	高管持股	Own	持有本公司股份取值为1，否则为0
		机构投资者持股比例	Insr	机构投资者持股比例低于行业中位数取1，否则为0

续表

一级指标	二级指标	三级指标	指标代码	指标解释及赋值
非正式权力	专家权力	学历与职称	ES	取得高级职称或硕士研究生学历以上时取1，否则为0
		任职时间	Tenure	任职时间高于行业中位数取1，否则为0
	声誉权力	在外兼职	PartJ	在其他公司兼职取1，否则为0
		政治联系	PC	当国企高管具有政府官员背景或兼任党组织负责人且所在企业为央企时取2，具有政府官员背景或兼任党组织负责人取1，否则为0
高管权力综合指标	综合指标1	主成分指标	Power1	对以上分指标提取主成分，构造主成分综合得分
	综合指标2	积分指标	Power2	对以上分指标的算术平均值

③调节变量——实际控制人产权性质（SOE）

产权性质又称为股权性质，是指公司实际控制人的身份属性。公司实际控制人的身份差异，在高管权力中所发挥的作用不同，给企业创新带来不同的影响。为考察异质性所有权结构下高管权力对企业创新的差异化影响，一般来说，按照CCER对上市公司所有权性质的划分，将样本中的上市公司归类为国有上市公司和非国有上市公司①。同时参考刘芍佳等（2003）[249]、窦炜等（2011）[250]的分类方法，根据企业最终控制人的属性，把样本进一步划分为中央国有企业、地方国有企业和非国有企业。当上市公司的实际控制人为政府、国资委或国有企业时，将其界定为具有国有背景的上市公司，股权性质的虚拟变量SOE为1；当上市公司实际控制人为民营企业、自然人或其他时，将其界定为非国有背景上市公司，股权性质的虚拟变量SOE为0。对已界定为国有上市公司

---

① 在本书中国有背景上市公司简称为国有企业，非国有背景上市公司简称为非国有企业。

的进一步细分为中央所属和地方所属，中央所属其虚拟变量SOEG为1，地方所属其虚拟变量SOEG为0。

④控制变量

除高管权力外，企业创新还会受到其他因素的影响，本书在借鉴Admas et al.（2005）[70]、Cheng（2008）[46]、权小锋和吴世农（2010）[24]等研究的基础上，结合本章研究的实际情况，选取以下变量作为控制变量：

A. 企业规模（Size）

由于规模大的公司在行业内具有一定的垄断地位，企业创新在规模不同的企业中存在较大差异。大企业在社会技术进步中承担着超出比例的份额，企业规模与创新之间关联密切。Schumpeter（1934）[138]创新假说中提出了企业规模对创新的作用，Kumar和Saqib（1996）[251]通过实证分析得出企业研发支出同规模呈正相关关系；Lall（1992）[252]指出创新需要大量资金支撑且创新结果具有不确定性，大企业具有更大的风险承担能力；我国学者周黎安和罗凯（2005）[253]利用升级水平面板数据，使用动态面板分析得出企业规模对创新的显著促进作用。因此，本书预期企业规模与企业创新显著正相关，用总资产的自然对数来衡量企业规模。

B. 财务杠杆（Lev）

企业财务杠杆是影响企业创新的重要因素，企业创新需要大量的资金支持。一方面，较高的财务杠杆增加了企业的经营风险（Singh，1986[254]），企业陷入财务危机的可能性加大；另一方面，企业财务杠杆较高时，债权人对企业的投资和经营会有更多的限制，可能会约束企业的研发投资。因此，企业财务杠杆可能降低企业的创新水平。本书以资产负债率即"负债总额/资产总额"衡量财务杠杆系数。

C. 资产收益率（ROA）

公司业绩表现差异对企业创新资源投入以及创新风险承担都有较大影响，业绩较好的企业能够拥有较多的创新资源和更高的风险承担能力，而业绩较差的企业可能会激发管理层的创新意愿（Koerniadi et al.，2013[255]），因此公司的业绩对企业创新有显著影响。本书使用总资产收益率来衡量公司的业绩水平。

D.现金流比率（CFR）

企业的现金流越充裕越有可能从事创新活动。本书用"经营活动产生的现金净流量/总资产"来衡量。

E.第一大股东持股比例（Top1）

较高的股权集中度可以减轻两权分离所产生的代理问题（LLSV，1999[193]）。第一大股东持股比例（Top1）可以代表公司的股权集中程度，在股权集中的公司里，大股东发挥更大的监督和控制作用，能在一定程度上抑制高管的机会主义行为。

F.公司成长性（Growth）

公司的成长性直接影响到企业创新资源和意愿，企业未来成长机会越多，发展前景越好，企业进行技术创新的动力也就越大，由此可见企业的成长性对企业创新具有重要影响。本书借鉴赵毅等（2016）[27]和虞义华等（2018）[149]的做法，以公司营业收入的增长率来衡量公司成长性。

G.上市公司成立年限（Age）

一般来说，公司上市时间越长，说明公司治理可能越完善，企业自身创新资源越丰富，但也可能出现创新意愿下降的情况，同时企业自身承受创新风险的能力越强。本书用"公司上市年限+1的自然对数"衡量。

H.行业虚拟变量（Ind）

为了控制行业差异对回归结果的影响，本书对样本公司所在行业进行分类（选择2001年证监会行业分类标准），其中对制造业进行进一步细分，共得到20个行业大类，剔除金融保险行业最终得到19个行业，将年度观测值小于30个的行业进行合并，例如，将社会服务业、传播文化业和综合类进行合并，最终得到16个行业大类，为了避免共线性，设置了15个行业虚拟变量①。

---

① 本书采用中国证监会2001年的《上市公司行业分类指引》，在指引中将上市公司分为13个行业大类，分别为农林牧渔业、采掘业、制造业、电力煤气及水的生产和供应业、建筑业、交通运输仓储业、信息技术业、批发和零售贸易、金融保险业、房地产业、社会服务业、传播文化业和综合类。其中制造业包含的行业较为广泛且具有较大差异性，因此进一步细分为食品饮料、纺织服装和皮毛、木材家具、造纸印刷、石油化学塑胶塑料、电子、金属非金属、机械设备仪表、医药和生物制品及其他制造业。

I.年份虚拟变量（Year）

本章选取全部A股上市公司2007—2016年的样本数据（创新专利数据更新至2016年），模型中需要滞后一期处理，所有自变量和控制变量样本年度范围为2006—2015年，研究期间为10年，为了控制年份对回归结果的影响，设置了9个年份虚拟变量（Year）。本章变量名称及定义见表4-2。

表4-2 主要变量定义

	变量名称	变量代码	变量定义
被解释变量	创新价值	$TobinQ_{i,t+1}$	第t+1年(年末流通股股数×每股股价+年末非流通股股数×每股净资产+年末负债总额)/年末资产总额
	创新投入	$RDsale_{i,t+1}$	第t+1年企业研发费用占销售收入的比重
		$RDsize_{i,t+1}$	第t+1年企业研发费用占资产的比重
	创新产出	$Patent_{i,t+1}$	年度公司专利(发明、实用新型和外观设计)申请总数
		$Patenti_{i,t+1}$	年度公司发明专利申请的总数
		$Patentud_{i,t+1}$	年度公司非发明专利(实用新型与外观设计)申请的总数
解释变量	高管权力	$Power1_{i,t}$	表4-1构建的高管权力的主成分合成指标(主回归)
		$Power2_{i,t}$	表4-1构建的高管权力的算术平均值(稳健性分析)
调节变量	股权性质	$SOE_{i,t}$	虚拟变量，当上市公司实际控制人为政府、国资委或国有企业时，SOE取值为1；否则为0
		$SOEG_{i,t}$	中央国有企业取值为1，地方国有企业取值为0

	变量名称	变量代码	变量定义
控制变量	企业规模	$Size_{i,t}$	第 t 年企业总资产的自然对数
	财务杠杆	$Lev_{i,t}$	第 t 年企业资产负债率即负债总额/资产总额
	资产收益率	$ROA_{i,t}$	第 t 年企业净利润/总资产余额
	现金流比例	$CFR_{i,t}$	第 t 年企业经营活动产生的现金净流量/总资产
	第一大股东持股比例	$Top1_{i,t}$	第 t 年企业第一大股东持股比例
	成长性	$Growth_{i,t}$	第 t 年企业营业收入的增长率
	公司年龄	$Age_{i,t}$	第 t 年企业上市年限+1的自然对数
	行业变量	Ind	行业虚拟变量：样本涉及 15 个行业，共设置 14 个行业虚拟变量
	年度变量	$Year$	年度虚拟变量：样本研究期限为 10 年，共设置 9 个年度虚拟变量

（2）模型构建

本章主要研究我国上市公司高管权力对企业创新的影响，并进一步细分为产权异质性背景下高管权力对企业创新投入和创新产出的差异化影响，以及制度环境对两者关系的调节作用。考虑到企业从创新投入到获得专利申请和授权具有一定的滞后性，同时为了降低同期所致的内生性问题，所有解释变量和控制变量采用滞后一期处理。

具体而言，为了检验假设 H4.1 至假设 H4.6，建立模型如下：

$$RDsale_{i,t+1}(RDsize_{i,t+1}) = \beta_0 + \beta_1 Power_{i,t} + \beta_2 Size_{i,t} + \beta_3 Lev_{i,t} + \beta_4 ROA_{i,t} + \beta_5 CFR_{i,t} + \beta_6 Top1_{i,t} + \beta_7 Growth_{i,t} + \beta_8 Age_{i,t} + \sum_{m=1}^{15}\beta_{8+m}Ind + \sum_{j=1}^{10}\beta_{23+j}Year + \varepsilon_{i,t} \tag{4.1}$$

$$lnPatent_{i,t+1}(lnPatenti_{i,t+1}/lnPatentud_{i,t+1}) = \beta_0 + \beta_1 Power_{i,t} + \beta_2 Size_{i,t} + \beta_3 Lev_{i,t} + \beta_4 ROA_{i,t} + \beta_5 CFR_{i,t} + \beta_6 Top1_{i,t} + \beta_7 Growth_{i,t} + \beta_8 Age_{i,t} + \sum_{m=1}^{15}\beta_{8+m}Ind + \sum_{j=1}^{10}\beta_{23+j}Year + \varepsilon_{i,t} \tag{4.2}$$

其中，lnPatent（lnPatenti，lnPatentud）为公司的专利申请数加 1 取

自然对数。本书采用模型（4.1）和（4.2）来检验假设 H4.1a 和假设 H4.1b，即高管权力对企业创新产出和创新投入的影响，H4.1a 和 H4.1b 为对立性假设。在模型（4.1）和（4.2）中，若 β_1 显著为正说明高管权力与创新投入（创新产出）正相关即支持假设 H4.1a，若 β_1 显著为负则表示高管权力与创新投入（创新产出）负相关即支持假设 H4.1b。

为了检验假设 H4.2、H4.3，分析异质性产权背景下高管权力对企业创新产出和创新投入强度的影响，将样本进行分组，分为国有上市公司和非国有上市公司。为了验证假设 H4.4，将非国有上市公司进一步分为中央国有和地方国有，重复模型（4.1）和模型（4.2）。在以上分析时，需要比较在国有与非国有上市公司，以及地方国有与中央国有上市公司中高管权力对创新产出（实质性创新和策略性创新）和创新投入的异质性作用，因此要比较两者系数的差异性。

为了检验假设 H4.5，参考学者周煊等（2012）[246]、黎文靖和郑曼妮（2016）[9]、周铭山和张倩倩（2016）[210]的研究，构建模型（4.3）和（4.4），以检验创新产出对企业创新价值的影响。黎文靖和郑曼妮（2016）[9]基于创新动机将企业创新划分为实质性创新和策略性创新，从创新的效果角度来说，实质性创新是对技术的根本性革新和开发从而更加有利于提升企业价值，而策略性创新更多的是出于其他动机，是在原有创新的基础上进行了微调，更多追求速度和数量，假设推断对企业价值影响不显著。因此，在模型（4.3）中，β_3 是否显著为正表示创新产出是否显著提升了企业价值，若 β_3 显著为正，说明高管权力会提高创新产出对创新价值的影响；若 β_3 显著为负，说明高管权力抑制创新产出对创新价值的影响。模型（4.4）中 MTobinQ 表示年度行业均值平减后的企业价值。同时考虑到由创新所引起的企业价值（TobinQ）变化具有一定的滞后性，因此解释变量为被解释变量的滞后一期。

$$
\begin{aligned}
\text{TobinQ}_{i,t+1} = {} & \beta_0 + \beta_1 \text{Power}_{i,t} + \beta_2 \text{lnPatent}_{i,t}(\text{lnPatenti}_{i,t}/\text{lnPatentud}_{i,t}) + \\
& \beta_3 \text{Power}_{i,t} \times \text{lnPatent}_{i,t}(\text{lnPatenti}_{i,t}/\text{lnPatentud}_{i,t}) + \beta_4 \text{TobinQ}_{i,t} + \\
& \beta_5 \text{Size}_{i,t} + \beta_6 \text{Lev}_{i,t} + \beta_7 \text{ROA}_{i,t} + \beta_8 \text{CFR}_{i,t} + \beta_9 \text{Top1}_{i,t} + \beta_{10} \text{Growth}_{i,t} + \\
& \beta_{11} \text{Age}_{i,t} + \sum_{m=1}^{15} \beta_{11+m} \text{Ind} + \sum_{j=1}^{10} \beta_{26+j} \text{Year} + \varepsilon_{i,t}
\end{aligned} \tag{4.3}
$$

$$\text{MTobinQ}_{i,t+1} = \beta_0 + \beta_1 \text{Power}_{i,t} + \beta_2 \text{lnPatent}_{i,t}(\text{lnPatenti}_{i,t}/\text{lnPatentud}_{i,t}) + \beta_3 \text{Power}_{i,t} \times$$
$$\text{lnPatent}_{i,t}(\text{lnPatenti}_{i,t}/\text{lnPatentud}_{i,t}) + \beta_4 \text{MTobinQ}_{i,t} + \beta_5 \text{Size}_{i,t} +$$
$$\beta_6 \text{Lev}_{i,t} + \beta_7 \text{ROA}_{i,t} + \beta_8 \text{CFR}_{i,t} + \beta_9 \text{Top1}_{i,t} + \beta_{10} \text{Growth}_{i,t} + \beta_{11} \text{Age}_{i,t} +$$
$$\sum_{m=1}^{15} \beta_{11+m} \text{Ind} + \sum_{j=1}^{10} \beta_{26+j} \text{Year} + \varepsilon_{i,t} \tag{4.4}$$

在数据类型的选择上，采用面板数据（Pannel Date）进行研究。相比于横截面数据（Cross-sectional Data）和时间序列数据（Time-serial Data），面板数据可以在一定程度上解决遗漏变量问题、控制异方差的影响以及提供更多变异信息，同时可以解决单独截面数据或时间序列数据所不能解决的问题，分辨出影响被解释变量的主要影响因素。

4.2.2　样本选择和数据来源

（1）样本选择

由于我国新会计准则从2007年起开始对研发投入进行资本化和费用化处理，企业专利申请数据更新至2016年，因此本书选取了2007—2016年沪深两市A股上市公司为样本（模型设计时考虑到了创新投入和创新产出的滞后性，解释变量和控制变量的样本取值为2006—2015年），并根据研究需要，对初始样本进行了筛选：①剔除金融保险类公司，这类公司经营具有特殊性，会导致财务指标缺乏可比性；②剔除其间被ST、PT等特别处理的公司，此类上市公司财务状况异常，财务数据经过一定处理后才得以披露，不具备参考价值；③剔除研究年无总经理或CEO的样本观测值；④根据本章假设实际控制人的身份性质不同对创新结果产生差异化影响，因此剔除实际控制人身份发生变动后的样本观测值；⑤剔除重要财务数据严重缺失或匹配后存在缺失的样本。为控制异常值的影响，对连续变量在上下1%分位进行了Winsorize处理。最终，我们共得到由11 586（10 112）个样本观测值构成的非平衡面板数据（Unbalanced Panel Date）。

（2）数据来源

本书从创新投入和创新产出两个维度对企业创新进行度量。其中，创新投入遵循现有研究以R&D投入为代理变量，并在此基础上进一步细分为费用化研发投入和资本化研发投入，上市公司财务报表附注中的"开发支出"项和管理费用项列示的相关研发支出科目，主要包括"研发支出"、"科研费"或"技术开发支出"等科目，创新投入（研发）数据均来自上市公司年报，通过手工搜集整理，为保证数据的准确性，利用巨潮资讯网、新浪财经或沪深证券交易所等披露的信息进行核对；专利申请数据来源于中国专利数据库（知网版）、国家知识产权局专利查询系统（cpquery.sipo.gov.cn）以及佰腾网专利数据开放平台。

4.3 实证结果

4.3.1 描述性统计

（1）企业创新产出、创新投入的样本分布及描述性统计

本章使用上市公司专利申请总数（Patent）、发明专利申请数（Patenti）和非发明专利申请数（Patentud）来衡量公司创新产出水平。由表4-3可知，公司创新产出水平（Patent）样本分布包含11 586个观测值，在2007年到2016年的时间跨度中分别为469、619、760、995、1 238、1 362、1 442、1 448、1 649和1 564个观测值；使用研发支出占销售收入比重（RDsale）、研发支出占资产比重（RDsize）来衡量公司创新投入水平，创新投入总体水平的样本分布包含了10 112个观测值，在2007年到2016年的时间跨度中分别为121、236、305、505、692、1 201、1 518、1 584、1 769和1 911个观测值。在表4-4中分别进一步报告了国有上市公司和非国有上市公司各年度观测值的变化情况。

表4-4 Panel A、PanelB为国有上市公司和非国有上市公司创新水平总体描述统计。PanelC为全部样本公司技术创新水平各年度均值。其中，国有上市公司专利申请数量（Patent）的年度均值为49.1610，标准差为99.2507，发明专利（Patenti）的均值为21.8098，非发明专利（Patentud）的均值为25.9774；非国有上市公司专利申请数量（Patent）的年度均值为27.4565，标准差为55.8167，发明专利（Patenti）的均值

表4-3 样本公司企业创新水平分布情况

Panel A 样本公司企业创新观测值在各年分布情况

年份	2007	2008	2009	2010	2011	2012	2013	2014	2015	2016	总计
创新产出样本观测值	469	619	760	995	1 238	1 362	1 442	1 448	1 649	1 564	11 586
创新投入样本观测值	121	236	305	505	692	1 201	1 518	1 584	1 769	1 911	10 112

Panel B 国有与非国有上市公司创新产出观测值各年分布情况

年份	2007	2008	2009	2010	2011	2012	2013	2014	2015	2016	合计
中央国有上市公司样本观测值	112	136	165	204	218	229	229	236	240	231	2 000
地方国有上市公司样本观测值	208	260	277	305	334	338	367	348	370	325	3 132
非国有上市公司样本观测值	149	223	318	486	686	795	846	904	1 039	1 008	6 454
总体观测值	469	619	760	995	1 238	1 362	1 442	1 488	1 649	1 564	11 586

Panel C 国有与非国有上市公司创新投入观测值各年分布情况

年份	2007	2008	2009	2010	2011	2012	2013	2014	2015	2016	合计
中央国有上市公司样本观测值	28	41	52	54	50	218	224	232	238	253	1 390
地方国有上市公司样本观测值	46	68	71	75	105	308	350	343	360	373	2 089
非国有上市公司样本观测值	47	127	182	376	547	945	944	1 009	1 171	1 285	6 633
总体观测值	121	236	305	505	692	1 201	1 518	1 584	1 769	1 911	10 112

表4-4 企业创新水平总体和分年度描述性统计

Panel A 国有上市公司技术创新水平总体描述性统计

变量	观测值	均值	最小值	25%分位数	中值	75%分位数	最大值	标准差
Patent	5 132	49.1610	1	4	13	44	811	99.2507
Patenti	5 132	21.8098	0	2	6	20	326	42.7048
Patentud	5 132	25.9774	0	0	4	23	474	58.7240
RDsale	3 479	0.0285	0.0009	0.0086	0.0257	0.0395	0.1357	0.0242
RDsize	3 479	0.0165	0.0005	0.0056	0.0143	0.0242	0.0571	0.0130

Panel B 非国有上市公司技术创新水平总体描述性统计

变量	观测值	均值	最小值	25%分位数	中值	75%分位数	最大值	标准差
Patent	6 454	27.4565	1	4	10	28	772	55.8167
Patenti	6 454	12.0930	0	2	5	12	325	23.9212
Patentud	6 454	14.7059	0	0	3	15	464	35.3978
RDsale	6 633	0.0416	0.0009	0.0268	0.0363	0.0523	0.1360	0.0263
RDsize	6 633	0.0204	0.0005	0.0117	0.0188	0.0275	0.0571	0.0121

Panel C 样本公司技术创新水平各年度均值

年份	2007	2008	2009	2010	2011	2012	2013	2014	2015	2016	总体均值
Patent	22.2586	24.6337	31.0874	32.2658	32.4078	34.0354	39.1722	39.9762	45.7192	46.7679	36.9738
Patenti	9.9060	11.5770	13.4325	13.6252	14.5407	14.6181	17.1461	18.8737	19.0615	20.9774	16.3546
Patentud	12.5011	13.2573	14.7547	17.6196	17.7947	19.2632	20.4621	21.4354	23.8722	25.4855	19.6533
RDsale	0.0263	0.0332	0.0429	0.0478	0.0501	0.0454	0.0436	0.0429	0.0461	0.0464	0.0372
RDsize	0.0042	0.0194	0.0250	0.0251	0.0240	0.0100	0.0116	0.0103	0.0065	0.0060	0.0191

注：样本公司创新产出和创新投入指标均在1%和99%分位进行了 Winsorize 处理。

为 12.0930，非发明专利（Patentud）的均值为 14.7059。综上可以看出，公司间专利申请的差异较大，创新能力不均衡，国有企业各上市公司在创新产出方面的差异更大。在进行缩尾处理后最高者申请了 811 项专利，但 50% 的企业每年申请的专利数不足 4 项，75% 的上市公司申请专利数不足 20 项，说明我国企业创新能力不足。同时不管在国有企业还是非国有企业非发明专利明显高于发明专利，即更多创新产出集中于外观设计和实用新型上，缺乏技术革新性发明，总体创新实力亟待加强。国有企业创新投入占比（RDsale/RDsize）的均值分别为 2.85% 和 1.65%，非国有企业创新投入占比（RDsale/RDsize）的均值分别为 4.16% 和 2.04%，非国有企业的创新投入略高，但从总体而言其均值分别为 3.72% 和 1.91%，而美国企业基本在 7% 以上（He 和 Wintoki，2016[256]），说明我国上市公司研发投入还处于较低水平，创新意愿不足、创新资源有限，与建立创新驱动的新兴经济体的目标差距甚远。

（2）高管权力的描述性统计

表 4-1 从不同维度刻画了高管权力，本书借鉴权小锋和吴世农（2010）[24]、刘星等（2012）[25]的做法分别采用主成分分析法和算术平均法两种方法对高管权力指标进行度量，使用主成分分析法进行度量时利用第一个主成分作为高管权力的衡量指标，记为 Power1；使用算术平均法进行度量时，记为 Power2。

在进行主成分分析对 Power1 进行合成时，首先对指标进行标准化处理，进行标准化处理可以避免指标量纲和数量级不同对主成分分析所带来的不利影响。其次对标准化后的数据所形成的数据矩阵求解相关系数矩阵，同时进行 KMO（Kaiser-Meyer-Olkin）检验和 Bartlett 球形检验（Bartlett Test of Sphericity）。通过检验上述八个维度的变量的相关性以判断是否能够进行主成分分析。在 KMO 检验中，KMO 统计量主要用于检验变量间简单相关系数和偏相关系数的关系，取值范围在（0，1），KMO 的值越接近于 1，代表变量间相关性越强，越适合进行。经检验，KMO 的检验结果为 0.594，大于 0.5，说明主成分分析的结果是可以接受的。Bartlett 球形检验的统计量是根据相关系数矩阵的行列式得到的。如果该值较大，且其对应的相伴概率值小于已设定的显著性水平，那么应该拒绝零假设，认为相关系数不可能是单位阵，即原始变量之间存在相关性，适合于进行主成分分析，反之则不适合。经检验，Bartlett球形检验的统计量为0.000，远小于设定的显著性水平。综上可见，KMO检验的统计量和Bartlett球形检验的统计量都可进行主成分分析。根据权小锋和吴世农（2010）[24]的做法，本书将第一主成分作为高管权力的度量指标，第一主成分的特征根为1.597，其方差的贡献率为18.312%。最后，根据因子载荷矩阵，得到各个主成分作为原有变量线性组合的系数，高管权力八个维度变量Dual、Board、Own、Insr、ES、Tenure、Partj、PC的载荷系数分别为0.135、−0.052、−0.300、−0.268、0.065、0.038、0.517和0.494，由此得到Power1的模型（4.5）如下所示：

$$Power1 = 0.135 \times Dual - 0.052 \times Board - 0.300 \times Own - 0.268 \times Insr + 0.065 \times ES +$$
$$0.038 \times Tenure + 0.517 \times Partj + 0.494 \times PC \qquad (4.5)$$

为了更加清晰地描述高管权力变量指标的客观情况，接下来对高管权力变量总指标（Power1和Power2）和八个维度进行描述性统计，如表4-5所示。

表4-5　　　　　　　高管权力各维度及综合指标描述性统计

变量	N	均值	最小值	25%分位数	中位数	75%分位数	最大值	标准差
Dual	11 586	1.1693	0	1	1	1	2	0.5063
Board	11 586	0.7005	0	0	1	1	1	0.4580
Own	11 586	0.4732	0	0	0	1	1	0.4993
Insr	11 586	0.4827	0	0	0	1	1	0.4997
ES	11 586	0.2385	0	0	0	1	1	0.4262
Tenure	11 586	0.5260	0	0	1	1	1	0.4993
Partj	11 586	0.4696	0	0	0	1	1	0.4991
PC	11 586	0.3791	0	0	0	1	2	0.5509
Power1	11 586	−0.0293	−1.6220	−0.8759	−0.0553	0.7352	2.1315	0.9693
Power2	11 586	0.5693	0.1250	0.5000	0.6250	0.7500	1	0.1817

注：高管权力各维度及综合指标在1%和99%分位进行了Winsorize处理。

在表4-5各个指标的描述性统计结果中，可以发现：

其一，代表结构权力的第一个指标两职兼任Dual中，25%百分位时等于1，说明样本公司中高管兼任的情况非常普遍，至少有75%的公司高管兼任公司董事甚至董事长，该结果表明我国上市公司中两职兼任的情况较为普遍；代表结构权力的第二个指标董事会规模Board其均值为0.7005，中位数为1，说明董事会规模较大，易受高管的控制和影响。由此可见，高管具有较大的结构性权力。

其二，代表所有权权力的第一个指标高管持股Own的中位数为0，说明样本中一半以上的高管并未持有本公司的股票，这与我国上市公司现实情况相吻合，我国国有企业对高管实施股权激励有明确的限制条件，样本中有一半左右的国有企业，其高管拥有公司股份的比例较低；代表所有权权力的第二个指标Insr的均值为0.4827，中位数为0，说明机构投资者在公司对高管起到一定的制衡作用。

其三，代表专家权力的第一个指标高管职称与学术能力ES的中位数为0，均值为0.2385，说明我国上市公司的高管中具备技术专长并具有高学历（硕士以上）的人数还有待提高；代表专家权力的第二个指标任职时间Tenure的均值为0.5260，中位数为1，说明高管在其位的时间普遍较长，较长的任期有利于积累经营管理的经验同时增加了其在董事会的话语权。

其四，代表声誉权力的第一个指标在外兼任Partj的均值为0.4696，说明高管在外兼任的情况较为普遍，能够有效利用外部资源；代表声誉权力的第二个指标政治联系PC最大值为2的情况下，均值为0.3791，中位数为0，说明具有政治联系的企业有限，主要还是集中于国有上市公司中。

其五，高管权力的综合指标Power1和Power2，其均值分别为-0.0293和0.5693，表明我国上市公司高管权力具有相当程度的影响力。

为了清晰地了解高管权力变化的趋势情况以及在不同产权性质下高管权力的差异性，对高管权力各年度均值进行描述性统计，见表4-6。

表4-6 **高管权力各年度均值描述性统计**

Panel A 高管权力以Power1为指标

年份	2006	2007	2008	2009	2010	2011	2012	2013	2014	2015
全部	-0.097	0.144	0.163	0.067	0.039	0.053	0.027	-0.029	-0.123	-0.128
非国有	-0.612	-0.484	-0.461	-0.504	-0.495	-0.471	-0.449	-0.472	-0.551	-0.559
国有	0.177	0.499	0.581	0.606	0.653	0.706	0.654	0.601	0.566	0.579

Panel B 高管权力以Power2为指标

年份	2006	2007	2008	2009	2010	2011	2012	2013	2014	2015
全部	0.531	0.572	0.569	0.566	0.558	0.555	0.552	0.553	0.551	0.547
非国有	0.450	0.489	0.522	0.528	0.529	0.530	0.529	0.532	0.534	0.531
国有	0.574	0.619	0.601	0.601	0.592	0.586	0.582	0.581	0.580	0.573

注：高管权力综合指标在1%和99%分位进行了Winsorize处理。

图4-1为根据指标Power1所做的高管权力各年变化趋势图（以Power2为指标的高管权力趋势与图4-1大致相同，在此省略）。结合表4-6和图4-1，可以看出样本公司高管权力呈现先上升、自2009年以后逐步下降、后期较为平稳的趋势，但国有企业与非国有企业存在较大差异，与第3章中所分析的产权性质对高管权力存在较大的影响相吻合，高管权力在观察期存在波动，但大致趋于平稳。

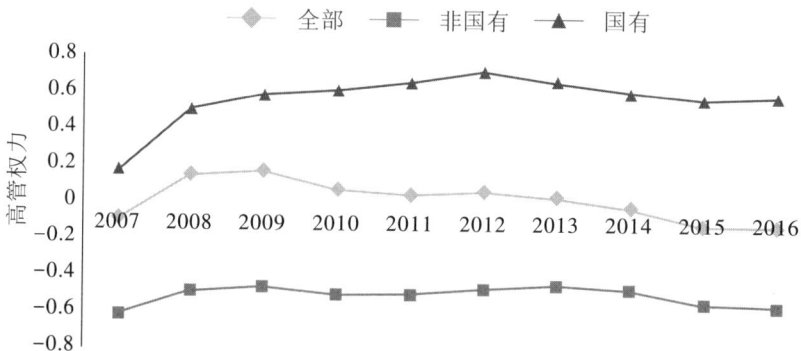

图4-1 高管权力Power1各年变化趋势图

（3）主要变量的描述性统计

表4-7报告了主要变量的描述性统计结果。其中，被解释变量企业

价值 TobinQ 的均值为 2.2721，标准差为 1.7732；企业创新投入（RDsale/RDsize）的均值为 0.0372 和 0.0191，说明创新投入不足；企业创新产出（Patent、Patenti 和 Patentud）的均值分别为 36.9738、16.3546 和 19.6533，标准差都在 30 以上，说明企业间创新产出存在较大差异。为了避免异常值的影响，在后续进行回归时，对所有变量在 1% 水平上下进行了缩尾（Winsorize）处理，同时对创新产出各变量在回归时进行了对数处理。在控制变量中，企业规模（Size）的均值为 21.9567，资产收益率（ROA）的均值为 0.0484，标准差为 4.06%，说明上市公司盈利能力存在较大差异；资产负债率（Lev）的均值为 0.4236，相对于发达资本市场的国家较低，现金流比例（CFR）的均值为 0.0438，公司成长性（Growth）的均值为 0.1481，说明上市公司保持了较高的增长速度；公司上市年限（Age）的均值为 1.8987，第一大股东持股比例（Top1）的均值为 0.3603，说明我国企业"一股独大"的现象较为普遍。

表4-7 所有变量的描述性统计

变量	N	均值	最小值	25%分位数	中位数	75%分位数	最大值	标准差
TobinQ	11 586	2.2721	0.2060	1.0139	1.7743	3.0123	10.5980	1.7732
RDsale	10 112	0.0372	0.0009	0.0182	0.0337	0.0484	0.1360	0.0263
RDsize	10 112	0.0191	0.0005	0.0098	0.0176	0.0265	0.0571	0.0125
Patent	11 586	36.9738	1	4	12	33	811	78.6401
Patenti	11 586	16.3546	0	2	5	15	326	33.8267
Patentud	11 586	19.6533	0	0	3	17	474	47.4105
Power1	11 586	−0.0293	−1.6220	−0.8759	−0.0553	0.7352	2.1315	0.9693
Power2	11 586	0.5693	0.1250	0.5000	0.6250	0.7500	1	0.1817
Size	11 586	21.9567	20.1555	21.1168	21.7789	22.6329	25.1335	1.0965
ROA	11 586	0.0484	−0.0614	0.0183	0.0430	0.0742	0.1633	0.0406
Lev	11 586	0.4236	0.0731	0.2669	0.4201	0.5767	0.8173	0.1915
CFR	11 586	0.0438	−0.0935	0.0078	0.0425	0.0807	0.1803	0.0549
Top1	11 586	0.3603	0.1246	0.2507	0.3498	0.4450	0.6749	0.1311

续表

变量	N	均值	最小值	25% 分位数	中位数	75% 分位数	最大值	标准差
Growth	11 586	0.1481	0.5467	0.0059	0.1211	0.2706	0.3074	0.8040
Age	11 586	1.8987	0	1.3863	2.0794	2.6391	3.0910	0.8703

注：以上指标均在1%和99%分位进行了Winsorize处理。

4.3.2 相关性检验

表4-8 Panel A 和 Panel B 为主要变量的 Pearson 和 Speaman 相关性系数分析结果。在 Panel A 中，高管权力（Power1/Power2）与创新产出（lnPatent）的 Pearson 相关系数分别为 0.1762 和 0.0889，均在 1% 水平上显著正相关，Spearman 相关系数为 0.1457 和 0.0729，在 1% 水平上显著正相关；在 Panel B 中，高管权力（Power1/Power2）与创新投入（RDsale）的 Pearson 的相关系数为 0.1055 和 0.0043，与创新投入（RDsize）的相关系数为 0.0678 和 0.0236，均在 1% 水平上显著正相关，Spearman 相关系数也均在 1% 水平上显著正相关，说明从整体上看，高管权力与企业创新活动具有同步性，初步支持了假设 H4.1，即高管权力越大企业创新产出和投入强度越大的假说。在 Panel A 中，高管权力代理变量指标 Power1 和 Power2 的相关系数分别为 0.8754 和 0.8256；在 Panel B 中，高管权力代理变量指标 Power1 和 Power2 的相关系数分别为 0.8266 和 0.8753，创新投入指标 RDsale 和 RDsize 相关系数分别为 0.7678 和 0.7780，且均在 1% 水平上显著，说明以上指标的两个代理变量具有较好的一致性。模型中其他变量的相关系数基本在 0.3 以下，初步判断变量间不存在多重共线性问题。从相关系数的显著性来看，基本都在 1% 水平上显著，仅从相关系数大小无法进一步对变量间的相关性高低进行判断，因此对所有进入模型的变量进行方差膨胀因子 VIF 计算（每次仅使用高管权力的代理变量中一项，创新投入也采用同样做法）。结果发现各变量的 VIF 和所有变量 VIF 的均值都在 2 以下，由此可知本章所使用的变量间并不存在多重共线性问题，即不会影响回归系数的一致性和无偏性。

表4-8

Pearson和Spearman相关性系数

Panel A 企业高管权力与企业创新产出及各变量的相关系数检验

	TobinQ$_{t+1}$	lnPatent$_{t+1}$	Power1	Power2	Size	Lev	ROA	CFR	Top1	Growth	Age
TobinQ$_{t+1}$		0.0229**	0.0662***	0.1031***	0.1098***	0.4314***	-0.0693***	-0.1418***	0.1853***	0.1266***	-0.2609***
lnPatent$_{t+1}$	0.0120**		0.1457***	0.0729***	0.2382***	-0.1419***	0.0437***	0.0266	0.0573***	-0.2383***	0.1171***
Power1	0.0441***	0.1762***		0.8256***	0.2194***	-0.2798***	0.1116***	0.0455***	0.2830***	0.1343***	0.3160***
Power2	0.0387***	0.0889***	0.8754***		0.0981***	0.0412***	0.0848***	0.0055	0.2261***	0.0948***	0.2840***
Size	0.0414***	0.4193***	0.3451***	0.1309***		0.2360***	0.2798***	-0.0661*	0.2042***	0.2436***	0.1424***
Lev	0.0833***	-0.0226**	-0.0573***	0.0456***	0.0771***		0.5360***	-0.1210***	0.0991***	0.1241***	0.1423***
ROA	-0.1356***	0.0068	0.0290***	-0.0195	-0.0368***	-0.1924***		0.3467***	0.0476***	-0.0599***	-0.3151***
CFR	-0.0709***	0.0440***	0.0494***	0.0422***	0.0765***	-0.0375***	0.0989***		0.0801***	0.1348***	0.0306***
Top1	0.0938***	-0.0973***	0.2766***	0.2176***	0.2786***	0.0349***	0.0061	0.0755***		0.2299***	-0.0577***
Growth	0.043***	0.2255***	0.3505***	0.2845***	0.2766***	0.0798***	-0.0525***	0.1329***	0.2902***		0.2299***
Age	-0.1411***	0.1380***	0.3077***	0.2913***	0.1797***	0.1132***	-0.0683***	0.0545***	-0.0629***	0.3806***	

注：下三角是Pearson相关系数，上三角是Spearman相关系数；***，**，*分别表示在1%、5%和10%的水平上显著。

续表

Panel B 企业高管权力与企业创新投入及各变量的相关系数检验

	RDsale$_{t+1}$	RDsize$_{t+1}$	Power1	Power2	Size	Lev	ROA	CFR	Top1	Growth	Age
RDsale$_{t+1}$		0.7780***	0.1969***	0.0312***	-0.3616***	0.1810***	0.2261***	0.0405***	0.1742***	0.0708***	-0.3329***
RDsize$_{t+1}$	0.7678***		0.1203***	0.0362***	-0.2977***	0.2665***	0.2787***	0.00881**	0.0980***	0.1261***	-0.2497***
Power1	0.1055***	0.0678***		0.8753***	0.3975***	-0.1079***	0.2511***	0.0281***	0.2835***	0.0682***	0.3090***
Power2	0.0043**	0.0236***	0.8266***		0.0768***	-0.0187	0.2241***	0.0028	0.1315***	0.0129***	0.0544***
Size	-0.2081***	-0.1977***	0.3192***	0.1004***		-0.1201***	0.2045***	0.0513*	0.1679***	0.0094***	0.1952***
Lev	0.0244**	0.1292***	-0.0752***	-0.0205**	-0.0599***		-0.2318***	0.1740***	0.0264***	0.2812***	-0.2872***
ROA	0.2728***	0.1941***	0.2435***	0.2222***	0.1306***	-0.4111***		-0.1276***	0.1027***	-0.0370***	0.2318***
CFR	0.0304***	0.0556***	0.0307***	0.0321**	0.0562***	-0.3782***	-0.1408***		0.0752***	0.0233***	0.0321***
Top1	-0.1296***	-0.0795***	0.2784***	0.0371***	0.2345***	0.0356***	0.1001***	0.0791***		-0.0534***	-0.0525***
Growth	0.0117***	0.0119***	0.0123***	0.0078***	0.0503***	0.0733***	0.0325***	-0.0120***	-0.0032***		0.1873***
Age	-0.1768***	-0.1351***	0.2997***	0.2480***	0.2467***	-0.2161***	0.2270***	0.0479***	-0.0518***	0.0265***	

注：下三角是 Pearson 相关系数，上三角是 Spearman 相关系数；***、**、*分别表示在 1%、5% 和 10% 水平上显著。

4.3.3 单变量分析

为了更加直观地揭示高管权力是否影响企业创新投入强度和创新产出，我们将样本进行分组，根据高管权力的中位数的高低分为高管权力较强和较弱组，然后对比两组样本的创新投入和创新产出，以此进一步考察其特征，如表4-9所示。从创新产出来看，由 Panel A 可知，高管权力较强组所在上市公司专利申请总数（$\ln Patent_{t+1}$）、发明专利申请数（$\ln Patenti_{t+1}$）和非发明专利申请数（$\ln Patentud_{t+1}$）均值比高管权力较弱组分别大 0.415、0.354 和 0.425，中位数分别大 0.375、0.287 和 0.693，且均在1%水平上显著，说明高管权力与企业创新产出正相关；从创新投入来看，由 Panel B 可知，高管权力较强组的上市公司比较弱组的创新投入（$RDsale_{t+1}$ 和 $RDsize_{t+1}$）均值分别大 0.012 和0.0029，中位数分别大 0.005 和 0.003，且均在1%水平上显著，说明高管权力与创新投入正相关。综上可知，高管权力会提高企业创新产出和投入，支持假设H4.1。

表4-9 单变量分析

Panel A 创新产出水平比较

Variables	高管权力较强组			高管权力较弱组			Difference	
	N	Mean	Median	N	Mean	Median	T检验	Z检验
$\ln Patent_{t+1}$	5 629	2.883	2.773	5 957	2.468	2.398	0.415***	17.644**
$\ln Patenti_{t+1}$	5 629	2.218	2.079	5 957	1.864	1.792	0.354***	25.352***
$\ln Patentud_{t+1}$	5 629	1.909	1.792	5 957	1.484	1.099	0.425***	18.153***

Panel B 创新投入水平比较

Variables	高管权力较强组			高管权力较弱组			Difference	
	N	Mean	Median	N	Mean	Median	T检验	Z检验
$RDsale_{t+1}$	4 867	0.0499	0.036	5 245	0.0379	0.031	0.012***	23.989***
$RDsaize_{t+1}$	4 867	0.0225	0.019	5 245	0.0196	0.016	0.0029***	17.116***

注：T值与Z值分别是按照Power1分组后各变量的均值与中位数的单变量检验结果；***、**和*分别表示在1%、5%和10%水平上显著。

4.3.4　多元回归分析

（1）高管权力对企业技术创新影响的多元回归分析

以上单变量分析的结果初步支持假设 H4.1a，但仅从单变量无法清晰地考察高管权力对企业技术创新的影响，也无法控制其他因素的影响，因此需要多元回归分析做进一步的检验。考虑到创新产出作为被解释变量时，其专利申请数不能为负数，是以 0 为下限的拖尾变量（Censored Variable），因此当被解释变量为创新产出时，使用 Tobit 模型进行估计，其余回归使用最小二乘法（OLS）进行分析，对于所有回归分析，都对公司代码进行了聚类分析（Cluster Analysis），对于 OLS 回归采用 Robust 调整标准误差。

表 4-10 Panel A 和 Panel B 报告了模型（4.1）和（4.2）的结果。Panel A 中回归模型（1）、（2）和回归模型（3）、（4）分别使用了 $RDsale_{t+1}$ 和 $RDsize_{t+1}$ 作为创新投入强度的指标，模型（1）、（2）只控制了年度和行业效应，Power1 的系数分别为 0.5325 和 0.3187，在 10% 和 5% 水平上显著，在模型（3）、（4）中加入控制变量后，Power1 分别在 5% 和 1% 水平上显著，显著性有所提高，同时 F 值和 Adjusted-R^2 都有所提高，说明模型的整体检验和拟合优度都得到了提高。Panel B 模型（1）～（3）和（4）～（6）中分别使用了 $lnPatent_{t+1}$、$lnPatenti_{t+1}$ 和 $lnPatentud_{t+1}$ 作为创新产出的指标，模型（1）～（3）只控制了年度和行业效应，Power1 的系数分别为 0.2820、0.2712 和 0.2647，并都在 1% 水平上显著；在模型（4）～（6）中，加入一系列影响创新产出的控制变量，Power1 依然在 1% 水平上显著为正。以上结果表明高管权力越大，其在董事会和企业中的控制能力和决策能力越强，可以有效发挥管家角色，提高企业总体创新水平，支持了假设 H4.1a。但此结论并不严谨，就创新投入和创新产出本身而言具有一定的隐蔽性，可能在表面促进创新的掩盖下，其实质隐藏高管权力利用创新追求私利的目的。以下研究从产权异质性的视角进行进一步的分析。

表4-10　　　　　　　**高管权力对企业创新影响的回归结果**

Panel A　对企业创新投入强度的影响

Variables	(1)	(2)	(3)	(4)
	RDsale$_{t+1}$	RDsize$_{t+1}$	RDsale$_{t+1}$	RDsize$_{t+1}$
Power1	0.5325*	0.3187**	0.6402**	0.4059***
	(1.7480)	(2.1984)	(2.3145)	(2.8950)
Size			1.2600***	0.8460***
			(9.1999)	(12.1941)
ROA			4.7642***	2.7581***
			(3.7831)	(4.0948)
Lev	.		−2.5138***	−0.7348***
			(−6.3082)	(−3.7890)
CFR			1.3133*	0.6386*
			(1.6550)	(1.6937)
Top1			−1.1751**	−0.4950**
			(−2.5129)	(−2.1851)
Growth			1.5326***	0.7378***
			(12.1438)	(11.2835)
Age			−0.1621**	−0.0533
			(−2.0715)	(−1.3506)
cons	0.5323	0.6275***	7.4305***	3.6430***
	(1.0755)	(2.7255)	(5.2005)	(5.1528)
Year fixed	YES	YES	YES	YES
Ind fixed	YES	YES	YES	YES
N	10 112	10 112	10 112	10 112
R^2	0.2798	0.2238	0.4145	0.3218
Adjusted-R^2	0.2774	0.2213	0.4118	0.3186
F	44.0370	36.8399	42.9712	46.2354

注：括号内的数字为经公司聚类和异方差调整的稳健性标准误对应的t值；
***、**、*分别表示1%、5%、10%的显著性水平。

续表

Panel B　对企业创新产出的影响

Variables	(1) $\ln\text{Patent}_{t+1}$	(2) $\ln\text{Patenti}_{t+1}$	(3) $\ln\text{Patentud}_{t+1}$	(4) $\ln\text{Patent}_{t+1}$	(5) $\ln\text{Patenti}_{t+1}$	(6) $\ln\text{Patentud}_{t+1}$
Power1	0.2820***	0.2712***	0.2647***	0.0637***	0.0949***	0.0266***
	(9.8462)	(9.8579)	(8.0215)	(2.7592)	(4.1791)	(2.8955)
Size				0.2628***	0.3276***	0.2216***
				(4.9318)	(6.1979)	(3.4612)
ROA				1.6000***	1.0717***	1.9573***
				(3.8974)	(2.9416)	(3.7446)
Lev				−0.2878*	−0.3281**	−0.0478
				(−1.7256)	(−2.1612)	(−0.2481)
CFR				0.2371	0.5109*	0.2697
				(0.8549)	(1.9373)	(0.8031)
Top1				−0.2656	−0.2192	−0.4055*
				(−1.4054)	(−1.2040)	(−1.7436)
Growth				0.2978***	0.1881***	0.3202***
				(6.1428)	(3.9607)	(5.6054)
Age				−0.0153	−0.0580*	−0.0986**
				(−0.4793)	(−1.9416)	(−2.4861)
cons	2.6652***	2.1575***	1.3235***	−10.0372***	−9.4077***	−11.1282***
	(10.8553)	(8.9254)	(5.4019)	(−15.8035)	(−14.5653)	(−14.3498)
Year fixed	YES	YES	YES	YES	YES	YES
Ind fixed	YES	YES	YES	YES	YES	YES
N	11 568	11 568	11 568	11 568	11 568	11 568
Pseudo R^2	0.1123	0.1149	0.1362	1.1134	0.1154	0.1408
F	26.2797	17.7736	26.0309	40.4272	27.1476	37.1683

注：括号内为 t 值，***、**、*分别表示1%、5%、10%的显著性水平；当被解释变量为 $\ln\text{Patent}_{t+1}$ 时使用 Tobit 回归，列示的是 Pseudo R^2。

在控制变量方面，公司规模、资产收益率和公司成长性与企业创新产出正相关，资产负债率和股权集中度与企业创新负相关。公司规模越大，组织的稳定性越高，越有利于企业集中资源进行创新活动并取得成果；资产收益率较高时则有能力为创新提供资源并且承担风险的能力增强，有利于创新产出的提高；公司成长能力越强，越有积极性进行创新活动；而当资产负债率越高时，企业的经营风险越大，创新资源受限，将不利于企业进行创新；股权集中度的提高，提升了大股东对高管的监督效应，从而降低了创新产出的可能。以上实证结果与赵毅等（2016）[27]、熊婷等（2016）[155]的研究相一致。

（2）高管权力、产权性质与企业技术创新的多元回归分析

表4-11验证了假设H4.2是否成立。在表4-11中，对样本进行了分组，模型（1）、（2）为非国有上市公司组，模型（3）、（4）为国有上市公司组。在非国有上市公司中Power1的系数分别为0.6987和0.3750，并都在5%水平上显著正相关，而在国有上市公司中Power1的系数为0.4855和0.2638，其中模型（4）在10%水平上显著正相关，在非国有上市公司组中其系数和显著性明显强于国有上市公司组，因此支持假设H4.2，即非国有上市公司对创新投入的正相关作用更加明显。

表4-11　异质性产权性质下高管权力对企业创新投入影响的回归结果

Variables	非国有上市公司		国有上市公司	
	(1)	(2)	(3)	(4)
	$RDsale_{t+1}$	$RDsize_{t+1}$	$RDsale_{t+1}$	$RDsize_{t+1}$
Power1	0.6987**	0.3750**	0.4855	0.2638*
	(2.0433)	(2.2604)	(0.9598)	(1.6617)
Size	1.5449***	−0.8487***	0.5165***	−0.9180***
	(8.4663)	(−9.7346)	(2.7384)	(−7.4411)
ROA	6.4317***	2.3180***	5.2941***	4.2056***
	(3.8826)	(2.8812)	(2.8009)	(3.7615)

续表

Variables	非国有上市公司		国有上市公司	
	(1)	(2)	(3)	(4)
	RDsale$_{t+1}$	RDsize$_{t+1}$	RDsale$_{t+1}$	RDsize$_{t+1}$
Lev	−2.9993***	−1.1582***	−0.9491	0.0949
	(−5.6856)	(−4.7213)	(−1.6030)	(0.2993)
CFR	0.9064	0.3909	0.7884	0.7811
	(0.8653)	(0.8370)	(0.6347)	(1.0268)
Top1	−1.5229**	−0.6810**	−0.3925	0.0009
	(−2.5697)	(−2.5409)	(−0.5546)	(0.0023)
Growth	−1.9290***	0.7715***	−0.7968***	0.7345***
	(−12.1130)	(10.3252)	(−4.4651)	(6.0881)
Age	0.0229	−0.0022	−0.5941***	−0.1766**
	(0.2048)	(−0.0404)	(−3.7651)	(−2.2232)
cons	9.7907***	3.6807***	6.9150***	4.4141***
	(4.0875)	(3.3309)	(4.1810)	(4.7893)
Year fixed	YES	YES	YES	YES
Ind fixed	YES	YES	YES	YES
N	6 633	6 633	3 479	3 479
R^2	0.4072	0.2884	0.4028	0.3852
Adjusted-R^2	0.4030	0.2833	0.3942	0.3764
F	25.9326	23.1020	26.4544	21.5641

注：括号内的数字为经公司聚类和异方差调整的稳健性标准误对应的 t 值；***、**、*分别表示 1%、5%、10%的显著性水平。

表 4-12 Panel A 验证了假设 H4.3 是否成立。在 Panel A 中，同样对

样本进行了分组，模型（1）～（3）为非国有上市公司组，模型（4）～（6）为国有上市公司组。在非国有上市公司中，Power1与创新总产出的系数为0.3378，与实质性创新的系数为0.3946，且都在1%水平上显著正相关，与策略性创新在10%水平上显著；在国有上市公司中，Power1与创新总产出和实质性创新在10%水平上显著，与策略性创新的系数为0.0485，在5%水平上显著正相关，以上结论充分支持了假设H4.3。综上表明高管权力在异质性产权背景下对创新产出存在差异性影响。表4-12 Panel B 在 Panel A 的基础上对国有上市公司进一步分组为地方国有和中央国有上市公司。在模型（1）～（3）中为地方国有上市公司，模型（1）中Power1与创新总产出的系数为0.0329，在10%水平上显著，模型（2）中Power1与实质性创新的系数不显著，而在模型（3）中Power1与策略性创新的系数为0.0347，在10%水平上显著。这说明在地方国企中，高管权力可能受到地方政府社会性和政治性目标的影响，创新意愿减弱，更多表现为有目的的策略性创新；而在模型（4）和（5）中Power1与创新总产出和实质性创新在5%水平上显著，说明在中央国企中，高管权力所受政治干预较少，同时肩负国家创新使命重、创新意愿强、创新资源丰富，因而更多表现为实质性创新。以上结论支持了假设H4.4。

表4-12　异质性产权性质下高管权力对企业创新产出影响的回归结果

Panel A　国有上市公司和非国有上市公司

Variables	非国有上市公司			国有上市公司		
	(1)	(2)	(3)	(4)	(5)	(6)
	lnPatent$_{t+1}$	lnPatenti$_{t+1}$	lnPatentud$_{t+1}$	lnPatent$_{t+1}$	lnPatenti$_{t+1}$	lnPatentud$_{t+1}$
Power1	0.3378***	0.3946***	0.0657*	0.0845*	0.1002*	0.0485**
	(2.5945)	(3.2120)	(1.7799)	(1.7540)	(1.7085)	(2.2060)
Size	0.2203***	0.3026***	0.1231	0.2571***	0.3137***	0.2278**
	(3.2262)	(4.8853)	(1.4194)	(3.0063)	(3.7934)	(2.2778)

续表

Variables	非国有上市公司			国有上市公司		
	(1)	(2)	(3)	(4)	(5)	(6)
	lnPatent$_{t+1}$	lnPatenti$_{t+1}$	lnPatentud$_{t+1}$	lnPatent$_{t+1}$	lnPatenti$_{t+1}$	lnPatentud$_{t+1}$
ROA	3.3933***	3.1058***	2.9672***	2.5608***	1.8636**	3.6227***
	(5.1790)	(5.1805)	(3.3072)	(3.2928)	(2.5512)	(3.4549)
Lev	−0.0300	0.0243	0.1886	−0.2252	−0.3347	0.1670
	(−0.1557)	(0.1342)	(0.7089)	(−0.9335)	(−1.4154)	(0.5300)
CFR	−0.1792	0.2482	−0.6178	−0.0601	0.2813	−0.7838
	(−0.4806)	(0.6954)	(−1.2533)	(−0.1267)	(0.6354)	(−1.3237)
Top1	−0.0240	0.0202	−0.3718	0.1174	0.1945	0.0016
	(−0.1091)	(0.0950)	(−1.3182)	(0.3700)	(0.6457)	(0.0041)
Growth	0.2838***	0.1608***	0.3096***	0.2291***	0.1224	0.2406**
	(4.8199)	(2.9411)	(4.0270)	(2.8576)	(1.6195)	(2.5143)
Age	0.1302***	0.0137	0.2372***	−0.0112	−0.0697	0.0620
	(3.2078)	(0.3763)	(4.3737)	(−0.1726)	(−1.1685)	(0.7499)
cons	−8.6895***	−8.2215***	−8.6162***	−8.9233***	−8.2436***	−9.9789***
	(−9.2135)	(−9.4911)	(−6.9206)	(−10.4380)	(−9.6433)	(−9.4321)
Year fixed	YES	YES	YES	YES	YES	YES
Ind fixed	YES	YES	YES	YES	YES	YES
N	6 454	6 454	6 454	5 132	5 132	5 132
Pseudo R^2	0.0900	0.0789	0.0659	0.1093	0.1033	0.0782
F	20.5642	14.5020	20.4913	148.9732	76.7217	196.5775

注：括号内为t值，***、**、*分别表示1%、5%、10%的显著性水平；当被解释变量为lnPatent时使用Tobit回归，列示的是Pseudo R^2。

续表

Panel B　地方国有上市公司和中央国有上市公司

Variables	地方国有上市公司			中央国有上市公司		
	(1)	(2)	(3)	(4)	(5)	(6)
	$\ln Patent_{t+1}$	$\ln Patenti_{t+1}$	$\ln Patentud_{t+1}$	$\ln Patent_{t+1}$	$\ln Patenti_{t+1}$	$\ln Patentud_{t+1}$
Power1	0.0329*	0.0680	0.0347*	0.0377**	0.0043**	0.0841
	(1.7590)	(1.2203)	(1.6846)	(2.4389)	(2.0557)	(0.8248)
Size	0.1020	0.1813*	0.0932	0.5335***	0.5795***	0.4392**
	(0.9885)	(1.7761)	(0.7980)	(3.1215)	(3.5274)	(2.3053)
ROA	1.8149*	1.2325	2.2223*	3.7877***	2.6862**	5.9181***
	(1.9531)	(1.3206)	(1.7307)	(2.8422)	(2.2981)	(3.3653)
Lev	−0.1412	−0.1276	−0.1120	−0.3558	−0.6760*	0.6264
	(−0.5122)	(−0.4592)	(−0.3186)	(−0.8824)	(−1.7826)	(1.0741)
CFR	−0.1264	0.3708	−0.4431	0.5998	0.9260	−1.1291
	(−0.2106)	(0.6450)	(−0.6219)	(0.7672)	(1.4194)	(−1.0147)
Top1	0.0318	0.0374	−0.1004	−0.2441	−0.2852	−0.1263
	(0.0765)	(0.0929)	(−0.2045)	(−0.4776)	(−0.6217)	(−0.1868)
Growth	0.3533***	0.2030**	0.4037***	0.0334	−0.0417	0.0403
	(3.4736)	(2.0611)	(3.4904)	(0.2172)	(−0.2860)	(0.2280)
Age	0.0357	−0.0505	0.1040	−0.0464	−0.0868	0.0266
	(0.4342)	(−0.6592)	(1.0126)	(−0.4599)	(−0.9356)	(0.2041)
cons	−8.4909***	−7.2931***	−10.6799***	−10.3063***	−9.9984***	−10.2219***
	(−7.7379)	(−6.3404)	(−8.6272)	(−6.6732)	(−7.0623)	(−4.8787)
Year fixed	YES	YES	YES	YES	YES	YES
Ind fixed	YES	YES	YES	YES	YES	YES
N	3 312	3 312	3 312	2 000	1 999	1 998
Pseudo R^2	0.1195	0.1014	0.0915	0.1072	0.1100	0.0728
F	25.0272	43.0239	15.4578	9.8452	8.7634	11.0219

注：括号内为t值，***、**、*分别表示1%、5%、10%的显著性水平；当被解释变量为lnPatent时使用Tobit回归，列示的是Pseudo R^2。

表4-13列示了实质性创新和策略性创新与企业价值之间的关系。在模型（1）、（2）中，lnPatent和lnPatenti与企业价值（TobinQ$_{t+1}$）的系数分别为0.0031和0.0102，且在10%水平上显著为正，在模型（5）中，lnPatenti与进行了行业平减后的企业价值（MTobinQ$_{t+1}$）的系数为0.0098，在5%水平上显著为正，模型（4）中lnPatent的系数为正，t值接近显著性水平；而在模型（3）和（6）中，lnPatentud的系数不显著，说明企业专利申请，特别是实质性创新（发明专利）可以有效提高企业的创新价值，而策略性创新（非发明专利）与企业价值无显著关系。以上支持了对实质性创新和策略性创新的判断，只有以技术进步为导向的创新才能有利于促进企业价值的提升，也才能进一步提升国家竞争实力和成为保证经济持续稳定增长的关键要素（Solow，1957[2]；Tian和Wang，2014[37]）。高管权力与各创新产出指标的交互项均不显著，说明高管权力能否有效提升创新产出的价值增值能力，有待进一步探究。在本书就高管权力的理论基础论述中，高管位于科层结构的顶端，掌握着企业的决策权和控制权，其对企业价值的影响应从不同产权性质企业中所产生的代理问题以及代理问题存在的程度做进一步研究，如果企业代理成本较低，高管自身的机会主义动机就相应减弱，更可能发挥管家精神，追求股东利益和企业价值最大化，权力的增加会激发高管的竞争意识、企业家精神以及创新意愿（熊婷等，2016[153]），从而有助于通过创新提升企业价值；而当所在企业代理成本较高时，高管有可能通过过度投资（其中包括长期的创新投入）、股权质押或者策略性创新等方式获取私利而损害股东利益（第一类代理问题），也可能与控股股东形成利益联盟，通过各种行为"掏空"上市公司而损害中小股东利益（第二种代理问题），但不管哪种情况都不会通过创新而提升企业价值，在后续研究中，将针对企业的代理问题做进一步研究。

表4-13　　　　高管权力、创新产出与企业价值的回归结果

Variables	(1)	(2)	(3)	(4)	(5)	(6)
	TobinQ$_{t+1}$	TobinQ$_{t+1}$	TobinQ$_{t+1}$	MTobinQ$_{t+1}$	MTobinQ$_{t+1}$	MTobinQ$_{t+1}$
Power1	−0.0094**	−0.0085**	−0.0060***	−0.0103**	−0.0091**	−0.0066***
	(−2.1997)	(−2.1872)	(−2.7715)	(−2.4124)	(−2.3457)	(−3.0809)

续表

Variables	(1) TobinQ$_{t+1}$	(2) TobinQ$_{t+1}$	(3) TobinQ$_{t+1}$	(4) MTobinQ$_{t+1}$	(5) MTobinQ$_{t+1}$	(6) MTobinQ$_{t+1}$
lnPatent	0.0031*			0.0029		
	(1.7640)			(1.6238)		
lnPatent×Power1	0.0015			0.0017		
	(1.7483)			(1.7739)		
lnPatenti		0.0102**			0.0098**	
		(2.4252)			(2.3699)	
lnPatenti×Power1		0.0016*			0.0017	
		(1.9120)			(1.0736)	
lnPatentud			0.0403			0.0301
			(0.7096)			(1.3835)
lnPatentud×Power1			0.0005			0.0006
			(0.6362)			(0.8075)
TobinQ/MTobinQ	0.6499***	0.6501***	0.6499***	0.6315***	0.6317***	0.6315***
	(21.5255)	(21.4925)	(21.4517)	(21.1546)	(21.1041)	(21.0812)
Size	−0.0014	−0.0011	−0.0014	−0.0008	−0.0004	−0.0007
	(−0.4651)	(−0.3685)	(−0.4466)	(−0.2456)	(−0.1273)	(−0.2269)
ROA	0.0209	0.0195	0.0192	0.0224	0.0211	0.0204
	(0.4722)	(0.4399)	(0.4243)	(0.5071)	(0.4768)	(0.4536)
Lev	0.2376***	0.2372***	0.2377***	0.2471***	0.2467***	0.2472***
	(10.5683)	(10.4965)	(10.5405)	(11.2074)	(11.1115)	(11.1856)
CFR	−0.0715***	−0.0707***	−0.0720***	−0.0736***	−0.0727***	−0.0740***
	(−3.2890)	(−3.2405)	(−3.3092)	(−3.1895)	(−3.1415)	(−3.2028)
Top1	0.0027	0.0030	0.0026	0.0075	0.0078	0.0075
	(0.2136)	(0.2372)	(0.2069)	(0.5819)	(0.6008)	(0.5869)

续表

Variables	(1) TobinQ$_{t+1}$	(2) TobinQ$_{t+1}$	(3) TobinQ$_{t+1}$	(4) MTobinQ$_{t+1}$	(5) MTobinQ$_{t+1}$	(6) MTobinQ$_{t+1}$
Rev	0.0019	0.0014	0.0017	0.0012	0.0008	0.0011
	(0.6488)	(0.5057)	(0.6091)	(0.4157)	(0.2846)	(0.3701)
Age	-0.0171***	-0.0175***	-0.0171***	-0.0191***	-0.0195***	-0.0192***
	(-4.2046)	(-4.3746)	(-4.2738)	(-4.6064)	(-4.8100)	(-4.7029)
cons	0.1107***	0.1124***	0.1102***	-0.1786***	-0.1786***	-0.1790***
	(3.7595)	(3.7595)	(3.8953)	(-5.5904)	(-5.6737)	(-5.3958)
Year/Ind	YES	YES	YES	YES	YES	YES
N	11 586	11 586	11 586	11 586	11 586	11 586
Adjusted-R^2	0.6216	0.6216	0.6215	0.5761	0.5760	0.5760
F	485.5562	483.1077	483.9356	321.7486	321.2159	322.6942

注：括号内的数字为经公司聚类和异方差调整的稳健性标准误对应的t值；***、**、*分别表示1%、5%、10%的显著性水平；被解释变量TobinQ为向前一期（选取年度为2008—2017年），解释变量观测值数量不变。

4.4　拓展性研究

在投资者保护比较弱的转型期国家中，金字塔结构作为一种保护机制非常普遍（LLSV，1999[193]）。它是指控股股东与所控制上市公司之间可能存在多个层级。在非国有企业中，金字塔结构多用于控股股东的"掏空行为"（Shleifer和Vishny，1997[189]）或进行"内部资本市场融资"（Khanna和Palepu，2000[257]），而在国有企业中，Fan et al.（2013）[81]认为金字塔结构能在保证政府控制权的前提下对其所控制的国有企业放权，减少政府干预，加强企业市场化经营，提高企业高管的决策自主权和效率。因为金字塔层级的增加导致顶层控制人（政府）与底层企业（国有企业）之间信息不对称增强，降低了信息自下而上的传递效率，增加了政府对国有企业的干预成本，进而实现了对企业经营决策权的下放（江轩宇，2016[245]）。Fama和Jensen（1983）[202]认为在公有制下增加政府与代理人间的层级是实现政府下放决策权的手段，有利于实现企业决策权与专有知识的结合。同时Fan et al.（2013）[81]还指出企业控制权通过金字塔结构自上而下转移到高管手中，层级越多国有企业高管受到政府的干预就越少，拥有的决策自由度就越高，权力就越大。因而，国有企业金字塔层级的增加有利于降低政府干预的程度，进而促进企业的市场化运营。而政府干预程度的降低一方面减轻了国有企业的政策性负担，使其有更多的资源支持创新活动；另一方面国有企业高管的"政治人"特征被减弱，"经济人"特征得以增强，有助于完善激励机制激发国企高管的创新意愿，从而有助于促进高管权力按照市场化规则承担创新风险，权力的增大也进一步提升高管获取创新资源能力，进而提高国有企业的实质性创新水平和企业创新价值。

基于以上分析，提出以下研究假设：

H4.6：在限制性条件下，地方国有上市公司金字塔层级对高管权力引起的企业技术创新有显著调节作用，即金字塔层级越多，高管权力对地方国有上市公司的实质性创新的影响程度越明显。

为此，我们参考江轩宇（2016）[248]的研究，构建模型（4.6）进行考察：

$$\ln\text{Patent}_{i,t+1}(\ln\text{Patenti}_{i,t+1}/\ln\text{Patentud}_{i,t+1}) = \beta_0 + \beta_1\text{Power}_{i,t} + \beta_2\text{LAY}_{i,t} +$$
$$\beta_3\text{Power}_{i,t} \times \text{LAY}_{i,t} + \beta_4\text{Size}_{i,t} + \beta_5\text{Lev}_{i,t} + \beta_6\text{ROA}_{i,t} + \beta_7\text{CFR}_{i,t} + \beta_8\text{Top1}_{i,t} +$$
$$\beta_9\text{Growth}_{i,t} + \beta_{10}\text{Age}_{i,t} + \sum\text{Ind} + \sum\text{Year} + \varepsilon_{i,t} \tag{4.6}$$

模型中的解释变量进行滞后一期处理，其中LAY为金字塔层级的代理变量，参考刘行和李小荣（2012）[258]、Fan et al.（2013）[81]以及江轩宇（2016）[245]的做法，当最终控制人直接控制上市公司时，LAY为1；当最终控制人和上市公司间还存在一个中间控制人时，LAY为2，以此类推，如果存在多条控制链，选择层级最多的链条。在表4-14中（1）~（3）列为中央国有上市公司，（4）~（6）列为地方国有上市公司。（1）~（3）中LAY的系数分别为-0.0215、-0.0189和-0.0245，显著性较低，说明金字塔层级并不能有效提升中央国有企业的技术创新产出水平，LAY和Power1的交互项系数有正有负且不显著，都无法验证在中央国企中随着金字塔层级的增加能够有效提高高管权力对企业创新的正向作用。但在（4）～（6）中，LAY 的系数分别为 0.0117、0.0231和 0.0175，且都在 10% 水平上显著，说明金字塔层级能够有效提高地方国有企业的创新产出水平，同时 LAY 和 Power1 的交互项在第（4）、（5）列上显著为正，说明随着金字塔层级的增加还能提升高管权力对企业创新产出的正向影响，尤其是对实质性创新有所影响。这主要源于地方国有企业受到政府干预相比于国有企业更为严重，当金字塔层级增加时，政府干预减弱，经营决策权下放，更有利于高管权力对创新产出的影响。这一结论既有效支持了地方国有企业经理人的经营决策权随着金字塔层级的增加而提高的论点（Fan et al., 2013[81]；Zhang et al., 2016[259]），也进一步验证了江轩宇（2016）[245] 所提出的政府放权有助于提高企业的创新能力的观点。

表4-14　　国企高管权力、金字塔层级与创新产出的回归结果

Variables	中央国有上市公司			地方国有上市公司		
	(1)	(2)	(3)	(4)	(5)	(6)
	$lnPatent_{t+1}$	$lnPatenti_{t+1}$	$lnPatentud_{t+1}$	$lnPatent_{t+1}$	$lnPatenti_{t+1}$	$lnPatentud_{t+1}$
Power1	0.0056	0.0085*	−0.0146	0.0103*	0.0096**	0.0075
	(1.0714)	(1.7872)	(−0.7715)	(1.7424)	(2.3457)	(1.0809)
LAY×Power1	0.0491	0.0355	−0.0266	0.0329*	0.0486**	0.0347
	(0.9788)	(1.0274)	(−1.3351)	(1.7238)	(2.1423)	(1.6011)
LAY	−0.0215*	−0.0189	−0.0245	0.0117*	0.0231**	0.0175**
	(−1.7483)	(−1.2568)	(−0.9772)	(1.7739)	(2.1330)	(1.9910)
Size	0.3684**	0.3612**	0.2978***	0.2145***	0.2367**	0.2899**
	(2.4128)	(1.9874)	(3.4034)	(4.5071)	(2.4120)	(2.1855)
ROA	0.1574**	0.1456***	0.1355**	0.1471***	0.1467***	0.1472***
	(2.5683)	(2.6749)	(2.5405)	(3.2074)	(3.1115)	(3.1856)
Lev	−0.1715*	−0.1707**	−0.2072***	−0.1736**	−0.1727***	−0.1740***
	(−1.9890)	(−3.2405)	(−3.1029)	(−2.1895)	(−3.1415)	(−3.2008)
CFR	0.0527	0.0731	0.0626	0.0675	0.0578	0.0475
	(0.2036)	(0.2972)	(0.2469)	(0.6019)	(0.5908)	(0.4769)

续表

Variables	中央国有上市公司			地方国有上市公司		
	(1)	(2)	(3)	(4)	(5)	(6)
	lnPatent$_{t+1}$	lnPatenti$_{t+1}$	lnPatentud$_{t+1}$	lnPatent$_{t+1}$	lnPatenti$_{t+1}$	lnPatentud$_{t+1}$
Top1	0.0019	0.0014	0.0017	0.0012	0.0008	0.0011
	(0.6488)	(0.5057)	(0.6091)	(0.4157)	(0.2846)	(0.3701)
Growth	0.0213***	0.0247***	0.0179***	0.0291***	0.0198***	0.0202***
	(4.2064)	(4.3040)	(4.2178)	(4.6460)	(4.8005)	(4.5029)
Age	−0.1107***	−0.1123***	−0.1056**	−0.1451***	−0.1486***	−0.1520***
	(−2.7595)	(−3.2151)	(2.5611)	(−4.5422)	(−4.6737)	(−3.3958)
Year fixed	YES	YES	YES	YES	YES	YES
Ind fixed	YES	YES	YES	YES	YES	YES
N	1 995	1 995	1 995	3 137	3 137	3 137
Pseudo R^2	0.1023	0.0978	0.1014	0.0942	0.1055	0.0910
F	10.5174	12.3578	11.9135	87.4512	46.1275	108.1692

注：括号内为t值，***、**、*分别表示1%、5%、10%的显著性水平。

4.5 稳健性与内生性检验

4.5.1 替换代理变量

本书在主回归时借鉴权小锋和吴世农（2010）[24]、刘星等（2012）[25]的做法采用主成分分析合成了高管权力指标Power1，在稳健性检验中参考张祥建等（2014）[64]和赵毅等（2016）[27]的做法以高管权力八个维度的算术平均值合成Power2进行回归检验，以验证结论的稳定性。

表4-15为更换了高管权力代理变量的回归结果，模型（1）、（2）的被解释变量为创新投入强度（RDsale$_{t+1}$/RDsize$_{t+1}$），模型（3）、（4）和（5）的被解释变量为创新总产出（lnPatent$_{t+1}$）、实质性创新（lnPatenti$_{t+1}$）和策略性创新（lnPatentud$_{t+1}$）。模型（1）、（2）的检验结果显示，在控制变量不发生改变的情况下，Power2与RDsale$_{t+1}$在10%水

平上显著正相关，其系数为0.3413，与RDsize$_{t+1}$的系数为0.3251，在5%水平上显著正相关；模型（3）、（4）和（5）的结果显示，Power2与创新产出各指标至少在10%水平上显著正相关，回归结果再次支持了假设H4.1a，即高管权力与企业创新水平正相关，结论稳健。

表4-15　　　　　　　稳健性检验——替换代理变量

Variables	(1)	(2)	(3)	(4)	(5)
	RDsale$_{t+1}$	RDsize$_{t+1}$	lnPatent$_{t+1}$	lnPatenti$_{t+1}$	lnPatentud$_{t+1}$
Power2	0.3413*	0.3251**	0.1869*	0.3054***	0.0629*
	(1.7590)	(2.3245)	(1.7387)	(2.8993)	(1.9537)
Size	1.8275***	0.7375***	0.2745***	0.3368***	0.2389***
	(9.4924)	(10.1236)	(5.1544)	(6.4689)	(3.7290)
ROA	3.0497**	2.3952***	2.3731***	1.7502***	2.6882***
	(2.0796)	(3.8145)	(5.3376)	(4.2319)	(4.3996)
Lev	−3.2129***	−0.9150***	−0.3050**	−0.3150**	−0.0729
	(−6.6368)	(−4.6737)	(−2.0551)	(−2.1930)	(−0.3635)
CFR	2.2085**	0.9190**	0.1073	0.4051	−0.3999
	(2.3319)	(2.2188)	(0.3761)	(1.4738)	(−1.1409)
Top1	−1.6816***	−0.6557***	−0.0739	0.0262	−0.3041
	(−3.2330)	(−3.0311)	(−0.4048)	(0.1491)	(−1.3565)
Growth	2.0335***	0.6459***	0.2791***	0.1661***	0.3031***
	(11.4957)	(9.9014)	(5.8066)	(3.5971)	(5.1607)
Age	−0.2005**	−0.0673*	0.0584*	−0.0035	0.1202***
	(−2.3139)	(−1.7250)	(1.8770)	(−0.1175)	(3.0543)
cons	6.4207***	3.6261***	−10.1422***	−9.5361***	−11.1391***
	(3.9422)	(5.1426)	(−16.8647)	(−15.8963)	(−14.6023)
Year fixed	YES	YES	YES	YES	YES

	(1)	(2)	(3)	(4)	(5)
Ind fixed	YES	YES	YES	YES	YES
N	10 112	10 112	11 586	11 586	11 586
Adjusted / Pseudo R^2	0.4222	0.3392	0.1177	0.1051	0.0843
F	23.1017	29.1072	45.1856	30.0090	39.5819

注：括号内为 t 值，***、**、*分别表示 1%、5%、10%的显著性水平；当被解释变量为 RDsale（RDsize）时使用 OLS 回归，列示的是 Adjusted R^2；当被解释变量为 lnPatent 时使用 Tobit 回归，列示的是 Pseudo R^2。

综上所述，在替换了代理变量后本书结论仍然稳健。

4.5.2　改变估计模型

在主回归以创新投入强度为解释变量时，使用的是 OLS 回归，并对公司代码进行了聚类分析和稳健性标准误的调整。相对于 OLS 回归，分位数回归（Quantile Regression）可以估计出样本中的如四分位、十分位或百分位等重要分位数，因此可更为详细地描述信息。同时，分位数回归既能准确描述解释变量对被解释变量的变化范围和条件分布形状的影响，也可以有效克服 OLS 回归易受极端值影响的弊端，总体而言分位数估计比 OLS 回归系数估计更加稳健。综上，本章采用分位数回归模型对高管权力对企业创新投入的影响进行了检验，如表 4-16 中模型（1）、（2）所示，Power1 的系数仍然在 5% 和 1% 水平上显著为正，与主回归结论一致。

在进行主回归以创新产出为解释变量时，根据专利申请数非负的特点，在主回归时使用的是 Tobit 回归。同时专利申请数量也符合泊松分布的特点，借鉴 Sunder et al.（2017）[260]的做法，在稳健性检验中使用泊松回归（Poisson Regression）。在泊松回归中为了保持其分布特点，对于极端值进行上下 1% 的截尾处理（非缩尾）。如表 4-16 中模型（3）、（4）所示，Power1 系数分别为 0.0169、0.0297，并分别在 5% 和 1% 水平上显著正相关，模型（5）中 Power1 的系数为正并不显著，其 t 值为 1.5870，接近 10% 的显著性水平，从总体上支持了高管权力与创新产出水平正相关的假设，与主回归结论一致。

表4-16　　　　　　　　稳健性检验——改变估计模型

Variables	分位数回归		泊松回归		
	(1)	(2)	(3)	(4)	(5)
	$RDsale_{t+1}$	$RDsize_{t+1}$	$lnPatent_{t+1}$	$lnPatenti_{t+1}$	$lnPatentud_{t+1}$
Power1	0.4272**	0.2654***	0.0169**	0.0297***	0.0066
	(2.2603)	(2.8950)	(2.0928)	(2.9831)	(1.5870)
Size	0.6633***	−0.8039***	0.0352**	0.0682***	0.0634**
	(8.2128)	(−20.5913)	(2.0661)	(3.2806)	(2.1005)
ROA	4.9386***	2.7857***	0.8641***	1.0290***	0.5646*
	(5.1392)	(6.0054)	(4.8813)	(5.1935)	(1.8633)
Lev	−1.5265***	−0.6087***	−0.0456	−0.1149*	0.1588
	(−5.7664)	(−4.7556)	(−0.8771)	(−1.8414)	(1.6071)
CFR	0.3764	0.7756**	−0.2026**	−0.1228	−0.1452
	(0.5855)	(2.4915)	(−2.1361)	(−1.1179)	(−0.8702)
Top1	−0.6895***	−0.2220*	−0.0991	−0.1206	−0.0858
	(−2.6387)	(−1.7501)	(−1.5023)	(−1.5466)	(−0.7060)
Gorwth	−0.9330***	0.6960***	0.0847***	0.0691***	0.1041***
	(−12.5328)	(19.4070)	(5.3860)	(3.6665)	(3.7224)
Age	−0.0640	−0.0233	0.0047	−0.0144	0.0848***
	(−1.2224)	(−0.9186)	(0.4160)	(−1.0933)	(3.6162)
cons	6.2962***	3.2664***	−1.7000***	−2.3352***	−3.6436***
	(6.3266)	(6.7652)	(−9.1885)	(−10.3587)	(−10.3127)
lnalpha	—	—	−2.9766***	−2.4832***	−0.5170
	—	—	(−6.0346)	(−5.1760)	(−1.5550)
Year fixed	YES	YES	YES	YES	YES
Ind fixed	YES	YES	YES	YES	YES
N	10 112	10 112	9 411	9 389	9 388
Pseudo R^2	0.2393	0.2135	—	—	—
Log likelihood	—	—	−1 278.465	−1 174.782	−1 190.78
Wald chi^2	—	—	416.20	520.52	256.59

注：括号内为t值，***、**、*分别表示1%、5%、10%的显著性水平；当为分位数回归时，报告Pseudo R^2；当为泊松回归时，报告Log likelihood和Wald chi^2。

综上所述，在改变了回归方法后本书结论仍然稳健。

4.5.3 重新构建子样本

为了减少样本偏差对研究结果的影响，本章构建了新的子样本。由于主要研究高管权力对企业技术创新水平的影响，对于技术创新投入和产出而言，制造业、高新技术产业等涉及较多，因此对研究样本进行进一步的筛选。根据中国证券监督管理委员会在 2012 年修订的《上市公司行业分类指引》，选取电子、机械设备、仪表、生物制造、信息技术等行业的公司作为研究样本对模型进行重新检验，再剔除变量缺失样本后，创新投入共有 6 431 个观测值，创新产出共有 7 125 个观测值。子样本回归结果如表 4-17 所示，在 Panel A 中，高管权力对创新投入在非国有上市公司中显著正相关（5% 或 10% 水平上），而在国有上市公司中并不显著，支持假设 H4.2；在 Panel B 中，在非国有上市公司中高管权力与实质性创新显著正相关（系数为 0.1369，在 1% 水平上显著），而在国有上市公司中高管权力与策略性创新显著正相关（系数为 0.0974，在5% 水平上显著），支持假设 H4.3。

表4-17 **稳健性检验——构建子样本**

Panel A 异质性产权性质下高管权力对创新投入的影响

Variables	非国有上市公司		国有上市公司	
	(1)	(2)	(3)	(4)
	$RDsale_{t+1}$	$RDsize_{t+1}$	$RDsale_{t+1}$	$RDsize_{t+1}$
Power1	0.8489**	0.3785*	−0.0645	0.2177
	(2.1283)	(1.9282)	(−0.1198)	(0.7636)
Size	1.6325***	0.9517***	0.8552***	0.9125***
	(7.2675)	(8.6433)	(3.1946)	(7.0636)
ROA	7.4349***	2.9772***	7.2237***	5.7650***
	(3.7902)	(3.0271)	(2.6693)	(3.9463)
Lev	−2.8934***	−1.0337***	−0.8487	0.0164
	(−4.8492)	(−3.6911)	(−1.1250)	(0.0438)

续表

Variables	非国有上市公司		国有上市公司	
	(1)	(2)	(3)	(4)
	RDsale$_{t+1}$	RDsize$_{t+1}$	RDsale$_{t+1}$	RDsize$_{t+1}$
CFR	1.3079	0.4899	−0.9038	−0.0374
	(0.9215)	(0.8096)	(−0.5252)	(−0.0384)
Top1	−1.2305*	−0.5855*	0.2415	−0.2143
	(−1.7259)	(−1.8161)	(0.2811)	(−0.5485)
Growth	1.9753***	0.8848***	1.1607***	0.7175***
	(10.3587)	(9.2075)	(4.5658)	(5.6467)
Age	0.0581	0.0137	−0.5962***	−0.1970**
	(0.4197)	(0.2025)	(−3.0436)	(−2.2147)
cons	8.8505***	3.8919***	7.5093***	5.0717***
	(2.9625)	(2.8347)	(3.1529)	(4.0251)
Year fixed	YES	YES	YES	YES
Ind fixed	YES	YES	YES	YES
N	3 774	3 774	2 657	2 657
R^2	0.3729	0.2651	0.3930	0.3780
Adjusted-R^2	0.3680	0.2594	0.3828	0.3675
F	20.3519	20.5286	16.4625	22.6278

注：括号内的数字为经公司聚类和异方差调整的稳健性标准误对应的t值；***、**、*分别表示1%、5%、10%的显著性水平。

Panel B 异质性产权性质下高管权力对创新产出的影响

Variables	非国有上市公司			国有上市公司		
	(1)	(2)	(3)	(4)	(5)	(6)
	lnPatent$_{t+1}$	lnPatenti$_{t+1}$	lnPatentud$_{t+1}$	lnPatent$_{t+1}$	lnPatenti$_{t+1}$	lnPatentud$_{t+1}$
Power1	0.0902**	0.1369***	0.0110	0.0668*	0.0263	0.0974**
	(2.0258)	(3.1801)	(0.1994)	(1.9091)	(0.8235)	(2.0886)

续表

Variables	非国有上市公司			国有上市公司		
	(1)	(2)	(3)	(4)	(5)	(6)
	$\ln\text{Patent}_{t+1}$	$\ln\text{Patenti}_{t+1}$	$\ln\text{Patentud}_{t+1}$	$\ln\text{Patent}_{t+1}$	$\ln\text{Patenti}_{t+1}$	$\ln\text{Patentud}_{t+1}$
Size	0.3245***	0.3870***	0.2923***	0.2552***	0.3420***	0.1510
	(3.4054)	(4.2801)	(2.6531)	(3.2579)	(4.8997)	(1.5237)
ROA	2.8148***	2.0030**	4.3393***	3.9873***	3.4872***	3.7195***
	(3.2277)	(2.5053)	(3.5887)	(5.4931)	(5.2418)	(3.7545)
Lev	−0.1720	−0.3399	0.3014	0.1710	0.0995	0.4216
	(−0.6325)	(−1.2659)	(0.8519)	(0.7862)	(0.4931)	(1.4311)
CFR	0.3272	0.7752	−0.9078	−0.2830	0.0357	−0.6388
	(0.5806)	(1.5049)	(−1.2770)	(−0.6863)	(0.0914)	(−1.1849)
Top1	−0.0030	0.0887	−0.2509	−0.0536	0.0483	−0.3786
	(−0.0085)	(0.2741)	(−0.5788)	(−0.2189)	(0.2082)	(−1.1915)
Growth	0.2153**	0.1011	0.2466**	0.2770***	0.1532**	0.2933***
	(2.5095)	(1.2555)	(2.4245)	(4.0770)	(2.5359)	(3.2489)
Age	−0.0310	−0.0769	0.0381	0.0906*	−0.0055	0.2193***
	(−0.4402)	(−1.2260)	(0.4255)	(1.9304)	(−0.1314)	(3.4535)
cons	−10.2731***	−9.5175***	−11.6762***	−8.9086***	−8.8741***	−8.0565***
	(−10.5804)	(−10.1051)	(−9.5225)	(−7.8782)	(−8.3665)	(−5.6895)
Year fixed	YES	YES	YES	YES	YES	YES
Ind fixed	YES	YES	YES	YES	YES	YES
N	4 042	4 042	4 042	3 083	3 083	3 083
Pseudo R^2	0.1211	0.1152	0.0887	0.1014	0.0953	0.0904
F	23.3970	17.1442	25.0963	21.1421	14.6242	21.8742

注：括号内为 t 值，***、**、*分别表示 1%、5%、10% 的显著性水平；当被解释变量为 $\ln\text{Patent}_{t+1}$ 时使用 Tobit 回归，列示的是 Pseudo R^2。

综上所述，在构建子样本后本书结论仍然稳健。

4.5.4 工具变量法

在假设H4.6中由于地方国有企业高管权力、金字塔层级对企业创新产出的回归结果还可能存在因遗漏变量而导致潜在的内生性问题。借鉴已有研究，本章主要研究的是企业高管权力对企业创新产出的影响，在假设H4.6中进一步考察了地方国有企业金字塔层级对创新产出的调节作用，参考Zhang et al. (2016)[259]的研究，本书采用行业平均的金字塔层级作为工具变量，由于行业金字塔层级与公司金字塔层级具有较强的相关性，但不会影响企业创新产出水平，满足工具变量的使用条件。采用工具变量Tobit两步法对模型（4.6）进行回归以排除内生性问题。在第一阶段，估计行业金字塔层级与地方国有上市公司的金字塔层级是否具有相关性；在第二阶段，使用第一阶段的拟合值作为第二阶段的解释变量，以判断在排除内生性问题后，结论是否保持一致。对工具变量进行Sargen检验的结果显示，P值分别为0.2341、0.3274和0.2237，都大于0.1，说明不存在过度识别问题。如表4-18所示，在模型（1）中行业金字塔层级（MLAY）在5%水平上与公司金字塔层级（LAY）正向相关，满足相关性要求，说明工具变量选择较为合理。在模型（2）~（4）中，以行业金字塔层级及行业金字塔层级与高管权力的交互项分别作为工具变量，其结果显示，LAY×Power1的系数基本在10%水平上显著为正，模型（3）的t值为1.6011，接近10%显著性水平，支持假设H4.6，前文的结论仍然成立。

表4-18　　　　　　内生性检验——工具变量法

Variables	第一阶段	第二阶段		
	(1)	(2)	(3)	(4)
	LAY	$lnPatent_{t+1}$	$lnPatenti_{t+1}$	$lnPatentud_{t+1}$
MLAY	0.1175**	—	—	—
	(2.1384)			
Power1	—	0.0215**	0.0235**	0.0122*
		(2.1236)	(1.9910)	(1.8890)

续表

Variables	第一阶段	第二阶段		
	(1)	(2)	(3)	(4)
	LAY	lnPatent$_{t+1}$	lnPatenti$_{t+1}$	lnPatentud$_{t+1}$
LAY×Power1	—	0.3023*	0.1922	0.0553**
		(1.9213)	(1.6011)	(2.3410)
LAY	—	0.0245**	0.0324*	0.0154*
		(2.3411)	(1.7820)	(1.6993)
Size	—	0.3124***	0.2576**	0.3502***
		(6.1085)	(2.3144)	(4.2351)
ROA	—	0.2103***	0.2765***	0.1852***
		(4.5012)	(5.216)	(4.1109)
Lev	—	−0.1584**	−0.1870***	−0.1976***
		(−2.3241)	(−3.5685)	(−2.8546)
CFR	—	0.0476	0.1275*	0.1025
		(0.4325)	(1.6641)	(0.5642)
Top1	—	0.0124	0.0254	0.0096
		(0.4157)	(0.2846)	(0.5798)
Growth	—	0.0114**	−0.0198*	0.0312*
		(2.3140)	(−1.9920)	(1.7644)
Age	—	0.2341	−0.1980**	0.1084**
		(1.2451)	(−2.0375)	(2.3958)
Year/ Ind fixed	YES	YES	YES	YES
N		3 136	3 136	3 136

注：括号内为t值，***、**、*分别表示1%、5%、10%的显著性水平。

综上所述，在使用工具变量法克服了可能的内生性问题后结论仍然稳健。

4.6 本章小结

高管位于科层结构顶端，在企业经营决策活动中拥有自由裁夺权及决策权，高管权力是影响企业技术创新的核心因素，高管既具有自利性也可能是以股东价值最大化为目标，同时创新本身可分为以追求技术进步为目的的实质性创新和以其他私利为目的的策略性创新。本章实证考察了高管权力对企业技术创新中创新投入、实质性创新产出和策略性创新产出的影响，并在此基础上进一步研究了异质性产权下高管权力对企业创新的差异化影响。实证研究发现：

第一，从总体来说，高管权力对企业创新投入和企业创新产出水平都具有促进作用，可以通过激发高管手中的权力促进企业的创新水平。但据此并不能归因于高管是出于股东利益最大化、发挥企业家精神而激发了创新意愿和竞争意识进而促进了企业创新水平，因此对不同产权性质的企业进行了进一步的研究。

第二，在非国有上市公司中，高管权力与企业创新投入和创新产出都呈现正相关关系。这一方面由于非国有上市公司面临更为严峻的市场竞争环境，创新成为其生存和发展的关键途径，强烈的创新意愿促使高管基于企业家精神不断追求企业创新，同时较少冗员负担和政府干预，从而高管权力促进了实质性创新的投入和产出；另一方面高管来自于或受命于控股股东，两者结合而成的高管权力在一些企业中可能具有"掏空"动机，会以创新为借口而进行过度投资和策略性创新行为，从而促进策略性创新的投入和产出。

第三，在国有上市公司中，高管权力与企业创新投入不相关，其原因是创新是具有不确定性的长期投资活动，国企高管作为理性经济人，为了满足其职位固守、晋升以及获取权力收益的需要会谨慎衡量投入产出比，在有限的任期内不会大规模地进行创新投入，同时其"政治人"身份会对创新投入具有挤出效应；高管权力与策略性创新呈现显著的正相关关系，主要因为以结果为导向的业绩考核和政府补贴都为国企高管进行策略性创新提供了条件，同时政府干预对国有企业高管进行创新决策具有重要影响，往往会倾向于具有其他目的的策略性创新而非实质性创新。

第四，对国有上市公司进一步细分为中央国有上市公司和地方国有上市公司，实证结果发现与中央国有上市公司相比，地方国有上市公司高管权力与策略性创新正相关关系更显著，其主要因为中央国有上市公司更多承担国家经济发展和国家创新竞争力提升的重任，同时受到媒体等社会各界监督，高管权力的机会主义动机受到牵制，在创新方面更多表现为对实质性创新的促进作用；而地方国有上市公司受政府干预程度较高，创新意愿减弱、创新资源受限，高管为了晋升或职位固守，在创新方面表现为对策略性创新的促进作用。

第五，在国有上市公司中对其加入金字塔层级对高管权力与企业创新产出的调节作用，当金字塔层级增加时，可以在保证政府控制下对权力进行下放，减少了政府干预程度，加强了市场化经营管理，有助于促进高管权力按照市场化规则承担创新风险。实证研究发现金字塔层级越多，在地方国有上市公司中高管权力对实质性创新的影响越明显，支持了以上的分析推理。

第5章 高管权力与股价崩盘风险关系实证检验

我国资本市场发展进程中一直伴随着股价的"暴涨暴跌"现象。相比股价暴涨，股价暴跌更易引起市场恐慌，不仅造成投资者财富"瞬间挥发"，动摇投资信心，还严重影响金融市场的稳定运行，对实体经济的健康发展造成极大冲击。同时我国股票市场起步晚、信息透明度低以及其他制度缺陷，导致我国股价崩盘风险很高。关于个股股价崩盘风险的形成机理（在第2章中已进行了详细解析），学术界普遍认为主要是由企业内部代理问题引起的信息不对称所致。

在现有研究中，鲜有学者结合我国经济转型期的制度背景分析高管权力对股价崩盘风险的影响。高管位于科层结构顶端（Adams et al.，2005[70]），凭借其组织地位、信息优势以及个人特征优势形成权力并通过影响股东大会和董事会的决策或意愿使权力不断提升（Lambert et al.，1993[16]），在两权分离后很可能掌握着企业的控制权。高管权力越大，在企业中"话语权"越强，所受监督越弱，高管越有可能基于薪酬、晋升或期权等自利而引发信息披露不全或财务信息造假（Kothari et al.，

2009[168]），进而增加股价崩盘风险。但操纵信息行为在一定程度上取决于上市公司控制权是否由高管掌握。

因此，本章以股价崩盘风险为切入点，考察如下几个问题：①在我国特殊制度背景下位于科层顶端的高管，其权力是否会对股价崩盘风险产生影响？②在异质性产权和股权结构下高管权力是否对股价崩盘风险产生差异性影响？③高管权力对股价崩盘风险的影响机制如何？

5.1 理论分析与研究假设

5.1.1 高管权力与股价崩盘风险关系的理论分析与研究假设

Finkelstein（1992）[35]总结性地将高管权力定义为"高管控制企业战略向自己意愿方向发展的能力"，认为高管权力是管理层对股东大会或董事会制定、执行决策的影响力，甚至能够左右企业的战略决策。Bebchuk et al.（2002[19]，2003[88]）提出的管理层权力理论认为，公司治理的不完备（管理层与股东合谋或两职兼任等情况），使管理层凌驾于董事会之上，管理层利用其权力实现自身利益最大化同时损害了股东利益。

由此可见，学者们在理论上达成共识，高管权力的增加使管理层机会主义动机得以实现，并且在实证方面也得到了印证。首先，管理层利用权力自定薪酬获取私有收益。Dyck et al.（2004）[238]的研究证实权力较大的高管为了提升其私有收益和人力资本，在进行项目投资时不惜牺牲所有股东利益。Berrone 和 Otten（2008）[261]检验多国数据样本发现，管理层为获取更多的私有收益自行设定薪酬，高管权力越大，薪酬水平越高。我国学者卢锐（2008[22]，2008[48]）实证检验了以上结论在我国同样适用，并进一步证实了高管权力降低了管理层薪酬业绩敏感性，提高了在职消费（隐性薪酬机制），使薪酬激励机制转化为代理问题的一部分。王烨等（2012）[262]研究发现，在公司内部治理弱化的情况下，管理层会利用其控制权影响股权激励的制定，使股权激励成为管理层寻租的工具。其次，管理层利用权力进行投资行为成为其获取私有收益的另一途径，相比自定薪酬、股权激励，投资行为更具隐蔽性，为管理层私建企业帝国提供可能。Neo 和 Rebello（1997）[263] 的研究表明，权力较大且短期内不会离任的高管倾向于长期投资项目从而获得长期收益。代彬和彭程等（2012）[55] 实证发现管理层权力强度与企业投资水平正相关。白俊和连立帅（2014）[60] 研究发现在经济转型的背景下，受到管理层自利行为的影响国有企业投资具有非效率倾向。谭庆美（2015）[101]、王嘉歆（2016）[102] 得到同样结论。最后，管理层利用权力进行职位固守或政治晋升。刘星等（2012）[25] 研究发现，在国有企业中高管权力的提升会降低因业绩差而被更换的可能，有利于管理层进行职位固守。

通过以上学者基于理论和实证的探讨发现企业高管存在"报喜不报忧"消息管理行为（Core et al.，2003[264]），其根源是为了掩盖其自利动机和寻租行为，实现获取私有收益、政治晋升或私建企业帝国的目的，通常会进行盈余管理、操纵信息披露或其他伪装，从而加剧了企业资本市场上的股价崩盘风险。

此外，从行为金融学非理性经济人假设来说，高管权力的增加也激发了管理者过度自信。Keltner et al.（2003）[219] 提出了权力的接近/抑制理论，该理论认为当个体权力较大时，会激发行为接近系统，此时更关注行为的正面产出，作为高管会更加确信自身有控制未来事件能获得成功的能力，表现为过度自信。过度自信的高管容易高估自身能力，对投资项目的未来现金流量和公司业绩持乐观态度，同时低估投资项目的风险（Malmendier 和 Tate，2005[156]）。姜付秀等（2009）[157] 也研究发现过度自信的高管倾向于乐观估计决策成功的可能性，在夸大企业规模的同时低估相关风险，企业易陷入财务困境。Schrand 和 Zechman（2012）[265] 研究认为高管过度自信使其在财务困境中对未来有良好预期，做出较为乐观的盈利预测，致使财务报告披露不真实，有夸大成分。同时权力越大的高管对决策影响力越大，并且增加公司的经营风险、业绩波动性（Adams et al.，2005[70]；权小锋和吴世农，2010[24]）和风险承担能力（李海霞和王振山，2015[26]），过度自信的高管会在此基础上更加低估企业所面临的风险。可见，高管权力激发了管理者的过度自信，进而影响企业的决策，对信息披露较为乐观，脱离实际，增加了企业经营风险，从而加剧了股价崩盘风险。

基于以上分析，提出以下研究假设：

H5.1：在限制性条件下，高管权力与未来股价崩盘风险呈正相关。

5.1.2 高管权力、产权性质与股价崩盘风险

如前文所述，在我国新兴且转型的制度背景为高管权力的产生和发展提供了特殊的环境。根据 Coase et al.（1937）[17] 提出的新制度经济学理论，产权是约束经济人利益最重要的条件，产权环境不同经济人行为也会随之改变。由于产权性质不同，高管权力所反映的代理问题也会具有异质性，其对股价崩盘风险会产生差异性的影响。

（1）非国有上市公司高管权力与股价崩盘风险

①股权相对分散（经理人控制）、高管权力与股价崩盘风险

现代公司制的典型特征是经营权与所有权相分离，理性经济人是其最核心的基本假设。作为理性经济人的管理层与股东由于双方目标函数不一致而引发委托代理冲突（Jensen 和 Meckling，1976[7]），表现为第一种代理问题。在股权分散的情况下，管理层凭借信息不对称优势弱化董事会等监督约束机制，凌驾于董事会之上，使其自身效用最大化的机会主义行为成为可能。董事会会将其受托的剩余控制权转移给管理层，股东因较为分散，在行使监督权时持观望态度即"搭便车"行为，管理层以牺牲股东利益为代价通过有效的权力获得控制权私有收益，同时经理人市场、控制权市场等外部监督机制较弱（Grossman 和 Hart，1986[199]），使得管理层作为最终代理人会在享受特定控制权的同时拥有剩余控制权，为高管权力的形成和发展提供了先天条件。Bebchuk 和 Fried（2002）[19] 对此种情况提出管理层权力理论，认为管理层是企业契约关系的核心，在企业经营管理、资本运作甚至战略决策中拥有绝对权力，利用手中权力降低工作努力程度、增加薪酬（显性或隐性）或进行非效率投资来实现自身利益最大化而损害了股东利益。

在我国，股权较为分散的非国有上市公司占比较小，股东权力相对

较弱难以形成有效的监督和约束时，此时为经理人控制。管理层利用不断扩大的权力获取控制权收益并损害股东利益，更多表现为股东与管理层之间的代理问题，即第一类代理问题。管理层可隐藏坏消息、自由选择披露信息的内容或时机（潘越等，2011[40]），当外部投资者感觉到企业可能存在的不良信息时，隐藏的坏消息可能被集中释放，未来股价崩盘风险就会急剧上升。

基于以上分析，提出以下研究假设：

H5.2：在限制性条件下，在股权分散的非国有上市公司中，高管权力与未来股价崩盘风险呈正相关；相对大股东抑制了两者的正相关关系。

②股权集中（非经理人控制）、高管权力与股价崩盘风险

在我国，绝大部分非国有上市公司呈现股权集中的现象。从全球治理趋势而言，股权集中占主导地位的控制性股东越来越普遍。在股权较为集中的公司中，股东为实现自身利益制定契约，企业的剩余控制权由股东所掌握，而特定控制权按照契约分配给管理层（Hart 和 Moore，1990[200]），大股东的有效监督降低了管理层控制的可能性，制约了高管权力的形成和发展，促使管理层按照契约进行经营管理实现股东利益最大化。相对于西方国家高度分散的股权结构，在我国，股权相对集中的非国有上市公司占多数，表现为经理人控制。大股东与中小股东的代理冲突（第二类代理问题）已经取代了股东与管理层之间的代理冲突（第一类代理问题），同时面临制度环境不健全、经理人市场不完善的情况，大股东具有抑制高管权力攫取私利缓和第一类代理问题的作用（Shleifer 和 Vishny，1997[189]）。同时股价一旦崩盘，作为大股东来说财富瞬间大幅缩水，为了保证自身利益，拥有较强控制权的大股东能够及时监督和制约高管以损害股东利益为代价的机会主义行为，减少双方信息不对称和信息操纵。我国目前公司治理中仅大股东持股比例对高管自利行为产生约束，其他治理结构几乎无显著影响（吴育辉和吴世农，2010[68]）。

由此可见，随着大股东控制权的增加可以制约高管权力，管理层只具有"发言权"和"执行权"而不再具备"决策权"和"控制权"，失

去"权力"的高管无法实施捂盘行为或操控公司信息，可能不再具有影响股价崩盘风险的能力；或者大股东控制权有助于监督高管可能的捂盘或操纵行为，使高管权力与股价崩盘风险的正相关关系减弱。

另外，也应看到股权集中的公司中随着大股东控制权的增加，大股东可能利用公司资源谋取私利，侵占中小股东利益（LLSV，1999[193]；Claessens et al.，2002[14]）。尤其是公司因仅存在唯一大股东，在股权结构为"一股独大"的情况下，该控股股东凭借其控制权优势，很可能为了掩盖攫取私有收益的行为而隐藏坏消息并操纵公司利润，导致坏消息持续发酵后被集中释放，最终导致股价崩盘（姜付秀等，2018[173]）。大股东成为控制人后拥有控制权和决策权，在非国有上市公司中控股股东往往与管理层重合（高管来自控股股东本人、亲属或由控股股东委派），当高管与大股东合谋表现为控股股东权力时，高管权力为最大（卢锐，2008[22]），实际控股股东并未发挥监督作用，而是控股股东权力与高管权力相叠加导致更为严重的"掏空"和信息操纵行为，使高管权力与股价崩盘风险的正相关关系增强。

通过以上分析，可以发现控股股东可能对高管权力发挥监督和抑制作用，也可能与高管合谋或表现为高管权力，因此高管权力与股价崩盘风险的关系并不确定。为了保证研究结论的可靠性，提出竞争性假设，分别为H5.3a、H5.3b和H5.3c。

H5.3a：在限制性条件下，在股权集中的非国有上市公司中，高管权力与未来股价崩盘风险不显著。

H5.3b：在限制性条件下，在股权集中的非国有上市公司中，高管权力与未来股价崩盘风险呈正相关关系；实际控股股东持股比例越高，高管权力与未来股价崩盘风险的正相关关系越弱。

H5.3c：在限制性条件下，在股权集中的非国有上市公司中，高管权力与未来股价崩盘风险呈正相关关系；实际控股股东持股比例越高，高管权力与未来股价崩盘风险的正相关关系越强。

（2）国有上市公司高管权力与股价崩盘风险

国有控股上市公司占全部上市公司的半壁江山，行政干预下的"内部人控制"是我国转型经济中的国有企业基本的治理特征（钟海燕等，2010[266]），也是高管权力产生和发展的另一个前提条件。由第3章制度背景分析发现国企的产权改革是国家不断放权让利、高管权力不断增强的过程。我国国有企业"一股独大"的股权结构，使企业剩余控制权并未下放到企业而始终在国家（政府）手中，作为大股东的"国家"拥有企业的控制权，但作为实际控股主体的国家（全体公民）是虚拟人，必须通过国有资产管理公司和各级政府代为行使其真正权力（侯青川等，2015[267]）。在行使权力的过程中，往往出现政府或官员权力与责任不对等的"廉价投票权"现象，所有者的"缺位"使公司的实际控制权不可避免地转移到各级政府委派的管理层手中，本应在股权集中的结构下大股东发挥良好的监督作用，但在国有上市公司中很多表现为管理层自我监督的状况。真正的股东缺乏行使控制权和监督权的基础（权小锋等，2010[80]），内部治理机制弱化，形成严重的内部人控制。此时股东与管理层为各自独立的主体，股东并不会为了管理层私利而对中小股东进行利益侵占，更多表现为第一种代理问题。随着高管权力的增加，为了满足高管自身强烈的自利动机和政治动机，越易通过各种方式进行显性（薪酬、股权激励）与隐性（职位晋升、在职消费）补偿以及获得控制权收益。辛清泉和谭伟强（2009）[268]研究发现，当薪酬无法对国企高管的工作努力和才能做出有效激励时，高管追求在职消费和过度投资等私人收益动机就会加大。同时权力扩大激发了高管进行盈余管理的动机和能力（吕长江和赵宇恒，2008[28]），从而使公司信息披露质量下降，公司的不良信息会在资本市场中不断累积。

相比于非国有企业，一方面从外部监督来说，国有企业除了受到制度环境监督和约束外，还要受到上级政府部门的监管。随着国资委对国有企业监管细则的实施，对高管权力的发挥有了显著的抑制性作用。而非国有企业的高管权力来自控股股东，两者叠加使权力更大，而且所受股东制约和政府监管较少，为其扩大私利进而实施利益侵占、进行捂盘以及操纵信息提供了更为便利的条件。另一方面从国有企业的高管自身特性来说，他们与政府具有千丝万缕的联系，往往具有较强的政治动机，"不求有功但求无过"是国有企业管理层一种相当普遍的追求（苏坤，2017[64]），高管自身相对谨慎、风险偏好较弱。Chen et al. (2018)[269] 指出在我国国有上市公司中，高管处于内部流动的劳动力市场，出于职业生涯和政治前途的考虑，他们在管理公司时往往更为谨慎，倾向于规避风险，高管在金字塔式的政治层级越高，越有助于降低股价崩盘风险。

基于以上分析，提出以下研究假设：

H5.4：在限制性条件下，国有上市公司中高管权力与未来股价崩盘风险呈正相关关系；相比于国有上市公司，非国有上市公司中高管权力与股价崩盘风险的正相关关系更加显著。

5.2 研究设计

5.2.1 变量定义与模型构建

（1）变量定义

①被解释变量——股价崩盘风险（CR）

CR 为股价崩盘风险的代理变量，借鉴已有研究崩盘风险的文献（Hutton et al.，2009[11]；Kim et al.，2011a[169]，2011b[174]；许年行等，2013[185]；王化成等，2015[79]；姜付秀等，2018[173]），本书采用负收益偏态系数（NCSKEW）和收益波动率（DUVOL）衡量样本公司的股价崩盘风险，具体计算步骤如下：

首先，利用股票的周收益数据，计算股票经过市场和行业调整后的模型的拟合度和周收益率的残差。

$$R_{i,t} = \alpha_i + \beta_1 R_{m,t-2} + \beta_2 R_{m,t-1} + \beta_3 R_{m,t} + \beta_4 R_{m,t+1} + \beta_5 R_{m,t+2} + \varepsilon_{i,t} \tag{5.1}$$

其中，$R_{i,t}$ 表示股票 i 第 t 周的收益率，$R_{m,t}$ 是经过第 t 周的市场收益率，两者均采用"考虑现金红利再投资的周收益率"；在模型（5.1）中加入市场收益率的超前项和滞后项是为了减少非同步交易可能带来的偏差；残差 $\varepsilon_{i,t}$ 表示经过市场调整后的个股周收益率。

其次，依据周收益率的残差 $\varepsilon_{i,t}$，计算出股票 i 在 t 周的公司特有周收益率（$W_{i,t}$）。

$$W_{i,t} = \ln(1 + \varepsilon_{i,t}) \tag{5.2}$$

最后，在求出样本公司调整后的周收益率 $W_{i,t}$ 后，分别构建负收益偏态系数（NCSKEW）和收益波动率（DUVOL）。

A.负收益偏态系数

$$NCSKEW_{i,t} = -[n(n-1)^{3/2} \sum W_{i,t}^3] / [(n-1)(n-2)(\sum W_{i,t}^2)^{3/2}] \tag{5.3}$$

其中，n 为每年股票 i 的公开交易周数。NCSKEW 的数值越大，表示偏态系数负的程度越严重，股价崩盘风险越大。

B.收益波动率

$$DUVOL_{i,t} = \ln\{[(n_u-1) \times \sum_{down} W_{i,t}^2] / [(n_d-1) \times \sum_{up} W_{i,t}^2]\} \tag{5.4}$$

其中，n_d 表示样本公司 W 小于平均值的周数，n_u 表示样本公司 W 大于平均值的周数。DUVOL 的数值越大，表示收益率更偏向于左偏，股价崩盘风险越大。

②解释变量——高管权力

沿用第4章中对高管权力的定义及衡量方法，具体计算方法见表4-1。

③调节变量

A.实际控制人的产权性质

沿用第4章中关于实际控制人产权性质的界定。

B.实际控制人的控制权

根据 LLSV（2000）[270]、窦炜等（2011）[250] 和甄红线等（2015）[271] 的研究，将掌握所有权的控制人追溯至实际终极控制人，并且按照 C=Min（C_1，C_2，…，C_i）[1] 的方式计算其在上市公司所掌握的实际控制权。

④控制变量

根据以往的相关研究，选择以下控制变量：A.当期的崩盘风险 $NCSKEW_t(DUVOL_t)$；B.第 t 年公司的波动即标准差，控制周特有收益率（Sigma），因为在 t 年收益波动率较高的股票更有可能在 t+1 年度遭遇崩盘；C.第 t 年公司周特有收益率均值与 100 的乘积（Ret），Chen

---

① 根据 La Porta et al.（2000），对于金字塔控股股东，其所掌握的控制权比例为 C=Min（C_1，C_2，…，C_i），其中 i 为金字塔控股层级。

et al.（2001）[167] 提供了证据，证明过去的回报对未来的崩盘风险有预测力，过去回报率较高的股票，未来的崩盘风险更高；D.月平均超额换手率（Dturn）即为第t年月平均换手率与第t−1年月平均换手率之差，它代表了投资者之间的意见分歧，并对t+1年度的负回报偏差或崩盘风险有显著的正向影响；E.账面市值比（BM）即年末净资产/（年末流通股股数×年末每股股价+年末非流通股股数×每股净资产）；F.公司规模（Size）即公司总资产的自然对数；G.资产负债率（Lev）即资产总额与负债总额的比值；H.资产收益率（ROA）即净利润与总资产余额的比值；I.信息不透明度（ABACC）作为控制变量。

在以上控制变量中需要特别计算的信息不透明度，以操纵性应计绝对值（ABACC）来表示，其计算方法如下：

$$\frac{TA_{i,t}}{Asset_{i,t-1}} = \beta_0 \frac{1}{Asset_{i,t-1}} + \beta_1 \frac{\Delta REV_{i,t} - \Delta REC_{i,t}}{Asset_{i,t-1}} + \beta_2 \frac{PPE_{i,t}}{Asset_{i,t-1}} + \varepsilon_{i,t} \qquad (5.5)$$

利用修正琼斯模型（Dechow et al.，1995[272]）对（5.5）式进行分年度分行业回归，并将计算出来的回归系数代入（5.6）式计算出操纵性应计DISACC，其绝对值为ABACC。

$$DISACC_{i,t} = \frac{TA_{i,t}}{Asset_{i,t-1}} - (\hat{\beta}_0 \times \frac{1}{Asset_{i,t-1}} + \hat{\beta}_1 \times \frac{\Delta REV_{i,t} - \Delta REC_{i,t}}{Asset_{i,t-1}} + \hat{\beta}_2 \frac{PPE_{i,t}}{Asset_{i,t-1}}) \quad (5.6)$$

其中，TA为总应计利润，等于营业利润与经营活动产生的净流量的差；$Asset_{i,t-1}$为公司上年期末总资产；$\Delta REV_{i,t}$为企业第t年主营业务收入的变化，即第t年主营业务收入与第t−1年主营业务收入的差；$\Delta REC_{i,t}$为企业第t年应收账款的变化，即第t年应收账款与第t−1年应收账款的差；$PPE_{i,t}$为企业第t年固定资产账面原值。

本章主要变量定义见表5-1。

（2）模型构建

本章主要通过模型检验高管权力对股价崩盘风险的影响，以及在异质性产权和股权结构下以及在不同外部制度环境下两者的关系。具体模型如（5.7）式所示：

$$CR_{i,t+1} = \beta_0 + \beta_1 Power_{i,t} + \beta_2 CR_{i,t} + \beta_3 Dturn_{i,t} + \beta_4 Sigma_{i,t} + \beta_5 Ret_{i,t} + \beta_6 Size_{i,t} + \beta_7 BM_{i,t} +$$

$$\beta_8 Lev_{i,t} + \beta_9 ROA_{i,t} + \beta_{10} ABACC_{i,t} + \sum_{m=1}^{15} \beta_{10+m} Ind + \sum_{j=1}^{10} \beta_{25+j} Year + \varepsilon_{i,t} \qquad (5.7)$$

表5-1 主要变量定义

变量	变量名称	变量代码	变量定义
被解释变量	股价崩盘风险	$NCSKEW_{i,t+1}$	第t+1年NCSKEW（计算方法见正文）
		$DUVOL_{i,t+1}$	第t+1年DUVOL（计算方法见正文）
解释变量	高管权力	$Power1_{i,t}$	表4-1构建的高管权力指标的主成分变量
		$Power2_{i,t}$	表4-1构建的高管权力指标的积分变量
调节变量	产权性质	$SOE_{i,t}$	虚拟变量，当上市公司实际控制人为政府、国资委或国有企业时，SOE取值为1；否则为0
	实际控制权	$Real_{i,t}$	控制人控制权比例，用$C=Min\,(C_1,\ C_2,\ \cdots,\ C_i)$计算
控制变量	负收益偏态系数	$NCSKEW_{i,t}$	第t年NCSKEW
	收益波动率	$DUVOL_{i,t}$	第t年DUVOL
	月平均超额换手率	$Dturn_{i,t}$	第t年股票i的月平均换手率与第t-1年股票i的月平均换手率之差
	周特有收益率	$Ret_{i,t}$	第t年股票i周特有收益的平均值
	收益波动	$Sigma_{i,t}$	第t年周特有收益的标准差
	企业规模	$Size_{i,t}$	第t年公司总资产的自然对数
	资产负债率	$Lev_{i,t}$	第t年期末总资产/期末总负债
	资产收益率	$ROA_{i,t}$	第t年税前利润/期末总资产
	账市比	$BM_{i,t}$	第t年账市比。净资产/（年末股价×流通股股数+每股净资产×非流通股股数）
	信息透明度	$ABACC_{i,t}$	第t年ABACC（计算方法见正文）
	行业变量	Ind	样本涉及16个行业，共设置15个行业虚拟变量
	年度变量	Year	样本研究期限为10年，共设置9个年度虚拟变量

其中，CR 代表股价崩盘风险，主要使用 NCSKEW 和 DUVOL 两个指标衡量。本书构建模型（5.7）来检验假设 H5.1，即高管权力对股价崩盘风险的影响，这是本章研究假设的基础。如果高管权力出于机会主义动机提高了代理成本或是激发了过度自信而使信息披露过于乐观，都会加剧股价崩盘风险，即高管权力的回归系数 β_1 将显著为正。

为了检验假设 H5.2、H5.3 和 H5.4，借鉴第 4 章的做法，根据最终控制人性质将样本分为非国有上市公司和国有上市公司样本。根据假设 H5.4，在国有上市公司中，检验高管权力与股价崩盘风险是否显著正相关，同时与非国有上市公司进行比较，两者关系是否存在差异性，预计 β_1 的系数不相关，或明显小于非国有上市公司。

在非国有上市公司中，借鉴徐莉萍等（2006）[273]、窦炜等（2011）[250]和夏芸（2014）[63]的做法，将样本按照第一大股东持股的比例小于 10%、大于 10% 小于 30%①且第二到第五大股东持股比例之和小于第一大股东持股比例的样本，划分为股权分散（经理人控制）组，剩余划分为股权集中（非经理人控制）组，采用模型（5.7）进行检验。根据假设 H5.2 和 H5.3，分别在股权分散和股权集中的非国有上市公司中，检验高管权力与股价崩盘风险是否显著正相关。在股权分散组，使用第一大股东持股比例检验高管权力是否受到股东的制约而削弱了对股价崩盘的影响，将第一大股东持股比例按照行业、年度中位数进行分组，检验两组差异以进行判断，预计在股权分散的非国有上市公司实际控制权高低两组中，β_1 的系数都显著为正，即高管权力更多表现为第一种代理，此时股东分散无法起到监督或合谋作用；在股权集中组，将实际控制权比例按照行业中位数高低分组，检验实际控制人持股是增强还是抑制高管权力与股价崩盘风险的正相关关系，预计在股权集中的非国有上市公司中，实际控制权高组 β_1 的系数显著或存在组间差异，即高管权力此时更多表现为实际控股股东权力，两者形成合力加剧了股价崩盘风险。

① 《上市公司章程指引》中规定"控股股东"是指具备下列条件之一的股东：（一）此人单独或者与他人一致行动时，可以选出半数以上的董事；（二）可行使 30% 以上的表决权或者可控制 30% 以上表决权的行使；（三）持有 30% 以上的股份；（四）可以以其他方式在事实上控制公司。

5.2.2 样本选择和数据来源

（1）样本选择

为了保持研究的连续性，与第4章的样本选择基本一致，本章选取了 2008—2017 年沪深两市 A 股上市公司为样本，根据模型要求所有解释变量和控制变量要进行滞后一期处理，因此选取了 2007—2016 年连续 10 年的数据样本，并根据研究需要，对初始样本进行了筛选：①剔除金融保险类公司，这类公司经营具有特殊性会导致财务指标缺乏可比性；②剔除期间被 ST、PT 等特别处理的公司，此类上市公司财务状况异常，财务数据经过一定处理后才得以披露，不具备参考价值；③为保证有效估计股价崩盘风险，剔除每年交易周期小于 30 周的样本；④剔除重要财务数据严重缺失或匹配后存在缺失的样本；⑤为控制异常值的影响，对连续变量在上下 1% 分位数之外的数据进行了 Winsorize 处理。

最终，我们共得到由 14 308 个样本观测值构成的非平衡面板数据（Unbalanced Panel Data）。2007—2016 年各年的观测数分别为 960、1 079、1 130、1 259、1 505、1 665、1 703、1 576、1 679 和 1 752。

（2）数据来源

本章的数据包括股价崩盘数据、公司治理数据和公司财务数据。股价崩盘风险相关数据来自锐思（Resset）数据库，公司财务数据、公司治理数据均来自国泰安（CSMAR）数据库，所有数据都进行了交叉核对。为了消除极端值的影响，增强结论的可靠性，对所涉及的连续变量的两侧极端值进行上下各 1% 分位数的 Winsorize 处理，在进行多元回归分析时使用了 Stata15.0 统计软件。

5.3 实证结果

5.3.1 描述性统计

表 5-2 报告了本章主要变量的描述性统计结果。结果显示，被解释

变量股价崩盘风险的指标 $NCSKEW_{t+1}$ 的均值和中位数分别为 -0.2133 和 -0.2299，$DUVOL_{t+1}$ 的均值和中位数分别为 -0.1225 和 -0.1295，与 Xu et al.（2014）[170] 和姜付秀等（2018）[173] 的研究结果较为一致。第一大股东持股比例（Top1）的均值为 0.3667，实际控股股东控制权（Real）的均值为 0.3625，说明在我国上市公司中，控制程度高和股权集中比较明显；月平均超额换手率（Dturn）的均值和中位数分别为 -0.0969 和 -0.0546，周特有收益率（Ret）的均值和中位数分别为 -0.0006 和 -0.0008，收益波动（Sigma）的均值和中位数分别为 0.0528 和 0.0506，与已有研究结果差别不大，信息透明度（ABACC）的均值和中位数为 0.0795 和 0.0494，标准差为 0.0939，说明企业中确实存在着信息不透明的问题，且不同企业间具有明显差别。

表5-2   变量描述性统计

变量	N	均值	最小值	25%分位数	中位数	75%分位数	最大值	标准差
$NCSKEW_{t+1}$	14 308	-0.2133	-2.1730	-0.7870	-0.2299	0.3584	1.6224	0.8280
$DUVOL_{t+1}$	14 308	-0.1225	-1.5797	-0.5943	-0.1295	0.3943	1.6817	0.7184
Power1	14 308	0.0449	-1.6220	-0.8113	0.0208	0.7609	2.4782	0.9939
Power2	14 308	0.5558	0.1250	0.3750	0.5000	0.6250	1.0000	0.1829
Top1	14 308	0.3667	0.0997	0.2460	0.3503	0.4764	0.7551	0.1506
Real	14 308	0.3625	0.0211	0.2386	0.3549	0.4877	0.7552	0.1657
NCSKEW	14 308	-0.2681	-2.1453	-0.7977	-0.2736	0.2602	1.5344	0.7815
DUVOL	14 308	-0.1496	-1.5782	-0.6170	-0.1761	0.2972	1.4742	0.6614
Sigma	14 308	0.0528	0.0228	0.0403	0.0506	0.0631	0.0996	0.0169
Ret	14 308	-0.0006	-0.0149	-0.0048	-0.0008	0.0033	0.0156	0.0061
Dturn	14 308	-0.0969	-1.4043	-0.3122	-0.0546	0.1564	0.7847	0.4195

续表

变量	N	均值	最小值	25% 分位数	中位数	75% 分位数	最大值	标准差
Size	14 308	21.9343	19.3112	21.0245	21.7719	22.6542	25.7957	1.2676
ROA	14 308	0.0434	−0.1636	0.0145	0.0391	0.0708	0.2125	0.0551
Lev	14 308	0.4510	0.0497	0.2848	0.4502	0.6156	0.9488	0.2135
BM	14 308	2.2365	0.2153	0.9297	1.6663	2.8481	11.2071	1.9644
ABACC	14 308	0.0795	0.0008	0.0216	0.0494	0.0998	0.5597	0.0939

注：以上指标均在1%和99%分位进行了Winsorize处理。

5.3.2 相关性分析

表5-3报告了主要变量相关系数的分析结果，下三角是Pearson相关系数，上三角是Spearman相关系数。股价崩盘风险的两个指标$NCSKEW_{t+1}$和$DUVOL_{t+1}$的相关系数分别是0.9090和0.9172，且均在1%水平上显著，说明两个指标一致性较强。高管权力（Power1）与股价崩盘风险$NCSKEW_{t+1}$的相关系数为0.0208和0.0144，与$DUVOL_{t+1}$的相关系数为0.0312和0.0245，且都在5%水平上显著正相关，说明在不考虑其他影响因素时，高管权力加剧了未来股价崩盘风险，基本符合假设H5.1的预期。在此基础上将高管权力样本进行了分组（10组），在每组中计算$NCSKEW_{t+1}$和$DUVOL_{t+1}$相应的均值，其高管权力各组对应的股价崩盘风险如图5-1所示，从图中可以清晰地观测到随着高管权力的增加，未来股价崩盘风险呈上升趋势，即高管权力加剧了股价崩盘风险。其余控制变量都在5%水平上与股价崩盘风险显著相关，各变量间的相关系数都在0.3以下，说明不存在严重的共线性，并进一步进行了方差膨胀系数（VIF）计算，各变量的VIF都在2以下，均值为1.41，说明不存在多重共线性。

表5-3

Pearson和Spearman 相关性系数

	NCSKEW$_{t+1}$	DUVOL$_{t+1}$	Power1	NCSKEW	DUVOL	Sigma	Ret	Dturn	Size	ROA	Lev	BM	ABACC
NCSKEW$_{t+1}$		0.9172***	0.0144**	-0.0354**	-0.0557***	0.0024	0.1120***	-0.0817***	-0.0605***	0.1050***	-0.0921***	-0.1895***	0.0483***
DUVOL$_{t+1}$	0.9090***		0.0245***	-0.0426***	-0.0593***	-0.0015	0.1166***	-0.1097***	-0.0525***	0.0847***	-0.1003***	-0.1963***	0.0594***
Power1	0.0208**	0.0312**		0.0230*	0.0335**	0.0370***	-0.0124	-0.0401***	-0.1177***	0.0467***	-0.1256***	-0.0722***	-0.0150*
NCSKEW	-0.0326**	-0.0402***	0.0245***		0.9096***	-0.1755***	-0.1616***	-0.1403***	-0.0947***	-0.0012	-0.0697***	0.0005*	-0.0057
DUVOL	-0.0535***	-0.0566***	0.0353***	0.9035***		-0.1854***	-0.2539***	-0.1446***	-0.0977***	-0.0288*	-0.0693***	0.0105**	-0.0066
Sigma	-0.0006	-0.0063***	0.0361***	-0.1794***	-0.1888***		0.2902***	0.1223***	-0.2650***	-0.0137	-0.0310**	-0.3818***	0.0489***
Ret	0.1114***	0.1156***	-0.0120**	-0.1418***	-0.1504***	0.1065***		0.1050***	-0.0324***	0.0764***	0.0022	-0.1446***	0.0256*
Dturn	-0.0877***	-0.1183***	-0.0594***	-0.1256***	-0.1355***	0.2980***	0.1051***		0.0793***	-0.0801***	0.0898***	-0.0561***	-0.0680***
Size	-0.0790***	-0.0685***	-0.1162***	-0.1066***	-0.1065***	-0.2621***	-0.0421***	0.0871***		-0.0022	0.4291***	0.5759***	-0.0677***
ROA	0.0873***	0.0690***	0.0306***	-0.0064	-0.0362***	-0.0378***	0.0743***	-0.0753***	0.0387***		-0.4130***	-0.3822***	0.0384***
Lev	-0.0917***	-0.1016***	-0.1312***	-0.0717***	-0.0702***	-0.0279***	-0.0006	0.1152***	0.4040***	-0.1932***		0.5811***	0.00650
BM	-0.1761***	-0.1767***	-0.0713***	-0.0316**	-0.0133	-0.0163	-0.1077***	-0.0340***	0.2888***	-0.2751***	0.2514***		-0.0837***
ABACC	0.0557***	0.0646***	-0.0210**	-0.0157	-0.0164	0.0578***	0.0266***	-0.0740***	-0.0870***	0.0006	0.0683***	-0.0520***	

注：下三角是Pearson相关系数，上三角是Spearman相关系数；***，**，*分别表示在1%，5%和10%的水平上显著。

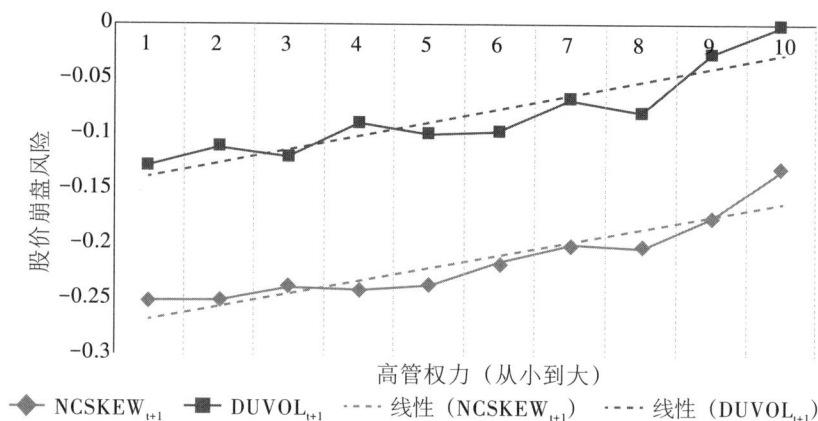

图5-1　高管权力与股价崩盘风险

5.3.3　单变量分析

表5-4报告了单变量分析的结果。按照高管权力（Power1）的年度和行业中位数将样本进行分组，分为高管权力较高组和高管权力较低组。高管权力较高组的 $NCSKEW_{t+1}$ 均值（中位数）是-1.887（-0.213），大于高管权力较低组的均值（中位数）-0.2218（-0.236），均值检验（T检验）在1%水平上显著，中位数检验（Z检验）在10%水平上显著，高管权力高低组与 $DUVOL_{t+1}$ 的均值检验和中位数检验结果也相似，不予赘述。以上结果支持了假设H5.1。

表5-4　　　　　　　　　　　　　　单变量分析

Variables	高管权力较高组			高管权力较低组			Difference	
	N	Mean	Median	N	Mean	Median	T检验	Z检验
$NCSKEW_{t+1}$	7 123	-0.1887	-0.213	7 185	-0.2218	-0.236	0.0331***	1.797*
$DUVOL_{t+1}$	7 123	-0.0443	-0.106	7 185	-0.0962	-0.138	0.0519***	3.451**

注：T检验与Z检验分别是按照高管权力Power1分组后各变量的均值与中位数的单变量检验结果；***、**、*分别表示在1%、5%和10%的水平上显著。

5.3.4　多元回归分析

（1）高管权力对股价崩盘风险影响的多元回归分析

表5-5报告了模型（5.7）的实证结果。在表5-5回归（1）、（4）中

使用NCSKEW$_{t+1}$和DUVOL$_{t+1}$作为股价崩盘风险的指标，只控制了年度效应和行业效应，Power1的系数分别为0.0354和0.0491，分别在5%和1%水平上显著正相关；在回归（2）、（5）中，继续加入影响股价崩盘风险的相关指标，Power1的系数分别为0.0347和0.0462，都在5%水平上显著为正；在回归（3）、（6）中，进一步控制反映信息透明度的指标ABACC，Power1的系数都在5%水平上显著正相关。通过控制变量的增加，拟合优度Adjusted-R^{2}的值逐步增加。从控制变量上看，Sigma、Ret、Size、ROA与ABACC股价崩盘风险显著正相关，Dturn、Lev和BM与股价崩盘风险显著负相关，基本与已有研究结论一致（王化成等，2015[79]；姜付秀等，2018[173]）。

表5-5　　　　高管权力对股价崩盘风险影响的回归结果

Variables	(1) NCSKEW$_{t+1}$	(2) NCSKEW$_{t+1}$	(3) NCSKEW$_{t+1}$	(4) DUVOL$_{t+1}$	(5) DUVOL$_{t+1}$	(6) DUVOL$_{t+1}$
Power1	0.0354**	0.0347**	0.0324**	0.0491***	0.0462**	0.0457**
	(2.3444)	(1.9057)	(2.1733)	(3.2839)	(2.2753)	(2.2894)
NCSKEW/DUVOL		0.0644***	0.0644***		0.0554***	0.0554***
		(5.8793)	(5.8756)		(5.9639)	(5.9579)
Sigma		2.0083***	1.9926***		2.5566***	2.5331***
		(3.6017)	(3.5558)		(5.4641)	(5.3893)
Ret		16.1303***	16.1276***		14.0825***	14.0785***
		(11.4275)	(11.4239)		(11.6148)	(11.6094)
Dturn		−0.1194***	−0.1192***		−0.1081***	−0.1077***
		(−5.6534)	(−5.6336)		(−6.2298)	(−6.1981)
Size		0.0242***	0.0244***		0.0203***	0.0206***
		(2.9955)	(3.0137)		(3.1204)	(3.1604)
ROA		0.3587***	0.3566***		0.0377	0.0345
		(2.6320)	(2.6142)		(0.3226)	(0.2956)

续表

Variables	(1) NCSKEW$_{t+1}$	(2) NCSKEW$_{t+1}$	(3) NCSKEW$_{t+1}$	(4) DUVOL$_{t+1}$	(5) DUVOL$_{t+1}$	(6) DUVOL$_{t+1}$
Lev		−0.1221***	−0.1202***		−0.0994***	−0.0966***
		(−3.0092)	(−2.9459)		(−3.0618)	(−2.9614)
BM		−0.1701***	−0.1698***		−0.1500***	−0.1496***
		(−11.3847)	(−11.3828)		(−12.1832)	(−12.1679)
ABACC			0.0326**			0.0488*
			(2.4167)			(1.7677)
cons	−0.1760***	−0.7771***	−0.7822***	−0.1508***	−0.7106***	−0.7183***
	(−3.5102)	(−4.2835)	(−4.3014)	(−3.7194)	(−4.8183)	(−4.8580)
Year fixed	YES	YES	YES	YES	YES	YES
Ind fixed	YES	YES	YES	YES	YES	YES
N	14 308	14 308	14 308	14 308	14 308	14 308
R^2	0.1147	0.1529	0.1530	0.1690	0.2105	0.2107
Adjusted-R^2	0.1131	0.1507	0.1511	0.1674	0.2085	0.2086
F	69.8468	70.1891	72.1765	90.5003	94.3713	97.6851

注：括号内的数字为经公司聚类和异方差调整的稳健性标准误对应的 t 值；
***、**、*分别表示1%、5%、10%的显著性水平。

（2）高管权力、产权性质与股价崩盘风险的多元回归分析

表5-6报告了国有上市公司[①]和非国有上市公司中高管权力对股价崩盘风险的影响，用来检验假设H5.4。如表5-6所示，模型（1）、（2）为非国有上市公司组，Power1的回归系数为0.0176和0.0294，分别在5%和1%水平上显著正相关，模型（3）、（4）为国有上市公司组，以NCSKEW$_{t+1}$为被解释变量时其Power1的系数为−0.0357且不相关，以DUVOL$_{t+1}$为被解释变量时Power1的系数为0.0168，在10%水平上显著

[①] 在国有上市公司样本中，为了保证实际控制人为国有同时满足其"内部人控制"的特点，将样本中第一大股东持股比例小于30%的样本进行删除。

正相关，通过对系数和显著性的比较，非国有上市公司中两者的正相关性更加明显，支持了假设 H5.4，说明在国有上市公司中，高管权力与股价崩盘风险正相关，在非国有上市公司中两者关系更为显著，这主要是由于国有上市公司的高管除了受外部制度环境影响外还要受到政治性的制约，出于政治生涯或前途考虑会更加规避风险，因此在一定程度上限制了国企高管利用权力引发的崩盘风险。

表5-6　　异质性产权下高管权力对股价崩盘风险差异化影响的回归结果

Variables	非国有上市公司		国有上市公司	
	(1)	(2)	(3)	(4)
	NCSKEW$_{t+1}$	DUVOL$_{t+1}$	NCSKEW$_{t+1}$	DUVOL$_{t+1}$
Power1	0.0176**	0.0294***	−0.0357	0.0168*
	(1.9960)	(2.8206)	(−0.8192)	(1.6667)
NCSKEW/ DUVOL	0.0367**	0.0534***	0.0904***	0.0816***
	(2.3996)	(3.1418)	(5.7214)	(4.7218)
Sigma	2.9413***	3.2937***	0.6705	1.1572
	(3.7958)	(5.0882)	(0.7990)	(1.6308)
Ret	9.9960***	10.4775***	20.4000***	17.8505***
	(5.0694)	(5.6243)	(9.7802)	(8.9453)
Dturn	−0.1121***	−0.0831***	−0.1023***	−0.1082***
	(−4.3276)	(−3.9342)	(−2.6394)	(−3.3649)
Size	0.0338***	0.0168	0.0124	0.0189**
	(2.5839)	(1.5569)	(1.1861)	(2.2424)
ROA	0.2003	−0.0127	0.6196***	0.1965
	(1.0905)	(−0.0790)	(3.0575)	(1.1458)
Lev	−0.0633	−0.0637	0.2353***	0.1967***
	(−1.1383)	(−1.3642)	(3.8236)	(4.1906)
BM	−0.1977***	−0.1650***	−0.1588***	−0.1477***
	(−7.1109)	(−6.9853)	(−8.8737)	(−10.1394)

Variables	非国有上市公司		国有上市公司	
	(1)	(2)	(3)	(4)
	NCSKEW$_{t+1}$	DUVOL$_{t+1}$	NCSKEW$_{t+1}$	DUVOL$_{t+1}$
ABACC	−0.0309	0.0250	0.0577	0.0158
	(−0.2821)	(0.2805)	(0.5252)	(0.1765)
cons	−1.0525***	−0.6978***	−0.4177*	−0.5733***
	(−3.6608)	(−2.9469)	(−1.7763)	(−2.9697)
Year fixed	YES	YES	YES	YES
Ind fixed	YES	YES	YES	YES
N	7 268	7 268	6 013	6 013
R^2	0.1929	0.2669	0.1206	0.1540
Adjusted-R^2	0.1885	0.2629	0.1161	0.1497
F	47.6954	65.0222	28.8928	35.2934

注：括号内的数字为经公司聚类和异方差调整的稳健性标准误对应的t值；***、**、*分别表示1%、5%、10%的显著性水平。

表5-7中报告了在非国有上市公司中高管权力对股价崩盘风险的影响。其中Panel A为股权分散（经理人控制）的非国有上市公司，Panel B为股权集中（非经理人控制）的非国有上市公司。在Panel A中，按照第一大股东持股比例分为持股较高组与较低组，在以NCSKEW$_{t+1}$为被解释变量时，模型（1）的系数为0.0722，但不显著，模型（3）的系数为0.0851，在5%水平上显著；在以DUVOL$_{t+1}$为被解释变量时，模型（2）的系数为0.1277，在10%水平上显著，模型（4）的系数为0.1348，在1%水平上显著正相关。可见，在股权相对集中的样本中，高管权力与股价崩盘风险正相关关系更加显著，支持了假设H5.2，即股权分散的非国有上市公司中，高管权力受到相对大股东的限制在一定程度上抑制了股价崩盘风险。

表5-7　**非国有上市公司中高管权力对股价崩盘风险影响的回归结果**

Panel A　非国有上市公司股权分散（经理人控制）样本

Variables	第一大股东持股比例较高组		第一大股东持股比例较低组	
	(1)	(2)	(3)	(4)
	$NCSKEW_{t+1}$	$DUVOL_{t+1}$	$NCSKEW_{t+1}$	$DUVOL_{t+1}$
Power1	0.0722	0.1277*	0.0851**	0.1348***
	(1.0078)	(1.7795)	(2.3467)	(3.0098)
NCSKEW	0.0467**		0.0496**	
	(1.9784)		(2.1104)	
DUVOL		0.0641		0.0736
		(1.3667)		(1.4730)
Sigma	4.9698**	5.3446***	3.1546	3.2433*
	(2.2345)	(3.0823)	(1.4334)	(1.7046)
Ret	7.7200	6.8365	7.8701	9.2895*
	(1.4012)	(1.3741)	(1.3784)	(1.6720)
Dturn	−0.1621*	−0.1580**	−0.1557**	−0.1346**
	(−1.8004)	(−2.2500)	(−2.2771)	(−2.4531)
Size	0.0986***	0.0749***	0.0430	0.0230
	(2.9237)	(2.7622)	(1.0342)	(0.6301)
ROA	−0.1673	−0.1654	−0.0750	−0.3324
	(−0.3128)	(−0.3402)	(−0.1216)	(−0.5991)
Lev	−0.2778*	−0.0916	0.2105	0.1985
	(−1.9365)	(−0.8096)	(1.0996)	(1.2641)
BM	−0.1658	−0.1970**	−0.3412***	−0.2657***
	(−1.5327)	(−2.2959)	(−2.9387)	(−3.1133)
ABACC	−0.1509	0.0190	−0.5523*	−0.4015
	(−0.5585)	(0.0855)	(−1.7058)	(−1.4003)
cons	−2.3179***	−1.8921***	−0.9934	−0.4514
	(−3.1853)	(−3.1341)	(−1.0941)	(−0.5611)
Year fixed	YES	YES	YES	YES
Ind fixed	YES	YES	YES	YES
N	814	814	761	761
R^2	0.2532	0.3451	0.2407	0.3224
Adjusted-R^2	0.2176	0.3138	0.2018	0.2877
F	10.8287	13.7302	12.4512	17.5648

　　注：括号内的数字为经公司聚类和异方差调整的稳健性标准误对应的t值；
***、**、*分别表示1%、5%、10%的显著性水平。

续表

Panel B　非国有上市公司股权集中（非经理人控制）样本

Variables	控制权较弱组		控制权较强组	
	(1)	(2)	(3)	(4)
	NCSKEW$_{t+1}$	DUVOL$_{t+1}$	NCSKEW$_{t+1}$	DUVOL$_{t+1}$
Power1	0.0450**	0.0468*	0.1099**	0.0761**
	(1.9901)	(1.8421)	(2.1665)	(2.1248)
NCSKEW	0.0456*		0.0488**	
	(1.8289)		(2.0025)	
DUVOL		0.0716**		0.0421
		(2.5163)		(1.5729)
Sigma	2.8594**	3.4256***	3.4784***	2.7281***
	(2.3643)	(3.2536)	(2.7830)	(2.6456)
Ret	6.9561**	9.0067***	14.1973***	13.9955***
	(2.2909)	(3.0766)	(4.4134)	(4.7063)
Dturn	−0.0826**	−0.0608*	−0.1267***	−0.0888**
	(−2.0748)	(−1.8974)	(−3.0173)	(−2.5619)
Size	0.0605***	0.0364**	0.0160	−0.0015
	(2.7754)	(2.0282)	(0.6741)	(−0.0739)
ROA	0.1419	0.0845	0.5125	0.0203
	(0.4490)	(0.2937)	(1.6028)	(0.0762)
Lev	−0.0106	0.0244	0.1228	0.0543
	(−0.1054)	(0.2971)	(1.1275)	(0.6323)
BM	−0.2652***	−0.2065***	−0.1552***	−0.1189***
	(−6.4258)	(−6.2500)	(−4.0702)	(−3.6597)
ABACC	−0.1519	−0.1426	−0.0493	0.0636
	(−0.8166)	(−0.9551)	(−0.2626)	(0.4104)
cons	−1.5065***	−1.0518***	−0.8154	−0.3132
	(−3.2173)	(−2.6854)	(−1.5450)	(−0.7250)
Year fixed	YES	YES	YES	YES
Ind fixed	YES	YES	YES	YES
N	2 926	2 926	2 767	2 767
R^2	0.2268	0.3021	0.1915	0.2599
Adjusted-R^2	0.2153	0.2918	0.1789	0.2483
F	23.7432	28.3666	25.4187	32.1284

注：括号内的数字为经公司聚类和异方差调整的稳健性标准误对应的t值；
***、**、*分别表示1%、5%、10%的显著性水平。

在 Panel B 中，随着控股股东控制权的提升，其主要代理问题为大股东与小股东之间的代理冲突，此时控股股东可能对高管权力实施了有效的监督和控制，从而约束了高管权力中的自利性行为，减少了高管隐藏负面消息的可能，此时表现为控股股东对高管权力的制约从而降低了高管权力对股价崩盘风险的正相关作用，由此我们预计在控制权较弱的公司中高管权力对股价崩盘风险作用更明显；但另一方面，控股股东控制权的提升，可能加剧了第二种代理问题，大股东对上市公司的侵占效应可能明显，而作为高管其权力可能来自控股股东，此时表现为控股股东对高管权力的提升从而增加了高管权力对股价崩盘风险的正相关作用，由此我们预计在控制权较强的公司中高管权力对股价崩盘风险的影响更明显。按照实际控制人控制权的高低分为控制权较强组和控制权较弱组。回归（1）、（3）中，以 $NCSKEW_{t+1}$ 为被解释变量时，在控制权较强组 Power1 的系数为 0.0450，在 5% 水平上显著为正；在控制权较弱组 Power1 的系数为 0.1099，也在 5% 水平上显著为正，用邹至庄检验（Chow Test）对 Power1 的回归系数的组间差异值进行显著性检验，结果为 chi2=2.14，Prob>chi2=0.0672，说明拒绝了原假设，其组间存在显著差异；以 $DUVOL_{t+1}$ 为解释变量时，Power1 的回归系数分别在 10% 和 5% 水平上显著，说明存在差异，支持假设 H5.3c，即控制权较强的非国有上市公司中高管权力对股价崩盘风险影响更明显。

5.4 拓展性研究

如果我国资本市场高管权力具有崩盘效应且由于产权性质和股权结构形成差异性影响，那么下一个深层次的问题则是高管权力对未来股价崩盘风险是通过何种路径影响的，影响的路径之间是否也具有差异性。从前文分析可知，国有上市公司与非国有上市公司的代理问题存在明显差异（王甄和胡军，2016 [274]）。国有上市公司中的代理问题主要是"所有者缺位"的内部人控制（侯青川等，2015 [267]），第一类代理问题较为严重，控股股东对中小股东利益侵占较轻；非国有上市公司中的代理问题按股权结构分为股权较为分散的经理人控制和股权集中的非经理人控制，在经理人控制下更多表现为第一类代理问题，而在非经理人控制下更多表现为第二类代理问题。第一类代理问题主要表现为：高管权力的扩大增加了管理层代理成本，激发了管理层机会主义动机和寻租行为（Kothari et al.，2009[168]；Kim et al.，2011a[169]）进而提高了信息不对称程度和坏消息集中释放的可能。第二类代理问题主要表现为：高管权力实际上是控股股东权力，其增加了大股东的"掏空"成本，激发了控股股东的机会主义动机和隧道效应，进而也提升了股价崩盘风险（沈华玉等，2017[171]）。同时高管权力的增加还可能激发管理层的过度自信，随之增强过度自信心理对企业决策的影响力（易靖韬等，2017[159]），乐观预计盈利、回避风险和坏消息，妨碍信息传递的及时性和准确性，增加股价崩盘风险（曾爱民等，2017[187]）。

为了检验上述影响机制，本书尝试分别从管理层代理问题、控股股东代理问题（"掏空"）以及高管过度自信三个视角进行路径检验。为了验证其影响机制，借鉴江轩宇和许年行（2015）[176]的做法，首先，为验证第一种代理问题增加了高管权力对未来股价崩盘风险的影响，本章采用管理费用率（管理费用/经营收入）（李姝，2018[275]）对管理层成本进行度量；其次，为验证第二种代理问题增加了高管权力对股价崩盘风险的影响，采用其他应收款占总资产的比例（郑国坚等，2013[276]）对"掏空"行为进行衡量，按照以上两指标的年度行业中位数各分成两组；最后，为验证高管过度自信增加了高管权力对股价崩盘风险的影响，参考Schrand和Zechman（2012）[265]的做法，构建模型（5.8）来衡量高管过度自信，因变量（Agrowth）为资产增长率，自变量（Sgrowth）为营业收入增长率，利用模型（5.8）计算公司的残差后扣除年度行业中位数，当结果大于0时表示过度自信，取值为1，否则为0。

$$Agrowth_{i,t} = \beta_0 + \beta_1 Sgrowth_{i,t} + \varepsilon_{i,t} \tag{5.8}$$

如表5-8所示，回归模型（1）、（2）列示了在国有企业中第一类代理成本作用下高管权力对股价崩盘风险影响的回归结果。回归模型（1）中管理费用率高组表示第一种代理成本较高，Power1的系数为0.0101，且在10%水平上显著。回归模型（2）为管理费用率较低组，表示第一种代理成本较低，Power1的系数为正但不显著；回归模型（3）列示了股权分散的非国有企业第一类代理成本作用下高管权力对股价崩盘风险影响的回归结果，同样发现高管权力与股价崩盘风险的关系在代理成本较高时显著为正；回归模型（5）、（6）列示了在股权集中的非国有上市公司中以"掏空"行为表示的第二类代理成本作用下高管权力对股价崩盘风险影响的回归结果，回归模型（5）为"掏空"程度较高组，此时Power1的系数为0.0471且在1%水平上显著正相关，模型（6）为"掏空"程度较低组，其Power1的系数为0.0113且在10%水平上显著，两组的系数和显著性明显存在差异。以上结果说明在国有企业和股权分散的非国有企业中，管理层成本的增加加剧了高管权力与未来股价崩盘风险的正向关系；而在股权集中的非国有企业中，"掏空"行为导致的第二种代理成本提高了高管权力与股价崩盘风险两者的正向关系。这一方面论证了在异质性产权的上市公司中，企业内部人会实施自利行为，有意隐瞒坏消息而加剧了股价崩盘风险；另一方面也论证了假设H5.3，即在股权集中的非国有企业中高管权力主要来自控股股东的权力，二者的关系是利益捆绑而非监督。

表5-8　　　　高管权力与股价崩盘风险：代理成本的影响

Variables	国有企业		股权分散的非国有企业		股权集中的非国有企业	
	(1)	(2)	(3)	(4)	(5)	(6)
	费用率高	费用率低	费用率高	费用率低	"掏空"程度高	"掏空"程度低
Power1	0.0101*	0.0712	0.1195**	0.0342	0.0471***	0.0113*
	(2.1492)	(0.7450)	(2.0907)	(1.2515)	(3.8552)	(1.7868)
NCSKEW	0.0882***	0.0879***	0.0065	−0.0401	0.0583**	0.0366
	(3.5259)	(4.1353)	(0.1812)	(−0.7218)	(2.4622)	(1.4189)
Sigma	0.3912	1.3701	2.2793	3.7743	2.9196***	3.8953***
	(0.3070)	(1.2308)	(1.0787)	(1.2576)	(2.6346)	(2.9382)
Ret	20.2922***	20.3401***	1.5099	16.6101**	10.2680***	9.8883***
	(6.6009)	(7.0521)	(0.3105)	(2.3087)	(3.4185)	(2.9536)

续表

Variables	国有企业		股权分散的非国有企业		股权集中的非国有企业	
	(1)	(2)	(3)	(4)	(5)	(6)
	费用率高	费用率低	费用率高	费用率低	"掏空"程度高	"掏空"程度低
Dturn	−0.1095*	−0.0923*	−0.1785**	−0.1732	−0.1380***	−0.0498
	(−1.8793)	(−1.7853)	(−2.2970)	(−1.6424)	(−3.5161)	(−1.1785)
Size	0.0193	0.0073	0.0295	0.0354	0.0504**	0.0529**
	(1.1560)	(0.5986)	(0.7626)	(0.8013)	(2.0132)	(2.3743)
ROA	0.1949	0.8209***	−0.1618	−0.0285	0.5794**	−0.3452
	(1.2188)	(2.7326)	(−0.3801)	(−0.0378)	(2.0527)	(−0.9067)
Lev	0.0746	0.1170*	0.1239	0.0543	0.1348	−0.0924
	(0.7903)	(1.9151)	(0.9986)	(0.2841)	(1.2486)	(−0.8507)
BM	−0.1686***	−0.1029***	−0.2555**	−0.1373*	−0.2577***	−0.1990***
	(−4.9511)	(−5.4423)	(−2.0264)	(−1.8008)	(−4.1295)	(−5.8804)
ABACC	0.3002***	0.0218	0.2441	0.0581	−0.0592	−0.1942
	(2.6670)	(0.3133)	(0.9984)	(0.1396)	(−0.3496)	(−0.9614)
cons	−0.4847	−0.3003	−0.8169	−1.0839	−1.5183***	−1.3571***
	(−1.3369)	(−1.0312)	(−0.9662)	(−1.0999)	(−2.7186)	(−2.8420)
Year fixed	YES	YES	YES	YES	YES	YES
Ind fixed	YES	YES	YES	YES	YES	YES
N	2 787	3 226	932	643	2 923	2 770
R^2	0.1496	0.1043	0.1902	0.2159	0.2466	0.1787
Adjusted-R^2	0.1382	0.0961	0.1581	0.1679	0.2356	0.1657
F	17.7411	13.0885	12.5755	5.8133	28.2708	21.5147

注：括号内的数字为经公司聚类和异方差调整的稳健性标准误对应的t值；***、**、*分别表示1%、5%、10%的显著性水平。

如表5-9所示，根据高管过度自信的程度，将全部样本按照国有企业、股权分散的非国有企业以及股权集中的非国有企业各分为两组进行检验。在回归模型（1）～（6）中Power1的系数在各组中几乎均显著为正，且系数大小在过度自信组和非过度自信组的样本中并不存在明显差异。过度自信是否会影响高管权力与股价崩盘风险之间的关系还需进一步进行验证。

表5-9　　　　高管权力与股价崩盘风险：过度自信的影响

Variables	国有企业		股权分散的非国有企业		股权集中的非国有企业	
	(1)	(2)	(3)	(4)	(5)	(6)
	过度自信	非过度自信	过度自信	非过度自信	过度自信	非过度自信
Power1	0.0731*	0.0645	0.0844*	0.0704*	0.0443**	0.0162**
	(1.7990)	(0.8006)	(1.7271)	(1.8067)	(2.3346)	(2.0103)
NCSKEW	0.0950***	0.0888***	0.0223	−0.0662	0.0295	0.0584**
	(4.3660)	(3.7430)	(0.5699)	(−1.2398)	(1.2022)	(2.3518)
Sigma	1.4273	1.4048	4.1883*	1.1882	2.5852**	4.0178***
	(1.1724)	(1.2217)	(1.8074)	(0.4340)	(2.0996)	(3.2940)
Ret	22.5048***	19.9250***	8.2419	6.3819	8.3906***	13.4226***
	(7.2768)	(6.7924)	(1.4038)	(1.0533)	(2.5957)	(4.3199)
Dturn	−0.0577	−0.1479***	−0.2240***	−0.1084	−0.0596	−0.1370***
	(−0.9954)	(−2.8840)	(−2.9542)	(−1.0482)	(−1.3996)	(−3.4982)
Size	0.0175	−0.0222*	0.0579	−0.0180	0.0508**	0.0302
	(1.2091)	(−1.9316)	(1.5243)	(−0.4185)	(2.1563)	(1.4137)
ROA	0.3165*	0.8148***	−0.1117	0.3355	0.3048	0.1927
	(1.7029)	(3.5769)	(−0.2677)	(0.5861)	(0.8964)	(0.6618)
Lev	0.1470***	−0.0200	0.1614	−0.1969	0.0878	0.0330
	(2.7553)	(−0.4310)	(1.2399)	(−0.9796)	(0.7932)	(0.3308)
BM	−0.1271***	−0.0434***	−0.2168***	−0.0599	−0.2065***	−0.1983***
	(−5.4283)	(−4.4159)	(−2.7172)	(−0.6842)	(−5.6493)	(−3.8301)

续表

Variables	国有企业		股权分散的非国有企业		股权集中的非国有企业	
	(1)	(2)	(3)	(4)	(5)	(6)
	过度自信	非过度自信	过度自信	非过度自信	过度自信	非过度自信
ABACC	-0.0136	0.4865***	0.0131	0.3889	-0.1272	-0.0758
	(-0.1468)	(4.4348)	(0.0515)	(1.0770)	(-0.7020)	(-0.4054)
cons	-0.5061	0.3087	-1.7377**	0.3079	-1.3950***	-0.9798**
	(-1.4692)	(1.0069)	(-2.0271)	(0.3222)	(-2.7366)	(-2.1478)
Year fixed	YES	YES	YES	YES	YES	YES
Ind fixed	YES	YES	YES	YES	YES	YES
N	3 051	2 962	830	745	3 069	2 624
R^2	0.1206	0.1176	0.1941	0.1929	0.1975	0.2248
Adjusted-R^2	0.1109	0.1080	0.1604	0.1474	0.1845	0.2138
F	13.0469	14.2461	7.1932	5.9961	17.5952	22.4700

注：括号内的数字为经公司聚类和异方差调整的稳健性标准误对应的 t 值；***、**、*分别表示1%、5%、10%的显著性水平。

为了进一步检验代理成本和过度自信对高管权力与股价崩盘风险的影响，将两者进行联合考虑。在原有管理费用率和"掏空"程度的分组基础上，在每组中进行高管过度自信的分组，如表5-10所示。由结果可知，在国有企业组回归模型（1）～（4）中，费用率较高组模型（1）、（2），无论其高管是否过度自信，Power1的系数都显著为正，而费用率较低组模型（3）、（4），其Power1的系数为正但都不显著；在股权分散的非国有企业回归模型（5）～（8）中，结论大体一致；在股权集中的非国有企业回归模型（9）～（12）中，"掏空"程度较高组模型（9）、（10），Power1的系数显著为正，而较低组模型（11）、（12），Power1的系数并不显著。通过以上结论，可以推断相比高管过度自信，代理成本是影响高管权力与股价崩盘风险之间关系的主要因素，股价崩盘风险主要是由于内部人的理性的有意所为，只有通过规范和约束企业内部人的自利行为才能有效抑制股价崩盘风险。

表5-10 高管权力与股价崩盘风险：代理成本和高管过度自信的双重影响

Variables	国有企业				股权分散的非国有企业				股权集中的非国有企业			
	费用率高		费用率低		费用率高		费用率低		"掏空"程度高		"掏空"程度低	
	(1)	(2)	(3)	(4)	(5)	(6)	(7)	(8)	(9)	(10)	(11)	(12)
	过度自信	非过度自信	过度自信	非过度自信	过度自信	非过度自信	过度自信	非过度自信	过度自信	非过度自信	过度自信	非过度自信
Power1	0.0371*	0.1479*	0.0140	0.0023	0.0549***	0.2630**	-0.2015	0.2018*	0.0791**	0.0438**	0.0382	0.0904*
	(1.7408)	(1.8826)	(0.8641)	(0.0266)	(3.3907)	(2.3828)	(-1.5885)	(1.7671)	(2.097)	(2.4743)	(0.5210)	(1.9164)
NCSKEW	0.0716*	0.1191***	0.0936***	0.0390	-0.0116	0.0173	0.0198	-0.0815	0.0662	0.0237	0.0439	0.0380
	(1.8688)	(4.3731)	(2.7421)	(1.2529)	(-0.1883)	(0.2261)	(0.3959)	(-1.0452)	(1.8798)	(0.7606)	(1.3563)	(0.8643)
Sigma	-0.2662	-0.0083	-0.1997	1.7654	1.5903	4.3898	0.4397	6.2383	4.4141***	3.1022*	1.4468	6.0507**
	(-0.1370)	(-0.0053)	(-0.1167)	(1.0278)	(0.5961)	(1.0445)	(0.1423)	(1.3709)	(2.6748)	(1.8812)	(0.8875)	(2.5805)
Ret	13.8070***	23.6057***	22.8830***	14.8804***	0.2628	26.3605**	0.2098	8.8633	9.7358**	8.2384**	10.2709***	10.5083*
	(3.0858)	(6.3634)	(5.2086)	(3.4169)	(0.0289)	(2.5470)	(0.0318)	(0.7775)	(2.2008)	(1.9960)	(2.4744)	(1.8916)
Dturn	-0.0877	-0.0146	-0.1365*	-0.1954***	-0.1427	-0.0614	-0.2117*	-0.3264*	-0.1209**	-0.0020	-0.1535**	-0.1577*
	(-0.9569)	(-0.2184)	(-1.9008)	(-2.5911)	(-1.0383)	(-0.4641)	(-1.8927)	(-1.8821)	(-2.2292)	(-0.0376)	(-2.7055)	(-2.2958)
Size	-0.0055	0.0403**	0.0357	-0.0176	0.0639	-0.0111	-0.0094	0.1296	0.0431	0.0731***	0.0598	-0.0218
	(-0.2067)	(2.2151)	(1.5426)	(-0.9383)	(1.2270)	(-0.1869)	(-0.1821)	(1.6455)	(1.1938)	(2.6111)	(1.5302)	(-0.5424)
ROA	1.0185*	0.9319**	0.3561	0.4072	-1.0854	0.4695	-0.2093	-0.0737	0.8678*	-0.8528	0.2587	0.0801
	(1.9577)	(1.9909)	(1.0476)	(0.8575)	(-1.3360)	(0.4197)	(-0.3813)	(-0.0683)	(1.7794)	(-1.6226)	(0.6540)	(0.1443)

续表

Variables	国有企业				股权分散的非国有企业				股权集中的非国有企业			
	费用率高		费用率低		费用率高		费用率低		"掏空"程度高		"掏空"程度低	
	(1) 过度自信	(2) 非过度自信	(3) 过度自信	(4) 非过度自信	(5) 过度自信	(6) 非过度自信	(7) 过度自信	(8) 非过度自信	(9) 过度自信	(10) 非过度自信	(11) 过度自信	(12) 非过度自信
Lev	0.3087**	0.3501**	0.3477***	-0.0204	-0.2176	-0.0872	0.2260	0.1052	0.0837	-0.1692	0.0809	-0.0233
	(2.0767)	(2.3462)	(3.2949)	(-0.1578)	(-0.9624)	(-0.2596)	(1.5510)	(0.3883)	(0.4985)	(-1.0982)	(0.5492)	(-0.1228)
BM	-0.1413***	-0.1601***	-0.2549***	-0.1285***	-0.5702***	-0.0549	-0.0860	-0.2050*	-0.2859***	-0.2519***	-0.2127**	-0.0683
	(-2.4889)	(-5.6739)	(-5.3430)	(-3.8906)	(-4.7727)	(-0.5032)	(-0.5631)	(-1.9158)	(-3.0468)	(-6.0891)	(-2.2889)	(-1.1476)
ABACC	0.0652	-0.1706	0.3258	-0.0269	0.2731	0.0154	0.2331	0.7152	-0.0867	-0.0995	-0.0546	-0.6720*
	(0.2649)	(-0.9591)	(1.3312)	(-0.0930)	(0.6832)	(0.0297)	(0.7317)	(0.7569)	(-0.3771)	(-0.4440)	(-0.2043)	(-1.7482)
cons	-0.4313	-1.0189**	-0.7115	0.3228	-1.5477	-0.3013	0.2749	-3.1451*	-1.7566***	-1.5826***	-1.2883	-0.1761
	(-0.7373)	(-2.4270)	(-1.3770)	(0.7142)	(-1.3326)	(-0.2109)	(0.2438)	(-1.8674)	(-2.2046)	(-2.6113)	(-1.5615)	(-0.2050)
Year/Ind	YES	YES	YES	YES	YES	YES	YES	YES	YES	YES	YES	YES
N	1 147	1 715	1 640	1 511	382	339	550	304	1 504	1 639	1 368	1 182
Adjusted-R^2	0.1210	0.0996	0.1633	0.0982	0.2096	0.1965	0.1317	0.1281	0.2152	0.1635	0.2524	0.1702
F	8.2151	8.8532	13.3295	8.4956	9.5788	7.1502	15.2844	3.2981	8.4471	8.6235	15.8219	7.1631

注：括号内的数字为经公司聚类和异方差调整稳健性标准误差对应的 t 值；***、**、*分别表示1%、5%、10%的显著性水平。

5.5 稳健性与内生性检验

5.5.1 替换代理变量

与第4章替换代理变量稳健性检验一致，以高管权力八个维度的算术平均值合成Power2进行回归检验，以验证结论的稳定性。

表5-11中回归模型（1）、（2）为替换了高管权力代理变量的回归结果，在控制变量不发生改变的情况下，回归模型（1）、（2）显示，高管权力（Power2）的系数为0.0043和0.0259，都在5%水平上显著正相关，其结果再次支持了假设H5.1，即高管权力与未来股价崩盘风险正相关，结论稳健。

表5-11 　　稳健性检验——替换代理变量、改变估计模型

Variables	全样本		固定效应模型		差分模型	
	(1)	(2)	(3)	(4)	(5)	(6)
	$NCSKEW_{t+1}$	$DUVOL_{t+1}$	$NCSKEW_{t+1}$	$DUVOL_{t+1}$	$NCSKEW_{t+1}$	$DUVOL_{t+1}$
Power1 (Power2)	0.0043**	0.0259**	0.0768*	0.0490**	0.0582*	0.0127***
	(2.1196)	(2.4105)	(1.7469)	(2.3206)	(1.7185)	(3.2637)
NCSKEW	0.0644***		−0.1077***		−0.1074***	
	(5.8690)		(−9.0933)		(−9.0633)	
DUVOL		0.0691***		−0.0943***		−0.0939***
		(5.7320)		(−7.1788)		(−7.1552)
Sigma	2.0269***	2.5309***	0.7489	1.0258*	0.7520	1.0317*
	(3.6200)	(5.4041)	(1.0616)	(1.7248)	(1.0658)	(1.7346)
Ret	16.0979***	15.1053***	4.0515**	3.7830**	4.1047**	3.8335***
	(11.3863)	(11.1810)	(2.5266)	(2.5446)	(2.5603)	(2.5791)

续表

Variables	全样本		固定效应模型		差分模型	
	(1)	(2)	(3)	(4)	(5)	(6)
	$NCSKEW_{t+1}$	$DUVOL_{t+1}$	$NCSKEW_{t+1}$	$DUVOL_{t+1}$	$NCSKEW_{t+1}$	$DUVOL_{t+1}$
Dturn	-0.1199***	-0.1068***	-0.1192***	-0.1064***	-0.1195***	-0.1070***
	(-5.6817)	(-6.1528)	(-4.8761)	(-5.1587)	(-4.8892)	(-5.1882)
Size	0.0245***	0.0210***	0.2016***	0.1842***	0.2013***	0.1835***
	(3.0114)	(3.2092)	(9.5891)	(10.3796)	(9.5698)	(10.3390)
ROA	0.3536***	0.0428	-0.3652*	-0.5565***	-0.3630*	-0.5547***
	(2.5920)	(0.3666)	(-1.8753)	(-3.3863)	(-1.8640)	(-3.3753)
Lev	0.1173***	0.0943***	0.1012	0.0994	0.1052	0.1030
	(2.8803)	(2.9135)	(1.2196)	(1.4196)	(1.2696)	(1.4727)
BM	-0.1698***	-0.1507***	-0.3295***	-0.3041***	-0.3301***	-0.3047***
	(-11.3647)	(-12.2197)	(-17.0692)	(-18.6844)	(-17.1000)	(-18.7214)
ABACC	0.0319*	0.1437	0.0305	0.0337	0.0305	0.0346
	(1.7080)	(1.2611)	(0.3491)	(0.4576)	(0.3494)	(0.4693)
cons	-0.7768***	-0.7091***	-4.4116***	-4.0204***	-4.4314***	-4.0377***
	(-4.3142)	(-4.8690)	(-9.9754)	(-10.7692)	(-10.0243)	(-10.8202)
Year fixed	YES	YES	YES	YES	YES	YES
Ind fixed	YES	YES	YES	YES	YES	YES
N	14 308	14 308	14 308	14 308	14 308	14 308
R^2	0.1530	0.2103	0.1610	0.2148	0.1609	0.2146
Adjusted-R^2	0.1506	0.2082	0.1145	0.1504	0.1147	0.1503
F	64.7074	88.3966	111.8929	159.4393	111.7666	159.3271

注：括号内的数字为经公司聚类和异方差调整的稳健性标准误对应的 t 值；
***、**、*分别表示1%、5%、10%的显著性水平。

5.5.2　改变估计模型

借鉴王化成等（2015）[79]、沈华玉等（2017）[171]的做法，为了减少个体效应对回归较多的影响，进一步使用固定效应模型对结果进行重新估计，同时为了减少时间趋势效应对回归结果的影响，还使用了差分模型进行检验。如表5-11所示，回归模型（3）、（4）为固定效应模型，Power1的系数在10%和5%水平上显著正相关；回归模型（5）、（6）为差分模型，Power1的系数在10%和1%水平上显著正相关。以上结果说明在消除个体效应或时间趋势效应后结论依然稳健。

5.5.3　延长预测期

为了考察高管权力对未来股价崩盘风险的预测能力，将模型（5.7）中预测期1年扩展到未来2年和3年，解释变量和控制变量不变，一方面可以进一步考察高管权力对股价崩盘风险是否具有长期效应，同时也能在一定程度上克服两者可能产生的内生性问题。如表5-12所示，回归模型（1）、（2）中为未来第二年的预测期，Power1的回归系数分别为0.0234和0.0460，在5%和10%水平上显著正相关；回归模型（3）、（4）中为未来第三年的预测期，Power1的回归系数分别为0.0153和0.0548，且都在10%水平上显著相关，验证了高管权力对股价崩盘风险的正相关作用具有长期性，支持了假设H5.1，并增强了结论的稳健性。

表5-12　　　　　　　　稳健性检验——延长预测期

Variables	(1)	(2)	(3)	(4)
	$NCSKEW_{t+2}$	$DUVOL_{t+2}$	$NCSKEW_{t+3}$	$DUVOL_{t+3}$
Power1	0.0234**	0.0460*	0.0153*	0.0548*
	(2.4119)	(1.8693)	(1.7667)	(1.8279)
NCSKEW	0.0636***		0.0637***	
	(4.8982)		(4.3217)	
DUVOL		0.0865***		0.0800***
		(5.9759)		(4.9042)

续表

Variables	(1) NCSKEW$_{t+2}$	(2) DUVOL$_{t+2}$	(3) NCSKEW$_{t+3}$	(4) DUVOL$_{t+3}$
Sigma	4.5397***	4.7087***	3.0746***	3.2688***
	(6.9073)	(8.5187)	(3.9476)	(5.1201)
Ret	7.9773***	10.5773***	9.4003***	10.5273***
	(4.7523)	(6.7512)	(4.8385)	(5.6741)
Dturn	−0.0649***	−0.0562***	−0.0776***	−0.0660***
	(−2.8249)	(−2.9189)	(−2.7861)	(−2.8584)
Size	−0.0272***	−0.0228***	−0.0451***	−0.0327***
	(−3.0872)	(−3.1603)	(−4.4635)	(−3.9737)
ROA	1.1765***	0.8586***	1.0463***	0.7191***
	(7.1346)	(6.2521)	(5.3840)	(4.4004)
Lev	0.1133**	0.0802**	0.1355**	0.1206***
	(2.4114)	(2.0893)	(2.4073)	(2.6596)
BM	−0.0562***	−0.0457***	−0.0648***	−0.0725***
	(−3.4602)	(−3.6115)	(−3.7080)	(−5.2149)
ABACC	−0.0631*	−0.0726	−0.2227**	−0.2302***
	(−1.7579)	(−1.0261)	(−2.1306)	(−2.7074)
cons	−0.1862	−0.1790	0.6165***	0.2913
	(−0.9217)	(−1.0866)	(2.6375)	(1.5395)
Year fixed	YES	YES	YES	YES
Ind fixed	YES	YES	YES	YES
N	10 470	10 470	8 175	8 175
Adjusted-R^2	0.1278	0.1833	0.1103	0.1521
F	48.5618	65.4144	46.1875	54.2036

注：括号内的数字为经公司聚类和异方差调整的稳健性标准误对应的t值；
***、**、*分别表示1%、5%、10%的显著性水平。

5.5.4　Heckman模型

现有研究中关于引起股价崩盘风险的主因主要是由代理问题或信息不对称所致。而内外部治理水平良好的公司发生股价崩盘风险的概率较低，但有些内外部监管并未制约高管权力的自利性行为，反而增加了代理成本，加重了信息的不对称程度，进而加剧了股价崩盘风险，以上导致了高管权力与股价崩盘风险的伪相关性。为了克服上述样本自选择问题，本书参考叶康涛等（2015）[277]的研究，采用Heckman模型加以解决。

具体而言，Heckman模型在第一阶段使用Probit模型估计高管权力的决定因素，并在此基础上计算逆米尔斯比（IMR）。第一阶段的被解释变量为MP，若Power1大于样本同行业年度中位数，MP取值为1，否则为0。参考林川（2016）[278]、潘秀丽和王娟（2016）[279]的研究，第一阶段的解释变量为股权制衡度（Shrs）、两权分离程度（CP）、独立董事比例（IB）、产权性质（SOE）、上市公司年龄（Age）、公司规模（Size）、公司审计的会计师事务所是否为四大（Big4）以及审计行业专长（Spec），模型（5.9）如下所示。在完成第一阶段回归后把IMR代入原有模型，进行第二阶段回归以修正样本自选择问题。

$$\text{MP}_{i,t} = \beta_0 + \beta_1 \text{Shrs}_{i,t} + \beta_2 \text{CP}_{i,t} + \beta_3 \text{IB}_{i,t} + \beta_4 \text{SOE} + \beta_5 \text{Age}_{i,t} + \beta_6 \text{Size}_{i,t} + \beta_7 \text{Big4}_{i,t} + \beta_8 \text{Spec} + \text{Ind} + \text{Year} + \varepsilon \quad (5.9)$$

如表5-13所示，回归模型（1）为第一阶段的结果，将估计得到的逆米尔斯比（IMR）代入原回归模型中，模型（2）、（3）中分别以NCSKEW_{t+1}和DUVOL_{t+1}为被解释变量，在加入了IMR后，Power1仍然在5%水平上显著正相关，与假设H5.1的结论一致。

表5-13　　　　　内生性检验——Heckman模型

Variables	(1) MP	Variables	(2) NCSKEW$_{t+1}$	(3) DUVOL$_{t+1}$
Shrs	0.1458**	IMR	0.1458**	0.1458**
	(2.1457)		(2.1457)	(2.1457)

续表

Variables	(1)	Variables	(2)	(3)
	MP		NCSKEW$_{t+1}$	DUVOL$_{t+1}$
CP	0.1108***	Power1	0.0044**	0.0057***
	(4.4012)		(2.3807)	(3.2069)
IB	−0.8003*	NCSKEW/	0.0643***	0.0689***
	(−1.6880)	DUVOL	(5.8616)	(5.7162)
SOE	0.2033***	Sigma	1.9842***	2.4954***
	(5.2712)		(3.5397)	(5.3277)
Age	0.0765*	Ret	16.1236***	15.0983***
	(1.7725)		(11.4252)	(11.1954)
Big4	−0.4752***	Dturn	−0.1188***	−0.1060***
	(−4.3812)		(−5.6220)	(−6.0995)
Spec	−0.5641***	Size	0.0258***	0.0225***
	(−3.8506)		(3.1102)	(3.3651)
cons	1.1241***	ROA	0.3536***	0.0440
	(4.3661)		(2.5926)	(0.3766)
Year/Ind	YES	Lev	0.1212***	0.0974***
			(2.9835)	(3.0103)
		BM	−0.1703***	−0.1514***
			(−11.3937)	(−12.2680)
		ABACC	0.0320**	0.0471*
			(2.4092)	(1.6877)
		cons	−0.8048***	−0.7377***
			(−4.3753)	(−4.9476)
N	7 654	N	13 395	13 395
rho	−0.1245	Adjusted-R^2	0.1507	0.2082

注：***、**、*分别表示1%、5%、10%的显著性水平。

5.6　本章小结

在对高管权力进行进一步研究的过程中，本章以股价崩盘风险为切入点，研究了高管权力对未来股价崩盘风险的影响，并在此基础上分析了在异质性产权和股权结构下两者关系是否存在差异。实证结果表明：

①高管权力显著加剧了未来股价崩盘风险。由于公司治理的不完备（管理层与股东合谋或两职兼任等情况），位于科层结构顶端的管理层凌驾于董事会之上，一方面为了掩盖其自利动机和寻租行为，实现获取私有收益、政治晋升或私建企业帝国的目的，会有意识地进行盈余管理、操纵信息披露或其他伪装，从而增加了代理成本；另一方面权力的扩大会增加高管的过度自信，在信息披露上表现为较乐观的盈利预测，使报表信息不准确，进而导致信息不对称程度增加。以上两种情形都会加剧股价崩盘风险。

②在股权分散（经理人控制）的非国有上市公司中，高管权力与股价崩盘风险显著正相关，企业的控制权集中于高管手中，相对大股东在一定程度上起到制约和监督作用，抑制了高管权力对股价崩盘风险的正相关关系；而在股权集中（非经理人控制）的非国有上市公司中，高管权力同样与股价崩盘风险显著正相关，但此时，高管的权力更多来自控股股东，两者利益一致，代理问题并没有得到抑制，实际控股股东控制权的增加更加剧了高管权力与股价崩盘风险的正相关关系。

③在国有上市公司中，高管权力与股价崩盘风险正相关，但相对于非国有企业，其正相关作用明显较弱。这主要由于在我国国有企业中"一股独大"的股权结构以及"所有者缺位"的情况导致高管权力得到加强，国有企业高管相对于非国有企业高管具有明显的"政治人"特点，受到政府监督的同时出于自身的政治动机和晋升的考虑，往往会选择规避风险，因此抑制了高管权力与股价崩盘风险的正相关关系。

④在分析了以上异质性终极控制人性质（产权性质）和股权结构的上市公司中高管权力与股价崩盘风险的关系的基础上，进一步探讨了其影响机制，实证发现，在国有上市公司和股权分散的非国有上市公司中主

要是由于第一种代理问题所致，在股权集中的非国有上市公司中主要是由于第二种代理问题所致，虽然高管权力的增加会提高高管的过度自信从而也可能增加崩盘风险，但其代理问题才是高管权力加剧股价崩盘风险的主因。

第6章 企业创新与股价崩盘风险关系实证检验

创新活动是企业创造价值的一项重要的战略性决策活动，也是提升国家竞争力和实现经济持续增长的关键要素（Solow，1957[2]；Tian 和 Wang，2014[37]）。同时企业创新活动具有信息透明度低和不确定性收益高的特征，对股价崩盘风险所产生的影响，现有研究结论并不一致：国外学者 Kim 和 Zhang（2016）[178]在探讨会计稳健性对股价崩盘风险的影响时把 R&D 作为信息不对称的代理变量，认为创新投入较多的企业，管理层通常不愿意披露企业创新情况从而增加了信息不对称进而导致股价崩盘风险的发生；而我国学者周铭山等（2017）[188]以创业板上市公司为样本研究发现创新投入越多股价盘崩风险越低，投资者获得的超额收益越高。基于国内外不同研究背景，学者们得出了相反的结论，对于我国主板市场创新投入与股价崩盘风险呈现何种关系，并未有学者进行研究。本章以此为契机通过创新投入和创新产出两个微观层面考察企业完整的创新活动对股价崩盘风险的影响，并分析其背后的作用机理，对于在提高创新能力的同时降低股价崩盘风险、维护金融市场稳定具有重要的理论和现实意义。

上一章分析了高管权力中的代理问题对股价崩盘风险的影响，但同时也应注意到影响股价崩盘风险的另一重要因素——市场投资者的关注和反应（周铭山等，2017[188]；宋献中等，2017[180]）。投资者关注具有解读和明辨信息、增强投资者信心的作用，而又可能对负面信息起到推波助澜引起市场恐慌的效应。宋献中等（2017）[180]认为自利动机的内部人隐瞒负面消息致使信息不透明是股价崩盘风险的内因，而外部投资者的反应则是外在推力，两者共同导致股价崩盘的发生。

本书沿袭这一观点，在探讨企业创新行为与股价崩盘风险时，以投资者关注为切入点进行分析：①创新活动具有信息不对称、回报周期长、不确定性高等特征（Holmstrom，1989[3]；Hirshleifer et al.，2012[5]），尤其当企业拥有技术优势、市场前景良好、高额预期收益以及潜在风险等诸多信息时，作为企业高管为了节约信息披露成本、避免技术泄密，往往会尽量减少信息披露从而更增加了信息的不对称性和不确定性，这是否会导致资本市场中的股价崩盘风险？而投资者关注有利于对企业的信息搜集并提高了信息解读效率和股价信息含量，降低了信息不对称性，此时投资者关注是否能够缓解股价崩盘风险？②企业积极开展创新活动，进行研发投入或取得研发成果向投资者传递了企业快速成长并可能获得超额收益的信号，在资本市场中一方面增强了投资者的信心，另一方面潜在的高收益对投资者来说具有吸引力，投资者对企业创新的关注是否会抑制股价崩盘风险并提升股价？③具有自利动机的内部人（高管或股东）可能利用盈余操纵进行开发费用资本化，以达到提升股价进而减持套现的目的，而非真正地提升企业创新价值，内部人减持套现后致使不确定性上升，与外部投资者的一致性被打破从而引起投资者恐慌形成大范围的减持是否可能进一步加剧股价崩盘风险？④当外部市场态势不同时，是否会对投资者关注产生影响？

6.1 理论分析与研究假设

6.1.1 企业创新产出、投资者关注（信心效应）与股价崩盘风险

企业创新活动是具有风险性高、回报周期长、不确定性大等特征的长期投资活动（Holmstrom，1989[3]；Hirshleifer et al.，2012[5]），一般默认为企业持续的创新投入，会给企业带来技术革新和优势竞争力。但实际上创新投入与创新产出之间还有相当大的距离，并不一定能转化为高质量的创新产出。创新产出包括发明专利、非发明专利（实用新型和外观设计）两种，企业提交专利申请意味着向社会公众透露了企业研发的进展和阶段性成果，预示着企业在某个领域的技术性突破和良好的发展前景，有利于提升企业竞争实力和企业创新价值。企业申报发明专利与非发明专利的信息数量增加，投资者就能够获得更多关于企业未来良好发展的信息，而且创新活动中的信息不对称性和不确定性有所减弱。同时，企业创新产出的披露一方面吸引了外部投资者的关注，Barber和Odean（2008）[280]指出投资者在成百上千只股票中进行甄选时，不可能选择所有股票进行风险分担，其更倾向于选择具有较高成长性且能引起市场关注的股票，并给予相对乐观的股价，Aghion et al.（2013）[133]认为机构投资者偏爱创新产出高的企业，机构投资者的加入进一步吸引了投资者的关注；另一方面加强了投资者的信心，有利于树立良好的企业形象。首先，Godfrey et al.（2009）[281]认为良好的企业形象虽不能带来直接的股价提升或资本存量，但当企业面临负面事件冲击时，可以发挥缓冲作用。当企业负面信息突然集中出现时，市场投资者会倾向于相信企业，认为是管理层的判断错误而非恶性自利行为，从而削弱投资者对坏消息的反应（Godfrey，2005[282]）。其次，在未获知企业动机的情况下，外部投资者相信其基于好的动机产生了不好的后果，从而避免大量抛售股票的恶性事件的发生（Godfrey et al.，2009[281]）。最后，目前我国正处于

经济转型的攻坚期，政府加大力度鼓励企业创新、重视创新型企业发展，并颁布一系列的创新补贴和优惠政策，创新方面产业政策的调整进一步强化了投资者对企业创新的关注，也增强了其投资企业的信心。此时，投资者关注主要发挥第一重效应——增强投资者信心的效应，一定程度上抑制了股价崩盘风险。

此外，黎文靖和郑曼妮（2016）[9] 提出基于管理层动机视角可以将企业创新划分为以推动企业技术进步和获取竞争力为目的的"高质量"的实质性创新（发明专利）和以谋求其他利益为目的追求创新"数量"和"速度"迎合政府的"策略性创新"（非发明专利）。相比于实质性创新，策略性创新往往无须企业付出过多的创新资源和心血，往往是为了获得更多政府对创新的补助和优惠而为之（安同良等，2009[283]；Hall 和 Harhoff，2012[284]），片面追求数量和速度，并不能真正体现企业创新的实力，致使企业创新的不确定性和信息不对称性一直存在，并未因投资者的关注和信心效应增加而增强企业透明度。基于以上分析，我们提出如下假设：

H6.1：在限制性条件下，企业创新产出与股价崩盘风险呈负相关；相对于策略性创新，实质性创新与股价崩盘风险的负相关关系更显著。

H6.2：在限制性条件下，投资者关注越高，创新产出与股价崩盘风险的负相关关系越显著。

6.1.2　企业创新投入、投资者关注（解读效应）与股价崩盘风险

创新投入的信息不透明主要来自研发自身特征以及内部人利用其进行盈余管理操纵。从自身特征来看，高创新强度的企业能够为投资者带来超额收益率，具有正向的公告效应，从而吸引了投资者的关注。但当企业拥有技术优势、市场前景良好、高额预期收益以及潜在风险等诸多信息时，作为企业高管为了节约信息披露成本、避免技术泄密，往往会尽量减少信息披露从而更增加了信息的不对称性和不确定性。作为外部投资者，面对上述由创新投入带来的经营风险和对未来收益的不确定性，增加了其对创新价值评估的难度（Ho et al.，2004[285]）。同时由于

企业投资者的有限关注或反应不足，以及对创新投入信息的判定、甄别需要一段时间，企业的创新投入价值无法立刻反映到股价中，从而使其价格存在漂移现象（Cohen et al.，2013[286]）。

企业创新投入可能成为企业内部人进行盈余管理的工具，从而进一步降低了企业信息透明度。创新投入中的开发支出资本化不仅可以影响当期盈余，而且可以释放出公司研发项目可能成功的重要信息，向资本市场发出企业具有潜在投资价值的信号，有利于提升股价（Aboody和Lev，2000[287]）。内部人可能利用股价提升这一时机进行减持套现，而非真正意义上进行持续性的创新活动（周铭山等，2017[205]）。我国上市公司的高管为了实现自身收益最大化，在进行股票减持前会利用开发支出会计政策的隐性选择进行盈余管理行为（姜博等，2014[288]）。其一，开发支出资本化或费用化具有很大隐性操作空间。我国2007年新会计准则执行后，企业根据研发活动的进程分为研究阶段和开发阶段，满足条件的研发支出企业可自行判断是否予以资本化，其主要依赖于管理层的职业判断和决策，具有很大的自主性和灵活性（谢德仁等，2017[289]；2018[290]）。同时企业选择开发支出资本化还是费用化不涉及会计政策变更，无须详细披露其变更对公司盈余的影响、变更原因并进行追溯调整，企业管理层可以自如地在不同开发项目、不同季度和不同年度之间进行开发支出的资本化或费用化。其二，外部投资者很难发现开发支出资本化或费用化是否进行了盈余管理。一方面由于研发信息披露可能涉及泄露商业机会或不同行业研发信息具有很大的差异性，相关法律法规对上市公司研发支出信息披露并没有进行统一规定，上市公司可根据自身情况和高管的意愿进行披露，对某个领域没有深入了解的投资者很难从公司披露的有限的研发信息中判断其是否能够成功或具有未来市场价值，韩鹏和彭韶兵（2012）[291]指出政府应明确规定企业研发信息的披露内容、形式和标准以满足投资者的需求；另一方面如前所述，高管有意愿、有能力为了自身利益将可能不具未来价值甚至失败的研发支出进行资本化（或具备成功条件有价值的研发支出进行费用化），投资者很难找到证据证明管理层利用开发支出资本化进行了盈余管理，资本化后不仅提升当期盈余而且有利于股价提高，投资者很可能视其为利好消息。

通过以上分析可知研发投入自身特征和内部人通过开发支出会计政策选择的盈余管理行为都加剧了公司信息的不对称程度，盈余管理反映了企业会计信息质量，盈余管理水平越高的公司，企业信息透明度越低，投资者越难了解企业真实经营情况，致使股价同步性提高，进而导致股价崩盘风险的可能性提高（Hotton et al.，2009[11]）。潘越等（2011）[40]研究发现，公司信息不透明度与个股股价崩盘风险显著正相关，而分析师关注可以缓解两者之间的正相关关系。沿袭这一思路，设想投资者关注所产生的第二重效应——信息解读效应是否能够有效缓解企业与投资者之间的信息不对称。

一方面，投资者关注有利于增强对企业研发信息的解读，增加了企业信息的透明度，抑制了股价崩盘风险。李小晗和朱红军（2011）[292]研究发现，在差异化的股市周期和阶段中，投资者的情绪和心态存在差异性，投资者的关注程度亦不相同，当投资者关注程度高时，信息解读的效率高、时滞性低，信息在短时间内可以迅速传播；而当投资者有限关注时则情况亦然，但从长期来看，随着投资者对信息不断获知和了解，解读效果不存在差异。投资者关注是通过更多的时间和精力去解读公司或市场释放的信息，其中机构投资者具备专业知识和挖掘更多企业私有信息的能力，当对某类（只）股票关注程度比较高时，会通过多种途径和方式进行信息解读，有助于提高信息处理效率，增强股价信息含量（Drake et al.，2012[293]）。李春涛等（2014）[294]认为分析师具有行业专业性和投资经验，能够较好地解读企业复杂的财务信息，发现其中的问题，同时能够减少财务报告质量的恶化（Irani 和 Oesch，2013[295]）。徐欣和唐清泉（2010）[296]认为分析师跟踪能够为企业创新活动提供有利信息，有利于投资者对企业研发活动的认同。同时，投资者的关注会提高股票的流动性（张继德等，2014[297]），而股票流动性的提高有利于私人信息进入股价，股价信息含量逐步提高，股价信息含量越高，使公司的透明度越高，股价崩盘风险越低。

另一方面，投资者关注也可能给企业内部人带来压力，导致高管的短视行为（Graham et al.，2005[298]），从而增加了企业信息的不对称性，进一步恶化了股价崩盘风险。Irani 和 Oesch（2013）[295] 研究发现企业高管受到分析师的压力，增加了企业的盈余管理活动以提高企业的短期业绩；许年行等（2013）[185] 研究发现机构投资者虽具有专业技能和获取信息能力方面的优势，但同时其非理性的真羊群行为降低了信息透明度进而提升了股价崩盘风险；林永坚等（2017）[299] 研究发现基于"短期行为理论"和"治理理论"股票流动性并没有起到稳定市场的作用，反而促进了股价崩盘风险。

基于以上分析，投资者关注所发挥的解读效应会起到缓解还是加剧研发投入与股价崩盘风险之间的正相关关系，我们提出对立性假设：

H6.3：在限制性条件下，创新投入与股价崩盘风险呈正相关关系；相比于研发支出费用化，研发支出资本化与股价崩盘风险正相关关系更显著。

H6.4a：在限制性条件下，投资者关注缓解了研发投入与股价崩盘风险之间的正相关关系。

H6.4b：在限制性条件下，投资者关注加剧了研发投入与股价崩盘风险之间的正相关关系。

6.1.3 内部人减持、投资者关注（恐慌效应）与股价崩盘风险

上市公司高管在短期内为获得持股变动收益往往会选择操纵公司盈余或者选择适当的时机以影响股价。Trueman（1990）[300] 研究指出，当企业高管在下期准备减持公司股票时，会在当期进行向上的盈余管理以达到提升股价的目的。Park 和 Park（2004）[301] 研究指出，公司高管计划未来某期减持股票时，在减持前的可操纵应计显著高于其他公司。姜博等（2014）[288] 研究发现，企业高管基于自利动机会在减持（抛售）股票前可能利用开发支出资本化的盈余操纵来提高盈余并提升股价。之所以选择创新投入进行盈余操纵是因为会计政策选择的利用具有隐蔽性，而且在一定程度上并不违反相关法规，进行盈余管理的风险和成本相对较小。除了企业高管，公司大股东等也可能在减持前进行盈余管理行为。吴育辉等（2010）[302] 研究发现，大股东在股票

减持过程中存在严重的"掏空"行为，大股东减持前后累计超额收益由正转负，控股股东为了在减持前提升股价还有意发布好消息而将坏消息进行延迟公布。由此可见，企业内部人（高管和大股东）通过各种形式的盈余操纵为股票减持（抛售）做准备以获取股价变动收益，此种行为一方面会使隐藏在企业中的坏消息持续增多，另一方面内部人抛售股票的行为增加了股票市场的不确定性，外部投资者推断企业存在负面信息，但不了解其严重程度。负面消息的增加和不确定性的上升引起投资者恐慌，纷纷抛售股票，从而加剧了股价崩盘风险（Marin 和 Oliver，2008[183]）。此时投资者关注更多表现为第三种效应——对不确定性的恐慌效应。

投资者关注在企业披露研发信息时更多表现为信息解读效应，是因为时间上相对宽松，投资者可以通过各种信息渠道和途径了解企业内部研发进展，以获知企业信息来决定是否进行投资以及投资的程度。而当内部人进行抛售时，股价会随之迅速下跌，外部投资者往往没有足够的时间进行分析而跟随抛售以减少损失。正如 Gennotte 和 Leland（1990）[182] 所指出的，在经济不确定性上升时，外部环境的一个微小信息变化都可能导致投资的情绪恐慌，从而引起股价的剧烈波动。许年行等（2013）[185] 认为机构投资者非理性的羊群行为破坏了市场的稳定性，提高了股价崩盘风险，更多地扮演了"崩盘加速器"的角色。吴战篪和李晓龙（2015）[303] 研究认为，内部人抛售会导致内部人与外部投资者的利益一致性被打破，加剧两类代理冲突成本的上升，投资者需要更高回报来弥补不确定性的提升从而引发股价崩盘风险，其中由于我国实施了"高管减持受限"的相关规定，使大股东抛售股票对股价崩盘风险的影响更大。

我们注意到，虽然高管减持并不能导致更高的股价崩盘风险，但内部人（高管和大股东）减持之后，引起外部投资者的理性与非理性的反应和行为，将进一步加剧股价崩盘风险。首先，内部人减持前公布开发支出资本化或新的研发进展，外部投资者在有限关注下解读企业信息的同时增强了投资信心，内部人在减持行为发生之前没有任何迹象，外部投资者不可能提前做出预测，突然的减持行为加剧了代理成本升高的不确定性；其次，外部投资者越多，一致性预期越强，高管和大股东的减持行为打破了投资者们的一致性预期；最后，作为理性的投资者在不确切了解企业实际创新价值时，内部人的抛售行为对其冲击更大，会采取更为稳健的方式——跟随抛售来保护自身利益，他们的跟随行为（羊群行为）会加剧股价崩盘风险。

基于以上分析我们可知，企业内部人可能通过盈余操纵进行开发支出资本化以提升股价，随后进行内部人抛售行为（姜博等，2014[288]）。内部人减持行为增加了股价崩盘风险，即便不是内部人隐藏坏消息，但内部人的抛售行为也会引发投资者一致性预期被打破，增加投资者的恐慌效应以及后续激烈的持股调整应对行为从而加剧股价崩盘风险，因此提出假设：

H6.5：在限制性条件下，内部人股票减持与股价崩盘风险正相关；相比于高管减持，大股东减持对股价崩盘风险的影响更显著。

H6.6：在限制性条件下，投资者关注越多，内部人股票减持与股价崩盘风险的正相关关系越显著。

6.2　研究设计

6.2.1　变量定义与模型构建

（1）变量定义

①被解释变量——股价崩盘风险

沿用第5章界定的关于股价崩盘风险的指标进行衡量。

②解释变量

A.企业创新

根据第4章的界定，创新产出主要使用专利申请总数（Patent）、发明专利申请（Patenti）和非发明专利申请（Patentud）衡量；创新投入（RDsale）采用学术界一般做法，以研发费用占企业销售收入的比来度量，并进一步细分为资本化创新投入占销售收入比重（RDin）和费用化创新投入占销售收入比重（RDex）；企业通过财务报表披露的研发投入存在大量缺失值，尤其对于费用化或资本化的研发投入披露数据缺失更为严重，借鉴袁建国等（2015）[308]和周铭山等（2016）[213]的做法，将未进行披露的企业样本作为缺失值处理。

B.内部人减持（Nerseller）

内部人减持表示内部人在当期卖出所持股份数量，包括高管减持（Salem）和大股东减持（Saleh）。借鉴吴战篪和李晓龙（2015）[304]的度量方法，其中高管减持（Salem）用高管的净卖出股数与年末流通股股数的比表示；大股东减持（Saleh）用大股东（5%以上）的净卖出股数与年末流通股股数的比表示；内部人减持等于高管与大股东减持的总股数除以年末流通股股数。

③调节变量——投资者关注（IA）

对于投资者关注的度量，学者们曾以谷歌指数（Drake et al.，2012）、百度指数（张继德等，2014[300]；周铭山等，2017[188]）作为代理变量，百度指数最大的问题在于只能获取2011年之后的数据，而且百度搜索指数缺失严重，李小晗和朱红军（2012）[292]以不同周历阶段作为投资者关注的代理变量，但其主要研究的是投资者关注程度高低对信息传播的效果，与本书对企业行为的关注有较大差异。本书选用机构投资者持股比例和分析师跟踪人数来作为投资者关注的替代变量，因为二者也属于投资者范畴，并且具有专业性，其对企业创新的关注对公众投资者来说具有信号作用，可以进一步提高投资者关注。

借鉴许年行等（2013）[185]的度量方法，以机构投资者持股比例（Insr），并借鉴潘越等（2011）[40]、吴战篪和李晓龙（2015）[303]的度量方法，以分析师跟踪人数的自然对数（Analyst）作为衡量投资者关注的两个代理变量，其中对于分析师跟踪人数，如果在第t年分析师j对公司做了多次预测，只保留最后一条预测记录。

本章的主要变量定义见表6-1。

（2）模型构建

本章主要通过如下模型检验在投资者关注的三重效应下企业创新以及由研发投入增加所引起的内部人减持对股价崩盘风险的差异化影响。具体模型如（6.1）～（6.6）所示。

表6-1 主要变量定义

	变量名称	变量代码	变量定义
被解释变量	股价崩盘风险	$NCSKEW_{i,t+1}$	第t+1年 NCSKEW（计算方法见正文）
		$DUVOL_{i,t+1}$	第t+1年 DUVOL（计算方法见正文）
解释变量	创新投入	$RDsale_{i,t}$	第t年企业研发费用占企业销售收入的比重
		$RDin_{i,t}$	第t年资本化创新投入占销售收入比重
		$RDex_{i,t}$	第t年费用化创新投入占销售收入比重
	创新产出	$Patent_{i,t}$	第t年公司专利（发明、实用新型和外观设计）申请总数
		$Patenti_{i,t}$	第t年公司发明专利申请的总数
		$Patentud_{i,t}$	第t年公司非发明（实用新型与外观设计）专利申请的总数
	内部人减持	$Nerseller_{i,t}$	第t年高管与大股东减持的总股数除以年末流通股股数
	高管减持	$Salem_{i,t}$	第t年高管的净卖出股数与年末流通股股数的比
	大股东减持	$Saleh_{i,t}$	第t年大股东（5%以上）的净卖出股数与年末流通股股数的比
调节变量	投资者关注	$Analyst_{i,t}$	第t年分析师跟踪人数的自然对数
		$Insr_{i,t}$	第t年机构投资者持股比例
控制变量	负收益偏态系数	$NCSKEW_{i,t}$	第t年 NCSKEW
	收益波动率	$DUVOL_{i,t}$	第t年 DUVOL
	月平均超额换手率	$Dturn_{i,t}$	第t年股票i的月平均换手率与第t-1年股票i的月平均换手率之差
	周特有收益率	$Ret_{i,t}$	第t年股票i周特有收益的平均值
	收益波动	$Sigma_{i,t}$	第t年周特有收益的标准差
	企业规模	$Size_{i,t}$	第t年公司总资产的自然对数
	资产负债率	$Lev_{i,t}$	第t年期末总资产/期末总负债
	资产收益率	$ROA_{i,t}$	第t年税前利润/期末总资产
	市账比	$MB_{i,t}$	第t年市账比
	信息透明度	$ABACC_{i,t}$	第t年 ABACC（计算方法见正文）
	行业变量	Ind	样本涉及16个行业，共设置15个行业虚拟变量
	年度变量	Year	样本研究期限为10年，共设置9个年度虚拟变量

$$CR_{i,t+1} = \beta_0 + \beta_1 lnPatent_{i,t}(lnPatenti_{i,t}/lnPatentud_{i,t}) + \beta_2 CR_{i,t} + \beta_3 Dturn_{i,t} +$$
$$\beta_4 Sigma_{i,t} + \beta_5 Ret_{i,t} + \beta_6 Size_{i,t} + \beta_7 MB_{i,t} + \beta_8 Lev_{i,t} + \beta_9 ROA_{i,t} +$$
$$\beta_{10} ABACC_{i,t} + \sum_{m=1}^{15} \beta_{10+m} Ind + \sum_{j=1}^{10} \beta_{25+j} Year + \varepsilon_{i,t} \tag{6.1}$$

$$CR_{i,t+1} = \beta_0 + \beta_1 lnPatent_{i,t} + \beta_2 lnPatent_{i,t} \times IA_{i,t} + \beta_3 IA_{i,t} + \beta_4 CR_{i,t} + \beta_5 Dturn_{i,t} +$$
$$\beta_6 Sigma_{i,t} + \beta_7 Ret_{i,t} + \beta_8 Size_{i,t} + \beta_9 MB_{i,t} + \beta_{10} Lev_{i,t} + \beta_{11} ROA_{i,t} +$$
$$\beta_{12} ABACC_{i,t} + \sum_{m=1}^{15} \beta_{12+m} Ind + \sum_{j=1}^{10} \beta_{27+j} Year + \varepsilon_{i,t} \tag{6.2}$$

其中，lnPatent（lnPatenti，lnPatentud）为公司的专利（发明专利、非发明专利）申请数加1取自然对数。

本书采用模型（6.1）和（6.2）来检验假设 H6.1 和 H6.2，即企业创新产出对股价崩盘风险的影响以及投资者关注对两者关系的调节作用。

根据假设 H6.1，企业创新产出会降低股价崩盘风险，我们预期企业创新产出变量的回归系数 β_1 将会显著为负；同时相比于非发明创新（策略性创新），发明创新（实质性创新）对股价崩盘风险的负向作用更为显著，因此要比较两者系数的差异性。

模型（6.2）是在模型（6.1）的基础上引入投资者关注与企业创新产出的交互项（lnPatent×IA），根据假设 H6.2，投资者关注此时主要发挥加强投资者信心的效应，因此会加强对股价崩盘风险的抑制效果，因此我们预期企业创新产出与投资者关注的交互项的回归系数 β_2 将会显著为负。

$$CR_{i,t+1} = \beta_0 + \beta_1 RDsale_{i,t}(RDin_{i,t}/RDex_{i,t}) + \beta_2 CR_{i,t} + \beta_3 Dturn_{i,t} + \beta_4 Sigma_{i,t} +$$
$$\beta_5 Ret_{i,t} + \beta_6 Size_{i,t} + \beta_7 MB_{i,t} + \beta_8 Lev_{i,t} + \beta_9 ROA_{i,t} +$$
$$\beta_{10} ABACC_{i,t} + \sum_{m=1}^{15} \beta_{10+m} Ind + \sum_{j=1}^{10} \beta_{25+j} Year + \varepsilon_{i,t} \tag{6.3}$$

$$CR_{i,t+1} = \beta_0 + \beta_1 RDsale_{i,t} + \beta_2 RDsale_{i,t} \times IA_{i,t} + \beta_3 IA_{i,t} + \beta_4 CR_{i,t} + \beta_5 Dturn_{i,t} +$$
$$\beta_6 Sigma_{i,t} + \beta_7 Ret_{i,t} + \beta_8 Size_{i,t} + \beta_9 MB_{i,t} + \beta_{10} Lev_{i,t} + \beta_{11} ROA_{i,t} +$$
$$\beta_{12} ABACC_{i,t} + \sum_{m=1}^{15} \beta_{12+m} Ind + \sum_{j=1}^{10} \beta_{27+j} Year + \varepsilon_{i,t} \tag{6.4}$$

本书采用模型（6.3）、（6.4）来检验假设 H6.3、H6.4a 和 H6.4b，即企业创新投入对股价崩盘风险的影响以及投资者关注对两者关系的调节作用。

根据假设 H6.3，企业创新投入会增加股价崩盘风险，我们预期企业创新投入变量的回归系数 β_1 将会显著为正；同时相比于研发支出费用化，研发支出资本化对股价崩盘风险的正向作用更为显著，因此要比较两者系数的差异性。

模型（6.4）是在模型（6.3）的基础上引入投资者关注与企业创新投入的交互项（RDsale×IA）。我们提出对立性假设 H6.4a 和 H6.4b：根据假设 H6.4a，投资者关注此时主要发挥信息解读效应从而抑制股价崩盘风险，我们预期企业创新投入与投资者关注的交互项的回归系数 β_2 将会显著为负；也可能根据假设 H6.4b，投资者关注此时的传递压力效应加剧了股价崩盘风险，我们预期企业创新投入与投资者关注的交互项的回归系数 β_2 将会显著为正。

$$
\begin{aligned}
CR_{i,t+1} = {} & \beta_0 + \beta_1 Nerseller_{i,t}(Salem_{i,t}/Saleh_{i,t}) + \beta_2 CR_{i,t} + \beta_3 Dturn_{i,t} + \beta_4 Sigma_{i,t} + \\
& \beta_5 Ret_{i,t} + \beta_6 Size_{i,t} + \beta_7 MB_{i,t} + \beta_8 Lev_{i,t} + \beta_9 ROA_{i,t} + \beta_{10} ABACC_{i,t} + \\
& \sum_{m=1}^{15} \beta_{10+m} Ind + \sum_{j=1}^{10} \beta_{25+j} Year + \varepsilon_{i,t}
\end{aligned} \tag{6.5}
$$

$$
\begin{aligned}
CR_{i,t+1} = {} & \beta_0 + \beta_1 Nerseller_{i,t}(Salem_{i,t}/Saleh_{i,t}) + \beta_2 Nerseller_{i,t}(Salem_{i,t}/Saleh_{i,t}) \times IA_{i,t} + \beta_3 IA_{i,t} + \\
& \beta_4 CR_{i,t} + \beta_5 Dturn_{i,t} + \beta_6 Sigma_{i,t} Patent_{i,t} + \beta_7 Ret_{i,t} + \beta_8 Size_{i,t} + \\
& \beta_9 MB_{i,t} + \beta_{10} Lev_{i,t} + \beta_{11} ROA_{i,t} + \beta_{12} ABACC_{i,t} + \\
& \sum_{m=1}^{15} \beta_{12+m} Ind + \sum_{j=1}^{10} \beta_{27+j} Year + \varepsilon_{i,t}
\end{aligned} \tag{6.6}
$$

本书采用模型（6.5）和（6.6）来检验假设 H6.5 和 H6.6，即内部人减持对股价崩盘风险的影响以及投资者关注对两者关系的调节作用。

根据假设 H6.5，内部人减持会增加股价崩盘风险，我们预期内部人减持变量的回归系数 β_1 将会显著为正；同时相比于高管减持，大股东减持对股价崩盘风险的正向作用更为显著，因此要比较两者系数的差异性。

模型（6.6）是在模型（6.5）的基础上引入投资者关注与内部人减持的交互项（Nerseller×IA）。根据假设 H6.6，投资者关注此时可能引发投资者恐慌从而加剧股价崩盘风险，我们预期内部人减持与投资者关注的交互项的回归系数 β_2 将会显著为负。

6.2.2 样本选择与数据来源

为了保持研究的连续性和研究结论的可比性，与第4章和第5章一致，本章所有解释变量、调节变量和控制变量仍然为2007—2016年1 675家样本公司连续10年的非平衡面板数据（考虑到解释变量为滞后一期，被解释变量的取值范围为2008—2017年），共计9 948个公司年度观测值，2007—2016各年的观测数分别为322、506、729、799、1 094、1 181、1 025、1 292、1 393和1 427[①]。样本筛选方法与第5章相同，不再赘述。本章使用的数据包括公司特征数据、创新数据以及股价崩盘风险数据。其中，公司特征数据中，公司财务数据、公司治理数据、高管持股变动数据均来自国泰安（CSMAR）数据库，机构投资者数据来自万德（Wind）数据库，大股东持股变动数据来自同花顺（iFinD）数据库；创新数据与第4章相同，股价崩盘风险相关数据与第5章相同（不再赘述），所有数据进行了交叉核对。为了消除极端值的影响，增强结论的可靠性，对所涉及的连续变量的两侧极端值进行上下各1%分位数的Winsorize处理。考虑到样本期间在10年左右横截面样本数据较多，借鉴许年行等（2013）[185]的研究，在公司层面进行了聚类调整（Cluster），在进行多元回归分析时使用了Stata15.0统计软件。

6.3 实证结果

6.3.1 描述性统计

表6-2对本章中涉及的主要变量进行了描述性统计。其中，$NCSKEW_{t+1}$的均值和中位数分别为-0.2519和-0.2552，$DUVOL_{t+1}$的均值和中位数分别为-0.1055和-0.1358，与Xu et al.（2014）[170]以及王化成等（2015）[79]等研究中所报告的数值差别不大；两个变量标准差分别

---

① 创新产出、创新投入与内部人减持由于数据可得性观测值有所差异，本观测值以创新产出和投资者关注为准。

为 0.8162 和 0.7012，说明指标间存在较大差异。内部人减持比率
（Netsellr）的均值和标准差分别 0.0336 和 0.0488，大股东减持比率
（Saleh）的均值和标准差分别为 0.0302 和 0.0420，高管减持比例
（Salem）的均值和标准差分别为 0.0102 和 0.0207。投资者关注中分析师
的跟踪人数的自然对数（Analyst）的均值和中位数分别为 2.2374 和
2.3982，标准差为 1.0844；机构投资者比例（Insr）的均值和中位数分
别为 0.3971 和 0.4082，标准差为 0.2268。企业创新投入和产出变量以及
其他控制变量在第 5 章已经介绍，不再赘述。

表6-2 变量描述性统计

Variables	N	均值	最小值	25%分位数	中位数	75%分位数	最大值	标准差
$NCSKEW_{t+1}$	9 948	−0.2519	−2.6091	−0.7938	−0.2552	0.2946	1.8605	0.8162
$DUVOL_{t+1}$	9 948	−0.1055	−1.7924	−0.5951	−0.1358	0.3539	1.8939	0.7012
Patent	9 948	30.7213	1	3	7	14	733	64.2734
Patenti	9 948	11.2453	0	3	4	12	298	29.2046
Patentud	9 948	17.7511	0	0	4	17	417	39.3124
RDsale	7 654	0.0432	0	0.0170	0.0356	0.0523	7.2134	0.1023
RDex	5 612	0.0263	0	0.0056	0.0231	0.0371	0.4715	0.0335
RDin	5 612	0.0084	0	0	0	0.0049	0.1620	0.0350
Salem	4 032	0.0102	0	0.0004	0.0017	0.0040	0.1638	0.0207
Saleh	5 543	0.0302	0.0004	0.0018	0.0088	0.0421	0.2563	0.0420
Netsellr	7 836	0.0336	0.0001	0.0023	0.0106	0.0402	0.2914	0.0488
Analyst	9 948	2.2374	0	1.6091	2.3982	3.0913	4.1114	1.0844
Insr	9 948	0.3971	0.0053	0.2042	0.4082	0.5823	0.8772	0.2268
NCSKEW	9 948	−0.2151	−2.6187	−0.7782	−0.2251	0.3498	1.9637	0.8416

续表

Variables	N	均值	最小值	25%分位数	中位数	75%分位数	最大值	标准差
DUVOL	9 948	−0.1361	−1.5824	−0.5900	−0.1614	0.3024	1.5690	0.6289
Sigma	9 948	0.0529	0.0203	0.0404	0.0507	0.0631	0.1097	0.0172
Ret	9 948	−0.0009	−0.0188	−0.0053	−0.0011	0.0032	0.0196	0.0067
Dturn	9 948	−0.1053	−1.7508	−0.3019	−0.0602	0.1259	0.7368	0.3749
Size	9 948	22.0524	20.0166	21.2343	21.8928	22.6659	26.0980	1.1122
ROA	9 948	0.0535	−0.0958	0.0224	0.0479	0.0795	0.2231	0.0459
Lev	9 948	0.3932	0.0462	0.2417	0.3895	0.5306	0.8346	0.1862
MB	9 948	2.717	0.9618	1.5308	2.1494	3.1480	9.4229	1.4378
ABACC	9 948	0.0672	0.0008	0.0204	0.0450	0.0885	0.452	0.0693

注：以上指标均在1%和99%分位进行了Winsorize处理。

6.3.2 相关性检验

表6-3对主要变量进行了Pearson和Spearman相关系数检验，检验结果如表6-3中的Panel A、Panel B和Panel C所示。如Panel A中所示，企业创新产出（lnPatent）都在5%水平以上与股价崩盘风险（$NCSKEW_{t+1}$和$DUVOL_{t+1}$）显著负相关；如Panel B所示，企业创新投入（RDsale）都在1%水平以上与股价崩盘风险（$NCSKEW_{t+1}$和$DUVOL_{t+1}$）显著正相关；如Panel C所示，内部人减持（Netsellr）都在10%水平以上与股价崩盘风险（$NCSKEW_{t+1}$和$DUVOL_{t+1}$）显著正相关。以上说明在不考虑其他影响因素的情况下，支持基本假设H6.1、H6.3和H6.5，而其他控制变量都至少在10%水平上与股价崩盘风险显著相关。为了排除多重共线性，计算了方差膨胀系数（VIF），各变量的VIF都在3以下，均值为1.59，说明不存在多重共线性。

表6-3

Pearson和Spearman相关性系数

Panel A 企业创新产出与股价崩盘风险及各变量的相关系数检验

	NCSKEW$_{t+1}$	DUVOL$_{t+1}$	lnPatent	NCSKEW	DUVOL	Sigma	Ret	Dturn	Size	ROA	Lev	MB	ABACC
NCSKEW$_{t+1}$		0.9125***	-0.0167**	-0.0375***	-0.0630***	-0.0127**	0.1207***	-0.0952***	-0.0385***	0.1114***	-0.0901***	0.1726***	0.0696***
DUVOL$_{t+1}$	0.9036***		-0.0179**	-0.0462***	-0.0674***	-0.0161*	0.1285***	-0.1278***	-0.0277**	0.0843***	-0.0944***	0.1834***	0.0791***
lnPatent	-0.0256***	-0.0293***		0.0133*	0.0190*	-0.0429***	-0.0150	0.1017***	0.2835***	0.1063***	0.0712***	-0.0525***	-0.0098
NCSKEW	-0.0345***	-0.0453***	0.0073		0.9065***	-0.1756***	-0.5559***	-0.1512***	-0.0836***	0.0272**	-0.0961***	-0.0150	-0.0134
DUVOL	-0.0610***	-0.0667***	0.0126	0.8992***		-0.1889***	-0.6536***	-0.1561***	-0.0833***	-0.0114	-0.0915***	-0.0343***	-0.0180*
Sigma	-0.0203**	-0.0224**	-0.0467***	-0.1833***	-0.1921***		0.2963***	0.3234***	-0.2322***	-0.0048	-0.0431***	0.3955***	0.0074
Ret	0.1196***	0.1263***	-0.0151*	-0.5368***	-0.6468***	0.3102***		0.1358***	-0.0399***	0.0812***	0.0056**	0.1722***	0.0229**
Dturn	-0.0902***	-0.1236***	0.1038***	-0.1397***	-0.1463***	0.3004***	0.1322***		0.1105***	-0.0835***	0.0698***	0.0534***	-0.0991***
Size	-0.0533***	-0.0467***	0.3150***	-0.0909***	-0.0948***	-0.2309***	-0.0499***	0.1186***		-0.0396***	0.4836***	-0.4569***	-0.0472***
ROA	0.1012***	0.0744***	0.1017***	0.0302***	-0.0121	-0.0240***	0.0732***	-0.0722***	-0.0221**		-0.3996***	0.4215***	0.0518***
Lev	-0.0902***	-0.0985***	0.0863***	-0.0984***	-0.0962***	-0.0460***	0.0021	0.0927***	0.4837***	-0.3790***		-0.4669***	0.0366***
MB	0.1501***	0.1647***	-0.0665***	-0.0258***	-0.0435***	0.3758***	0.1843***	0.0045	-0.3964***	0.3934***	-0.4161***		0.0624***
ABACC	0.0858***	0.1021***	-0.0130	-0.0285***	-0.0283***	0.0063	0.0151*	-0.1203***	-0.0413***	0.0344***	0.0288***	0.0522***	

注：下三角是Pearson相关系数，上三角是Spearman相关系数；***、**、*分别表示在1%、5%和10%水平上显著。

续表

Panel B 企业创新投入与股价崩盘风险及各变量的相关系数检验

	NCSKEW$_{t+1}$	DUVOL$_{t+1}$	RDsale	NCSKEW	DUVOL	Sigma	Ret	Dturn	Size	ROA	Lev	BM	ABACC
NCSKEW$_{t+1}$		0.9144***	0.0883***	-0.0599***	-0.0829***	-0.0150	0.1349***	-0.1168***	-0.0494***	0.0950***	-0.0807***	0.1562***	0.0853***
DUVOL$_{t+1}$	0.9051***		0.1052***	-0.0707***	-0.0889***	-0.0089	0.1400***	-0.1427***	-0.0393**	0.0724***	-0.0840***	0.1806***	0.0980***
RDsale	0.0779***	0.0943***		0.0976***	0.1057***	0.1516***	-0.0314***	-0.0636***	-0.3133***	0.1677***	-0.3758***	0.3470***	0.0468***
NCSKEW	-0.0569***	-0.0680***	0.0900***		0.9057***	-0.1762***	-0.5629***	-0.1493***	-0.0916***	0.0289**	-0.1033***	-0.0167	-0.0225*
DUVOL	-0.0817***	-0.0874***	0.1027***	0.8980***		-0.1868***	-0.6532***	-0.1662***	-0.0913***	-0.0071	-0.0974***	-0.0302**	-0.0261*
Sigma	-0.0216*	-0.0166*	0.1492***	-0.1838***	-0.1916***		0.3014***	0.3186***	-0.2102***	-0.0058	-0.0522***	0.4211***	0.0181
Ret	0.1317***	0.1334***	-0.0295***	-0.5410***	-0.6439***	0.3258***		0.2006***	-0.0404***	0.0750***	0.0137	0.1938***	0.0268**
Dturn	-0.1131***	-0.1400***	-0.0505***	-0.1321***	-0.1470***	0.2725***	0.1839***		0.1561***	-0.1248***	0.1232***	-0.0244**	-0.1217***
Size	-0.0632***	-0.0570***	-0.2675***	-0.0987***	-0.1013***	-0.2018***	-0.0550***	0.1699***		-0.0710***	0.5183***	-0.4518***	-0.0425***
ROA	0.0878***	0.0629***	0.0944***	0.0242**	-0.0123	-0.0251*	0.0676***	-0.1124***	-0.0490***		-0.3987***	0.4172***	0.0541***
Lev	-0.0818***	-0.0866***	-0.3438***	-0.1045***	-0.0992***	-0.0472***	0.0083	0.1457***	0.5229***	-0.3829***		-0.4462***	0.0265**
BM	0.1349***	0.1565***	0.3103***	-0.0316***	-0.0446***	0.4024***	0.2009***	-0.0533***	-0.4036***	0.3746***	-0.3928***		0.0647***
ABACC	0.1090***	0.1256***	0.0374***	-0.0401***	-0.0412***	0.0168	0.0198*	-0.1511***	-0.0488***	0.0259**	0.0155	0.0700***	

注：下三角是 Pearson 相关系数，上三角是 Spearman 相关系数；***、**、*分别表示在 1%、5%和 10%水平上显著。

续表

Panel C 内部人减持与股价崩盘风险及各变量的相关系数检验

	NCSKEW$_{t+1}$	DUVOL$_{t+1}$	Netsellr	NCSKEW	DUVOL	Sigma	Ret	Dturn	Size	ROA	Lev	BM	ABACC
NCSKEW$_{t+1}$		0.9094***	0.0134*	-0.0525***	-0.0832***	-0.0286***	0.1448***	-0.1066***	-0.0050	0.1242***	-0.0833***	0.1462***	0.0672***
DUVOL$_{t+1}$	0.8985***		0.0277***	-0.0630***	-0.0903***	-0.0240*	0.1520***	-0.1295***	-0.0041	0.1043***	-0.0949***	0.1759***	0.0775***
Netsellr	0.0057	0.0285*		0.0290**	0.0351**	0.1030**	0.0013	-0.0054	-0.1859***	-0.0322***	-0.1459***	0.0949***	0.0226
NCSKEW	-0.0498***	-0.0590***	0.0244**		0.9052***	-0.1881***	-0.5563***	-0.1593***	-0.0609***	-0.0075	-0.0800***	-0.0428**	-0.0068
DUVOL	-0.0803***	-0.0864***	0.0275***	0.8983***		-0.1838***	-0.6451***	-0.1661***	-0.0660***	-0.0426***	-0.0869***	-0.0536***	-0.0164
Sigma	-0.0378***	-0.0307***	0.0815***	-0.1943***	-0.1888***		0.2659***	0.3349***	-0.1339***	-0.0599***	0.0213***	0.3407***	0.0024
Ret	0.1389***	0.1455***	0.0004	-0.5363***	-0.6409***	0.2754***		=	0.0064	0.0722***	0.0318**	0.1480***	0.0196
Dturn	-0.1022***	-0.1254***	0.0016	-0.1391***	-0.1482***	0.3068***	0.1312***		0.1466***	-0.1336***	0.1301***	0.0248***	-0.1199***
Size	-0.0219*	-0.0211**	-0.1268***	-0.0739***	-0.0760***	-0.1357***	-0.0037	0.1629***		0.0020	0.4589***	-0.3827***	-0.0520***
ROA	0.1120***	0.0880***	-0.0350***	-0.0015	-0.0365***	-0.0716***	0.0681***	-0.1026***	0.0141		-0.3564***	0.3970***	0.0685***
Lev	-0.0859***	-0.0987***	-0.1049***	-0.0845***	-0.0936***	0.0178	0.0292***	0.1412***	0.4789***	-0.3427***		-0.4336***	0.0604***
BM	0.1289***	0.1519***	0.0490***	-0.0419***	-0.0539***	0.3266***	0.1611***	-0.0151	-0.3542***	0.3521***	-0.3914***		0.0375***
ABACC	0.0675***	0.0817***	0.0080	-0.0274**	-0.0348***	0.0045	0.0107	-0.1337***	-0.0372***	0.0311***	0.0579***	0.0296**	

注：下三角是 Pearson 相关系数，上三角是 Spearman 相关系数；***，**，*分别表示在1%，5%和10%水平上显著。

6.3.3 单变量分析

为了进一步验证企业技术创新产出（lnPatent）、创新投入（RDsale）以及内部人减持（Netsellr）对股价崩盘风险的影响，本章进行了单变量分析。表6-4报告了本章的单变量分析结果，将创新产出高于中位数的样本归为创新能力较强组，其余为创新能力较弱组；创新投入分组方法与创新产出一致；将进行了内部人减持的样本归为一组，未发生减持的样本归为一组。在 Panel A 中创新产出较高组比较低组的 NCSKEW$_{t+1}$ 和 DUVOL$_{t+1}$ 均值分别小 0.0552 和 0.0483，中位数分别小 0.056 和 0.046，显著性水平分别为 1% 和 5%，说明创新产出水平高的公司的股价崩盘风险更低，支持假设 H6.1。在 Panel B 中创新投入较高组比较低组的 NCSKEW$_{t+1}$ 和 DUVOL$_{t+1}$ 均值分别大 0.0666 和 0.0589，中位数分别大 0.075 和 0.050，显著性水平都在 1% 以上，说明创新投入增加了不确定性和信息不对称性，从而增加了股价崩盘风险，支持假设 H6.3。Panel C 中内部人减持组比非减持组的 NCSKEW$_{t+1}$ 和 DUVOL$_{t+1}$ 均值分别大 0.1175 和 0.1035，中位数分别大 0.105 和 0.024，显著性水平为 1% 和 10%，说明内部人减持所在公司的股价崩盘风险更高，支持假设 H6.5。

表6-4　　　　单变量分析

Panel A　创新产出水平比较

Variables	创新产出较高组			创新产出较低组			Difference	
	N	Mean	Median	N	Mean	Median	T检验	Z检验
NCSKEW$_{t+1}$	4 755	−0.2214	−0.240	4 791	−0.1662	−0.184	−0.0551***	15.67**
DUVOL$_{t+1}$	4 755	−0.0792	−0.122	4 791	−0.0309	−0.076	−0.0483***	25.12**

Panel B　创新投入水平比较

Variables	创新投入较高组			创新投入较低组			Difference	
	N	Mean	Median	N	Mean	Median	T检验	Z检验
NCSKEW$_{t+1}$	3 853	−0.1081	−0.131	3 801	−0.1747	−0.206	0.0666***	7.54***
DUVOL$_{t+1}$	3 853	0.0274	−0.105	3 801	−0.0315	−0.155	0.0589***	12.13***

续表

Panel C　内部人减持差异比较

Variables	内部人减持组			非内部人减持组			Difference	
	N	Mean	Median	N	Mean	Median	T检验	Z检验
NCSKEW$_{t+1}$	7 836	−0.1463	−0.171	11 191	−0.2638	−0.276	0.1175***	4.25***
DUVOL$_{t+1}$	7 836	−0.0178	−0.149	11 191	−0.1213	−0.173	0.1035***	6.18*

注：***、**、*分别表示1%、5%、10%的显著性水平。

6.3.4　多元回归分析

（1）企业创新产出、投资者关注(信心效应)与股价崩盘风险的多元回归分析

表6-5和表6-6报告了模型（6.1）的实证结果。在表6-5中回归（1）、（4）中使用NCSKEW$_{t+1}$和DUVOL$_{t+1}$作为股价崩盘风险的指标，只控制了年度效应和行业效应，lnPatent的系数分别为−0.0219和−0.0242，并都在1%水平上显著；在回归（2）、（5）中，继续加入一系列影响股价崩盘风险的指标，lnPatent分别在10%和5%水平上显著负相关；在回归（3）、（6）中，进一步控制信息透明度（ABACC）的影响，lnPatent的系数有所增加并都在5%水平上显著负相关。从控制变量上看，Sigma、Ret、Size、ROA与股价崩盘风险显著正相关，Dturn、Lev和BM与股价崩盘风险显著负相关，ABACC与股价崩盘风险正相关但不显著，基本与已有研究结论一致（Hutton et al.，2009[11]；Kim et al.，2011a[172]；王化成等，2015[79]）。

在表6-6中，回归（1）、（2）中使用NCSKEW$_{t+1}$作为股价崩盘风险的指标，实质性创新（lnPatenti）的系数为−0.0102，在5%水平上显著，而策略性创新（lnPatentud）的系数为−0.0098，在10%水平上显著，实质性创新对股价崩盘风险的抑制作用显著高于策略性创新对股价崩盘风险的影响；回归（3）、（4）中使用DUVOL$_{t+1}$作为股价崩盘风险的指标，实质性创新（lnPatenti）在5%水平上显著负相关，而策略性创新（lnPatentud）负相关但不显著。综上所述，企业创新产出与股价崩盘风

表6-5 　　　　企业创新产出对股价崩盘风险影响的回归结果

Variables	(1) NCSKEW$_{t+1}$	(2) NCSKEW$_{t+1}$	(3) NCSKEW$_{t+1}$	(4) DUVOL$_{t+1}$	(5) DUVOL$_{t+1}$	(6) DUVOL$_{t+1}$
lnPatent	−0.0219***	−0.0113*	−0.0113**	−0.0242***	−0.0117**	−0.0128**
	(−3.5604)	(−1.7632)	(−1.9674)	(−4.8240)	(−2.0094)	(−2.1149)
NCSKEW		0.0738***	0.0715***			
		(5.0109)	(4.8290)			
DUVOL					0.0686***	0.0651***
					(4.3112)	(4.0901)
Sigma		2.2706***	2.4509***		1.2706**	1.1492**
		(5.9024)	(5.5219)		(2.2361)	(2.0449)
Ret		15.7759***	16.2583***		13.5735***	13.5392***
		(8.2785)	(8.4496)		(7.6665)	(7.7331)
Dturn		−0.0896***	−0.0945***		−0.0733***	−0.00835***
		(−2.9377)	(−2.5947)		(−12.9504)	(−2.6771)
Size		0.0362***	0.0431***		0.0343***	0.0346***
		(3.0261)	(3.6358)		(3.4279)	(3.4976)
ROA		0.5619***	0.5981***		0.1830*	0.1688*
		(2.6672)	(2.6568)		(1.7794)	(1.7820)
Lev		−0.0894*	−0.0989*		−0.0668	−0.0607
		(−1.7730)	(−1.8796)		(−1.3138)	(−1.4335)
BM		−0.1950***	−0.1965***		−0.1705***	−0.1694***
		(−8.8869)	(−8.9209)		(−9.1959)	(−9.2050)
ABACC			0.0844			0.0332
			(0.6275)			(0.2946)
cons	0.1575*	−0.9497***	−0.9867***	−0.1425*	−0.9231***	−0.8347***
	(−1.8648)	(−3.5195)	(−3.6149)	(−1.8465)	(−4.0528)	(−3.6705)
Year fixed	YES	YES	YES	YES	YES	YES
Ind fixed	YES	YES	YES	YES	YES	YES
N	9 948	9 948	9 948	9 948	9 948	9 948
R^2	0.1312	0.1755	0.1776	0.1840	0.2296	0.2319
Adjusted-R^2	0.1285	0.1715	0.1734	0.1815	0.2259	0.2281
F	47.6938	44.6407	43.6390	67.5896	59.1637	59.2803

　　注：括号内的数字为经公司聚类和异方差调整的稳健性标准误对应的t值；
***、**、*分别表示1%、5%、10%的显著性水平。

表6-6　实质性创新与策略性创新对股价崩盘风险差异化影响的回归结果

Variables	(1) NCSKEW$_{t+1}$	(2) NCSKEW$_{t+1}$	(3) DUVOL$_{t+1}$	(4) DUVOL$_{t+1}$
lnPatenti	−0.0102**		−0.0136**	
	(−1.9748)		(−2.1754)	
lnPatenud		−0.0098*		−0.0071
		(−1.7398)		(−1.5257)
NCSKEW	0.0507***	0.0510***		
	(3.8996)	(3.9291)		
DUVOL			0.0590***	0.0585***
			(4.1533)	(4.1239)
Sigma	2.8297**	2.8039**	1.2521*	1.2552*
	(2.0415)	(2.0093)	(1.8616)	(1.8645)
Ret	14.5966***	14.4117***	12.7396***	12.6745***
	(8.4044)	(8.2677)	(8.0529)	(8.0077)
Dturn	−0.0909***	−0.0884***	−0.0728***	−0.0718***
	(−2.9791)	(−2.8868)	(−2.8649)	(−2.8176)
Size	0.0326***	0.0357***	0.0325***	0.0298***
	(2.7187)	(3.0544)	(3.1856)	(3.0522)
ROA	0.5680**	0.5903***	0.1528*	0.1543*
	(2.5380)	(2.6425)	(1.7779)	(1.7876)
Lev	−0.0646*	−0.0617	−0.0316*	−0.0285*
	(−1.6611)	(−1.6076)	(−1.7524)	(−1.6837)
BM	−0.7665***	−0.7634***	−0.7290***	−0.7196***
	(−12.5092)	(−12.5803)	(−14.4903)	(−14.4174)
ABACC	0.0966	0.0865	0.0710	0.0696
	(0.8304)	(0.7436)	(0.7167)	(0.7038)
cons	−0.9488***	−1.0131***	−1.0601***	−1.0048***
	(−3.8060)	(−4.1109)	(−5.0903)	(−4.9608)
Year fixed	YES	YES	YES	YES
Ind fixed	YES	YES	YES	YES
N	9 948	9 948	9 948	9 948
R^2	0.1841	0.1836	0.2409	0.2400
Adjusted-R^2	0.1792	0.1787	0.2365	0.2355
F	42.4927	42.7814	56.0544	56.0955

注：括号内的数字为经公司聚类和异方差调整的稳健性标准误对应的t值；***、**、*分别表示1%、5%、10%的显著性水平。

险呈负相关关系，相比于策略性创新产出，实质性创新产出对股价崩盘风险的抑制作用更加显著。以上结论支持假设 H6.1。

表6-7报告了模型（6.2）的实证结果，是投资者关注对企业创新产出与股价崩盘风险的调节作用，用来检验本章假设 H6.2。由表6-7中第（1）、（2）列可知，代表投资者关注的第一个代理变量分析师跟踪人数（Analyst）与企业创新产出（lnPatent）和实质性创新（lnPatenti）的交互项的系数都在10%水平上显著负相关，由第（4）、（5）和（6）列可知，代表投资者关注的第二个代理变量机构投资者持股比率（Insr）与企业创新产出（lnPatent）、实质性创新（lnPatenti）和策略性创新（lnPatentud）的交互项的系数分别在5%、1%和10%水平上显著负相关，这说明创新产出向市场提供了企业积极发展和良好前景的信号，吸引投资者的关注，增加投资者的信心，从而更削弱了股价崩盘风险。该结果支持了假设 H6.2。

表6-7　　投资者关注（信心效应）对创新产出与股价崩盘风险关系的影响

Variables	(1)	(2)	(3)	(4)	(5)	(6)
	$NCSKEW_{t+1}$	$NCSKEW_{t+1}$	$NCSKEW_{t+1}$	$NCSKEW_{t+1}$	$NCSKEW_{t+1}$	$NCSKEW_{t+1}$
lnPatent	−0.0031			−0.0185*		
	(−0.1901)			(−1.7658)		
lnPatenti		−0.0154*			−0.0361**	
		(−1.9007)			(−2.4906)	
lnPatentud			−0.0042			−0.0069
			(−0.3081)			(−0.6194)
lnPatent×Analyst	−0.0050*					
	(−1.8421)					
lnPatenti×Analyst		−0.0091*				
		(−1.9557)				

续表

Variables	(1) NCSKEW$_{t+1}$	(2) NCSKEW$_{t+1}$	(3) NCSKEW$_{t+1}$	(4) NCSKEW$_{t+1}$	(5) NCSKEW$_{t+1}$	(6) NCSKEW$_{t+1}$
lnPatentud×Analyst			−0.0027			
			(−0.5297)			
lnPatent×Insr				−0.0691**		
				(−2.5619)		
lnPatenti×Insr					−0.0865***	
					(−2.9275)	
lnPatentud×Insr						−0.0323*
						(−1.7885)
Analyst	0.0715***	0.0755***	0.0621***			
	(3.9831)	(4.9424)	(4.9737)			
Insr				0.1703**	0.1584**	0.0311
				(1.9808)	(2.0436)	(0.5332)
NCSKEW	0.0639***	0.0638***	0.0637***	0.0707***	0.0720***	0.0725***
	(4.2280)	(4.2235)	(4.2177)	(4.7311)	(4.7367)	(4.7665)
Sigma	0.2820	0.3052	0.2934	0.6036	0.7387	0.7330
	(0.3462)	(0.3745)	(0.3596)	(0.7500)	(0.9087)	(0.8999)
Ret	15.639***	15.637***	15.648***	15.7185***	15.4612***	15.4980***
	(8.0093)	(8.0149)	(8.0128)	(8.0718)	(7.8911)	(7.8897)
Dturn	−0.0858***	−0.0880***	−0.0863***	−0.0848***	−0.0883***	−0.0860***
	(−2.7661)	(−2.8445)	(−2.7816)	(−2.7336)	(−2.8349)	(−2.7488)

续表

Variables	(1) NCSKEW$_{t+1}$	(2) NCSKEW$_{t+1}$	(3) NCSKEW$_{t+1}$	(4) NCSKEW$_{t+1}$	(5) NCSKEW$_{t+1}$	(6) NCSKEW$_{t+1}$
Size	0.0056	0.0012	0.0027	0.0370***	0.0308**	0.0327***
	(0.4217)	(0.0933)	(0.2111)	(2.9372)	(2.4459)	(2.6488)
ROA	0.1427	0.1237	0.1358	0.6181***	0.5942**	0.6235***
	(0.5866)	(0.5098)	(0.5604)	(2.6898)	(2.5762)	(2.7037)
Lev	0.1284**	0.1248**	0.1299**	0.1037	0.1104*	0.1111*
	(2.0222)	(1.9638)	(2.0450)	(1.6154)	(1.7218)	(1.7325)
BM	−0.1752***	−0.1743***	−0.1736***	−0.2011***	−0.1993***	−0.1981***
	(−7.6929)	(−7.6265)	(−7.6407)	(−8.8572)	(−8.6343)	(−8.6242)
ABACC	0.1189	0.1208	0.1211	0.0772	0.0688	0.0704
	(0.9163)	(0.8176)	(0.9055)	(0.2843)	(0.3568)	(0.3023)
cons	−0.3954	−0.3219	−0.3327	−1.0456***	−0.9302***	−0.9203***
	(−1.3239)	(−1.0826)	(−1.1276)	(−3.6482)	(−3.2472)	(−3.2581)
Year fixed	YES	YES	YES	YES	YES	YES
Ind fixed	YES	YES	YES	YES	YES	YES
N	9 948	9 948	9 948	9 948	9 948	9 948
R^2	0.1850	0.1848	0.1848	0.1789	0.1812	0.1807
Adjusted-R^2	0.1804	0.1802	0.1803	0.1744	0.1767	0.1761
F	41.9471	41.9793	41.9219	40.9656	40.6933	40.6121

注：括号内的数字为经公司聚类和异方差调整的稳健性标准误对应的 t 值；
***、**、*分别表示 1%、5%、10% 的显著性水平；共线性检验的 VIF 值小于 10。

（2）企业创新投入、投资者关注(解读效应)与股价崩盘风险的多元回归分析

表6-8报告了模型（6.3）的实证结果，是企业创新投入对股价崩盘风险的影响，用来检验本章假设H6.3。表6-8中的第（1）、（4）列中分别以 NCSKEW$_{t+1}$ 和 DUVOL$_{t+1}$ 作为股价崩盘风险的指标，创新投入（RDsale）的系数分别为0.1867和0.2030，都在10%水平上显著正相关；表6-8中的第（2）、（3）列中以 NCSKEW$_{t+1}$ 作为股价崩盘风险的指标，费用化创新投入（RDex）的系数为0.1279，在10%水平上显著，而资本化创新投入（RDin）的系数为0.1836，在5%水平上显著；表6-8中的第（5）、（6）中以 DUVOL$_{t+1}$ 作为股价崩盘风险的指标，费用化创新投入（RDex）的系数为0.3795，但不显著，而资本化创新投入（RDin）的系数为0.2516，在5%水平上显著正相关，说明相比于费用化创新投入，资本化创新投入与股价崩盘风险的相关关系更为显著。这主要是由于资本化的创新投入预示着创新可能获得阶段性成果，对于投资者来说更具吸引力，内部人可能策略性调节资本化创新投入，以达到提升股价吸引投资者的目的，但此时企业的信息透明度降低，增加了股价崩盘风险。以上结论支持了假设H6.3。

表6-8　　企业创新投入对股价崩盘风险影响的回归结果

Variables	(1) NCSKEW$_{t+1}$	(2) NCSKEW$_{t+1}$	(3) NCSKEW$_{t+1}$	(4) DUVOL$_{t+1}$	(5) DUVOL$_{t+1}$	(6) DUVOL$_{t+1}$
RDsale	0.1867* (1.7797)			0.2030* (1.7485)		
RDex		0.1279* (1.9230)			0.3795 (1.1032)	
RDin			0.1836** (2.3260)			0.2516** (1.6637)
NCSKEW	0.0503*** (3.7097)	0.0246 (0.9559)	0.0473** (2.2746)			
DUVOL				0.0608*** (4.0272)	0.0348 (1.2040)	0.0616*** (2.7769)

续表

Variables	(1) NCSKEW$_{t+1}$	(2) NCSKEW$_{t+1}$	(3) NCSKEW$_{t+1}$	(4) DUVOL$_{t+1}$	(5) DUVOL$_{t+1}$	(6) DUVOL$_{t+1}$
Sigma	1.5955**	−0.3705	0.7379	2.1467***	0.9296	1.9844**
	(2.3062)	(−0.2707)	(0.7624)	(3.7195)	(0.8121)	(2.4431)
Ret	15.1318***	12.3175***	12.7200***	13.4958***	9.9143***	11.6717***
	(8.6412)	(3.5551)	(4.9532)	(8.3509)	(3.0970)	(5.1341)
Dturn	−0.0984***	−0.2066***	−0.0890**	−0.0777***	−0.1793***	−0.0457
	(−3.9348)	(−4.0231)	(−2.4403)	(−3.7510)	(−4.2428)	(−1.5038)
Size	−0.0078	−0.0371*	−0.0356*	−0.0049	−0.0194	−0.0301**
	(−0.6625)	(−1.8298)	(−1.9473)	(−0.5085)	(−1.2430)	(−2.0673)
ROA	0.4294***	−0.0168	−0.0518	0.1557	−0.3145	−0.3753*
	(2.5942)	(−0.0567)	(−0.2196)	(1.1175)	(−1.2190)	(−1.8302)
Lev	0.1163**	0.0986	−0.0037	0.0818*	0.0542	−0.0494
	(1.9667)	(0.9150)	(−0.0409)	(1.7100)	(0.6144)	(−0.6484)
BM	−0.1591***	−0.1419***	−0.1498***	−0.1430***	−0.1301***	−0.1412***
	(−8.0645)	(−4.5326)	(−4.3626)	(−8.8379)	(−5.3094)	(−4.9845)
ABACC	0.0719	0.2715	−0.1620	0.0213	0.2414*	−0.0270
	(0.5541)	(1.3095)	(−1.1225)	(1.1992)	(1.7640)	(−0.2087)
cons	0.2138*	0.6033	0.3694*	0.2047*	0.2082	0.2163*
	(1.7984)	(1.3270)	(1.8995)	(1.9297)	(1.5740)	(1.6556)
Year fixed	YES	YES	YES	YES	YES	YES
Ind fixed	YES	YES	YES	YES	YES	YES
N	7 654	5 612	5 612	7 654	5 612	5 612
R^2	0.1939	0.1964	0.1929	0.2513	0.2390	0.2619
Adjusted-R^2	0.1905	0.1842	0.1856	0.2481	0.2275	0.2552
F	46.1906	48.3297	52.1422	76.5894	72.3211	74.8657

注：括号内的数字为经公司聚类和异方差调整的稳健性标准误对应的 t 值；***、**、*分别表示1%、5%、10%的显著性水平。

表6-9报告了模型（6.4）的实证结果，是投资者关注对企业创新投入与股价崩盘风险的调节作用，用来检验本章假设H6.4。由表6-9中第（1）、（2）、（3）列可知，代表投资者关注的第一个代理变量分析师跟踪人数（Analyst）与企业创新投入（RDsale）、费用化创新投入（RDex）以及资本化创新投入（RDin）的交互项的系数为-0.0310、-0.5244和-0.2349，都在10%水平上显著负相关；由第（4）和（6）列可知，代表投资者关注的第二个代理变量机构投资者持股比率（Insr）与企业创新投入（RDsale）和资本化创新投入（RDin）的交互项的系数为-1.1557、-1.1205，分别在10%、5%水平上显著负相关，与费用化创新投入的交互项系数为负，但不显著，这说明投资者关注发挥了信息解读的效应，能够有效了解企业创新的相关信息，增强信息的透明度，从而降低了股价崩盘风险。该结果支持了假设H6.4。

表6-9　投资者关注（解读效应）对创新投入与股价崩盘风险关系的影响

Variables	(1) NCSKEW$_{t+1}$	(2) NCSKEW$_{t+1}$	(3) NCSKEW$_{t+1}$	(4) NCSKEW$_{t+1}$	(5) NCSKEW$_{t+1}$	(6) NCSKEW$_{t+1}$
RDsale	0.0025*			0.3352		
	(1.6818)			(1.3024)		
RDex		0.4885			1.7166	
		(0.9444)			(1.6141)	
RDin			0.3040			2.6510**
			(0.2195)			(-2.1253)
RDsale×Analyst	-0.0310*					
	(-1.6636)					
RDex×Analyst		-0.5244*				
		(-1.6961)				
RDin×Analyst			-0.2349**			
			(-2.3623)			

Variables	(1) NCSKEW$_{t+1}$	(2) NCSKEW$_{t+1}$	(3) NCSKEW$_{t+1}$	(4) NCSKEW$_{t+1}$	(5) NCSKEW$_{t+1}$	(6) NCSKEW$_{t+1}$
RDsale×Inst				−1.1557* (−1.6887)		
RDex×Inst					−2.1965 (−1.0274)	
RDin×Inst						−1.1205** (−1.9830)
Analyst	−0.0507*** (−4.3780)	0.0461** (2.0227)	0.0325** (2.1061)			
Insr				−0.0840 (−1.6060)	−0.1863 (−1.6398)	−0.1089 (−1.5830)
NCSKEW	0.0404*** (2.7298)	−0.0012 (−0.0430)	0.0375* (1.6501)	0.0473*** (3.1824)	0.0108 (0.3808)	0.0396* (1.7547)
Sigma	0.4775 (0.6289)	−1.2869 (−0.8119)	0.3567 (0.3365)	1.0558 (1.3986)	−0.7955 (−0.5029)	0.5744 (0.5447)
Ret	13.9086*** (7.3304)	9.7333** (2.5232)	12.5772*** (4.5410)	13.8594*** (7.2285)	10.5263*** (2.7195)	12.6833*** (4.5600)
Dturn	−0.1045*** (−3.6680)	−0.2451*** (−4.4490)	−0.0943** (−2.3057)	−0.1211*** (−3.7780)	−0.2417*** (−4.5546)	−0.0869** (−2.2647)
Size	−0.0424*** (−3.1006)	−0.0640** (−2.5077)	−0.0535*** (−2.6159)	−0.0107 (−0.8258)	−0.0300 (−1.3172)	−0.0326* (−1.6613)
ROA	0.1415 (0.7164)	−0.1172 (−0.3403)	−0.2398 (−0.8965)	0.4636** (2.4323)	0.0401 (0.1144)	−0.0576 (−0.2229)
Lev	−0.1528** (−2.2811)	−0.1511 (−1.1846)	−0.0236 (−0.2350)	−0.1300* (−1.9240)	0.1044 (0.8209)	0.0059 (0.0586)

续表

Variables	(1) NCSKEW$_{t+1}$	(2) NCSKEW$_{t+1}$	(3) NCSKEW$_{t+1}$	(4) NCSKEW$_{t+1}$	(5) NCSKEW$_{t+1}$	(6) NCSKEW$_{t+1}$
BM	−0.1435***	−0.1300***	−0.1406***	−0.1607***	−0.1367***	−0.1498***
	(−6.9100)	(−4.1870)	(−4.1584)	(−7.5915)	(−4.4075)	(−4.4917)
ABACC	0.1298*	0.2331*	0.2244*	−0.1456	0.1977*	−0.2307*
	(1.9425)	(1.8750)	(1.7145)	(−1.1934)	(1.9024)	(−1.7482)
cons	0.5143*	1.0852*	0.6182	−0.1082	0.4743	0.2339
	(1.6793)	(1.9266)	(1.3286)	(−0.3697)	(0.9427)	(0.5290)
Year fixed	YES	YES	YES	YES	YES	YES
Ind fixed	YES	YES	YES	YES	YES	YES
N	7 654	5 612	5 612	7 654	5 612	5 612
R^2	0.1984	0.2064	0.1942	0.1961	0.2057	0.1938
Adjusted-R^2	0.1940	0.1899	0.1850	0.1918	0.1892	0.1846
F	46.7297	43.4766	49.2314	45.4845	44.9091	48.1322

注：括号内的数字为经公司聚类和异方差调整的稳健性标准误对应的t值；***、**、*分别表示1%、5%、10%的显著性水平；共线性检验的VIF值小于10。

（3）内部人减持、投资者关注(恐慌效应)与股价崩盘风险的多元回归分析

表6-10报告了模型（6.5）的实证结果，是内部人减持对股价崩盘风险的影响，用来检验本章假设H6.5。由表6-10中的第（1）、（4）列可知，内部人减持（Netsellr）与股价崩盘风险在10%和5%水平上显著正相关；表6-10中的第（2）、（5）列中，高管减持（Salem）的系数分别为0.0491和0.0534，但不显著，与吴战篪和李晓龙（2015）[303]的论证一致，高管由于受到减持限制，降低了高管持股变动的不确定性，不能显著地影响股价崩盘风险；在第（3）、（6）列中，大股东减持（Saleh）的系数分别为0.0364和0.0148，都在5%水平上显著正相关，可见内部人和大股东减持都增加了不确定性，从而提高了股价崩盘风险。综上，结果支持了假设H6.5。

表6-10　　　　内部人减持对股价崩盘风险影响的回归结果

Variables	(1) NCSKEW$_{t+1}$	(2) NCSKEW$_{t+1}$	(3) NCSKEW$_{t+1}$	(4) DUVOL$_{t+1}$	(5) DUVOL$_{t+1}$	(6) DUVOL$_{t+1}$
Netsellr	0.0292*			0.0412**		
	(1.9828)			(2.1404)		
Salem		0.0491			0.0534	
		(0.9318)			(1.2211)	
Saleh			0.0364**			0.0148**
			(2.1661)			(2.3806)
NESKEW	0.0653***	0.0692***	0.0525*			
	(3.3237)	(3.1558)	(1.9381)			
DUVOL				0.0498**	0.0568**	0.0436
				(2.3242)	(2.4208)	(1.4373)
Sigma	0.2618	1.2499	−1.3003	0.8788	1.3137	−0.0097
	(0.2552)	(1.0996)	(−0.8874)	(1.0102)	(1.3898)	(−0.0076)
Ret	12.0574***	10.5015***	12.8836***	11.4129***	10.0581***	11.8854***
	(4.8842)	(3.8209)	(3.6439)	(5.0757)	(4.0317)	(3.7212)
Dturn	−0.0820**	−0.0673*	−0.0912*	−0.0352	−0.0277	−0.0363
	(−2.2359)	(−1.6538)	(−1.6884)	(−1.1295)	(−0.8105)	(−0.7977)
ROA	0.4776*	0.2682	1.0218***	0.1635	−0.1994	0.7975**
	(1.8412)	(0.8946)	(2.7208)	(0.7345)	(−0.7710)	(2.5491)
lev	0.0445	−0.0211	0.2090*	0.0650	0.0133	0.2317**
	(0.5184)	(−0.2102)	(1.6698)	(0.9379)	(0.1663)	(2.2232)
Size	0.0540***	0.0566***	0.0411	0.0414***	0.0448***	0.0177
	(3.1817)	(2.9281)	(1.5234)	(2.9120)	(2.7997)	(0.7674)

续表

Variables	(1) NCSKEW$_{t+1}$	(2) NCSKEW$_{t+1}$	(3) NCSKEW$_{t+1}$	(4) DUVOL$_{t+1}$	(5) DUVOL$_{t+1}$	(6) DUVOL$_{t+1}$
BM	−0.2210***	−0.1945***	−0.2177***	−0.1802***	−0.2291***	−0.1526***
	(−7.1066)	(−5.1005)	(−5.0375)	(−7.8302)	(−7.1708)	(−4.7094)
ABACC	0.2257	0.2031	0.2972	0.0983	0.1110	0.2796
	(1.3151)	(1.0531)	(1.1725)	(0.7159)	(0.7181)	(1.3365)
cons	−1.4146***	−1.4106***	−1.2537**	−1.1297***	−1.0907***	−0.7993
	(−3.6512)	(−3.2241)	(−2.0241)	(−3.5146)	(−3.0025)	(−1.5581)
Year fixed	YES	YES	YES	YES	YES	YES
Ind fixd	YES	YES	YES	YES	YES	YES
N	7 836	4 032	5 543	7 836	4 032	5 543
R^2	0.2005	0.2146	0.2086	0.2721	0.2904	0.2777
Adjusted-R^2	0.1931	0.2053	0.1927	0.2655	0.2821	0.2631
F	27.7098	24.8134	13.3595	39.5034	35.2444	19.9865

注：括号内的数字为经公司聚类和异方差调整的稳健性标准误对应的 t 值；***、**、*分别表示1%、5%、10%的显著性水平。

表 6-11 报告了模型（6.6）的实证结果，是投资者关注对内部人减持与股价崩盘风险的调节作用，用来检验本章假设 H6.6。由表 6-11 中第（1）、（2）、（3）列可知，代表投资者关注的第一个代理变量分析师跟踪人数（Analyst）与内部人减持（Netsellr）、高管减持（Salem）以及大股东减持（Saleh）的交互项系数分别在 10%、10% 和 5% 水平上显著正相关；由第（4）、（5）、（6）列可知，代表投资者关注的第二个代理变量机构投资者持股比率（Insr）与上述变量的交互项的系数也基本都在 10% 水平上显著负相关，这说明投资者关注增加了市场上的恐慌效应，进一步激发了资本市场的不确定性，从而加重了股价崩盘风险。该结果支持了假设 H6.6。

表6-11　投资者关注(恐慌效应)对内部人减持与股价崩盘风险关系的影响

Variables	(1)	(2)	(3)	(4)	(5)	(6)
	$NCSKEW_{t+1}$	$NCSKEW_{t+1}$	$NCSKEW_{t+1}$	$NCSKEW_{t+1}$	$NCSKEW_{t+1}$	$NCSKEW_{t+1}$
Netsellr	0.0004			0.0025		
	(0.0642)			(0.5408)		
Salem		0.0070			0.0037	
		(0.5366)			(0.4387)	
Saleh			0.0018			0.0111
			(0.2118)			(1.4147)
Netsellr×Analyst	0.0017*					
	(1.7385)					
Salem×Analyst		0.0052*				
		(1.8107)				
Saleh×Analyst			0.0032**			
			(2.0562)			
Netsellr×Insr				0.0209*		
				(1.7311)		
Salem×Insr					0.0195	
					(0.7760)	
Saleh×Insr						0.0450**
						(2.2485)
Analyst	0.0478***	0.0369**	0.0675***			
	(3.2804)	(2.2148)	(2.9330)			
Insr				0.0698*	0.0948	0.0411**
				(1.7477)	(1.3269)	(2.3637)
NCSKEW	0.0594***	0.0632***	0.0546*	0.0627***	0.0659***	0.0521*
	(2.9415)	(2.8125)	(1.9519)	(3.1371)	(2.9276)	(1.8966)
Sigma	−0.3181	0.7406	−2.1294	0.2116	1.1285	−1.4731
	(−0.3044)	(0.6414)	(−1.4180)	(0.2036)	(0.9751)	(−0.9930)

续表

Variables	(1) NCSKEW$_{t+1}$	(2) NCSKEW$_{t+1}$	(3) NCSKEW$_{t+1}$	(4) NCSKEW$_{t+1}$	(5) NCSKEW$_{t+1}$	(6) NCSKEW$_{t+1}$
Ret	12.3779***	10.8409***	13.4137***	11.3279***	9.6031***	12.7528***
	(4.9541)	(3.9167)	(3.7432)	(4.5424)	(3.4391)	(3.5937)
Dturn	−0.0657*	−0.0516	−0.0740	−0.0606	−0.0489	−0.0442
	(−1.7721)	(−1.2541)	(−1.3607)	(−1.6235)	(−1.1832)	(−0.8177)
Size	0.0175	0.0240	−0.0002	0.0424**	0.0430**	0.0244
	(0.9418)	(1.1218)	(−0.0066)	(2.3835)	(2.0821)	(0.8670)
ROA	−0.0286	−0.1784	0.4045	0.4597*	0.2382	1.0581***
	(−0.0993)	(−0.5368)	(0.9582)	(1.7308)	(0.7739)	(2.7787)
Lev	0.0876	0.0115	0.2774**	0.0158	−0.0405	0.1668
	(1.0396)	(0.1164)	(2.2230)	(0.1793)	(−0.3925)	(1.3176)
BM	−0.1940***	−0.1844***	−0.1913***	−0.2030***	−0.1879***	−0.1959***
	(−6.1957)	(−4.4573)	(−4.4361)	(−6.5553)	(−4.4863)	(−4.5733)
ABACC	0.2500	0.2235	0.2995	0.2247	0.2080	0.2689
	(1.4408)	(1.1432)	(1.1700)	(1.2935)	(1.0665)	(1.0611)
cons	−0.6518	−0.7203	−0.3927	−1.1783***	−1.1358**	−0.9109
	(−1.5566)	(−1.5111)	(−0.5959)	(−2.9412)	(−2.4694)	(−1.4325)
Year fixed	Yes	Yes	Yes	Yes	Yes	Yes
Ind fixed	Yes	Yes	Yes	Yes	Yes	Yes
N	7 836	4 032	5 543	7 836	4 032	5 543
R^2	0.2047	0.2167	0.2158	0.1990	0.2124	0.2119
Adjusted-R^2	0.1967	0.2067	0.1987	0.1910	0.2024	0.1948
F	26.5155	23.1046	13.4599	25.6253	22.9383	12.5983

注：括号内的数字为经公司聚类和异方差调整的稳健性标准误对应的 t 值；***、**、*分别表示1%、5%、10%的显著性水平；共线性检验的VIF平均值等于2.54，不存在共线性问题。

6.4 拓展性研究

外部市场态势不同对投资者关注的影响存在较大差异。周铭山等（2017）[188] 研究发现，当外部市场环境良好时，投资者更热衷于收集企业信息并买入股票，降低了投资的不确定性，因此在牛市阶段，创新投入会更为显著地抑制股价崩盘的风险，增加超额收益；而许年行等（2012）[305] 认为外部市场环境好时（牛市阶段），投资者情绪较高，分析师存在明显的乐观偏差，发布更为乐观的报告，因此将导致更为明显的股价崩盘风险。

从投资者关注的信心效应来看，企业创新产出向市场传递企业积极发展、未来前景良好的信号，当股票市场为牛市时，更增加了投资者的信心，鼓励了投资者的投资热情；从投资者关注的信息解读效应来看，当外部市场环境良好时，投资者会投入更多的精力去分析追踪企业的情况、解读企业创新投入的相关信息，降低了投资的不确定性；而当股票市场为熊市时，市场处于低迷状态，经济和行业发展不景气，投资机会下降，不确定性增大，此时即便是内部人的理性减持行为，也会进一步扩大投资者的恐慌。

基于以上分析，提出以下研究假设：

H6.8：在限制性条件下，当股市为牛市时，信心效应和信息解读效应对股价崩盘风险的抑制作用更显著；当股市为熊市时，投资者关注的恐慌效应更显著。

根据许年行等（2012）[305] 所使用的两种方法——市场平均收益判定法和波峰波谷判定法（如图6-1所示），在2007—2016年的样本期间内，牛市主要阶段为：2007年、2009—2010年、2013—2015年（图6-1中阴影部分）；熊市为2008年、2011年、2012年和2016年（图6-1中非阴影部分）。

表6-12报告了外部市场态势对投资者关注与股价崩盘风险关系影响的回归结果。在表6-12中按照市场态势将样本分为"牛市"组和"熊市"组，模型（1）～（6）为"牛市"组，模型（7）～（12）为"熊

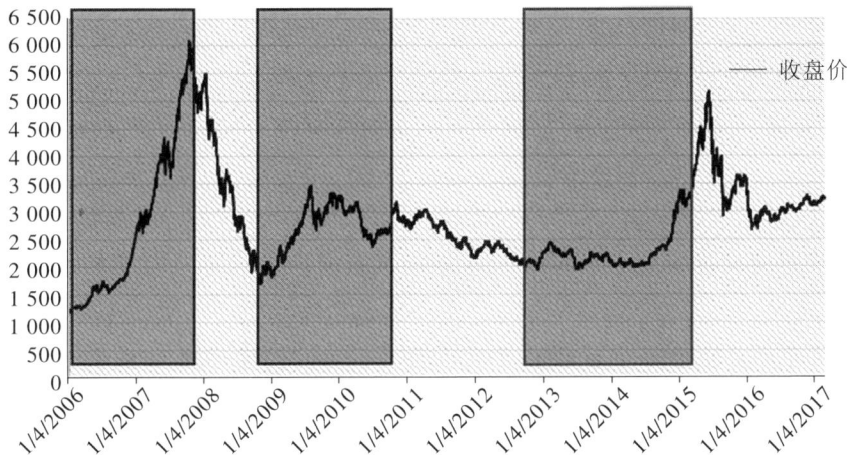

图6-1　2006—2017年上证综合市场指数走势

"市"组。其中，模型（1）、（2）"牛市"组中创新产出与投资者关注的交互项（lnPatent×Analyst和lnPatent×Insr）系数为−0.0047和−0.0094，系数−0.0047虽不显著，但接近10%显著性水平，系数−0.0094在5%水平上显著负相关，而模型（7）、（8）"熊市"组中，交互项的系数不显著为负，说明在"牛市"，企业创新产出传递的积极信号，更能增加投资的信心，激发投资者的投资热情，减少了不确定性，从而抑制了股价崩盘风险；模型（3）、（4）"牛市"组中企业创新投入与投资者关注的交互项（RDsale×Analyst和RDsale×Insr）的系数为−0.5677和−2.6600，都在10%水平以上显著负相关，而模型（9）、（10）"熊市"组中，交互项的系数一正一负且不显著，说明在"牛市"中，创新投入增加了企业与外部市场的信息不对称性，有可能成为内部人进行机会主义行为的工具，而此时投资者关注可以增加更多的时间和精力进行信息解读，从而一方面抑制内部人的机会主义行为，另一方面减小双方的信息不对称性，从而抑制了股价崩盘风险；模型（11）、（12）"熊市"组中内部人减持与投资者关注的交互项（Netsellr×Analyst和Netsellr×Insr）的系数为0.0046和0.0390，都在5%水平上显著正相关，而模型（5）、（6）"牛市"组中交互项系数为正但不相关，说明在市场态势不好的情况下，内部人减持增加了投资的恐慌情绪，即便是理性的减持行为也可能诱发大范围的抛售，增加市场中的风险和不确定性，从而进一步增加股价崩盘风险。

表6-12　外部市场态势对投资者关注影响的回归结果

Variables	牛市						熊市					
	(1) NCSKEW$_{t+1}$	(2) NCSKEW$_{t+1}$	(3) NCSKEW$_{t+1}$	(4) NCSKEW$_{t+1}$	(5) NCSKEW$_{t+1}$	(6) NCSKEW$_{t+1}$	(7) NCSKEW$_{t+1}$	(8) NCSKEW$_{t+1}$	(9) NCSKEW$_{t+1}$	(10) NCSKEW$_{t+1}$	(11) NCSKEW$_{t+1}$	(12) NCSKEW$_{t+1}$
lnPatent	-0.0001 (-0.0059)	-0.0352** (-2.0588)					-0.0197 (-0.7440)	-0.0133 (-0.6019)				
RDsale			0.6605 (0.7691)	1.0270 (1.4051)					0.0662 (0.0655)	-0.1561 (-0.1994)		
Netsellr					0.0117 (1.2260)	-0.0065 (-1.2203)					0.0151*** (3.0372)	0.0056 (0.9792)
lnPatent×Analyst	-0.0047 (-1.6469)						-0.0020 (-1.2074)					
lnPatent×Insr		-0.0094** (-2.4569)						-0.0128 (-1.2786)				
RDsale×Analyst			-0.5677* (-1.7129)						-0.0244 (-0.0641)			
RDsale×Insr				-2.6600* (-1.7307)						1.4374 (0.8167)		
Netsellr×Analyst					0.0001 (0.0156)						0.0046** (2.1350)	

续表

Variables	牛市						熊市					
	(1)	(2)	(3)	(4)	(5)	(6)	(7)	(8)	(9)	(10)	(11)	(12)
	$NCSKEW_{t+1}$	$NCSKEW_{t+1}$	$NCSKEW_{t+1}$	$NCSKEW_{t+1}$	$NCSKEW_{t+1}$	$NCSKEW_{t+1}$	$NCSKEW_{t+1}$	$NCSKEW_{t+1}$	$NCSKEW_{t+1}$	$NCSKEW_{t+1}$	$NCSKEW_{t+1}$	$NCSKEW_{t+1}$
Netsellr×Insr						0.0234						0.0390**
						(1.2304)						(2.4639)
Analyst	0.0590**		0.0127		0.0681***		0.0886***		0.0636***		0.0430***	
	(2.4467)		(0.6460)		(3.0431)		(3.1381)		(2.7858)		(2.5880)	
Insr		0.1920*		-0.254***		-0.0138		0.1639		0.0678		0.1782
		(1.7227)		(-2.9040)		(-0.1669)		(1.1401)		(0.6326)		(1.5964)
Cons	-0.0526	-0.6968*		-0.1534	-0.0538	-0.9192*	-1.1336**	-0.8269*	-0.3928	-0.7665	0.2526	-1.915***
	(-0.1332)	(-1.8680)		(-0.3494)	(-0.0860)	(-1.8821)	(-2.4278)	(-1.7731)	(-0.7258)	(-1.4947)	(0.5590)	(-2.6186)
Year/Ind	YES	YES	YES	YES	YES	YES	YES	YES	YES	YES	YES	YES
N	4 109	4 163	3 333	3 334	3 022	2 525	3 093	3 081	2 631	2 624	1 731	1 424
Adjusted-R^2	0.1680	0.1674	0.1893	0.1918	0.1855	0.1800	0.1961	0.1886	0.2029	0.1991	0.1923	0.2215
F	24.2892	24.0328	24.8056	24.7621	22.3536	18.7061	25.9677	24.5286	22.3051	21.9845	15.0853	15.3837

注：括号内的数字为经公司聚类和异方差调整的稳健性标准误差对应的 t 值；***，**，*分别表示1%、5%、10%的显著性水平；共线性检验的 VIF 值小于 10。

6.5 稳健性与内生性检验

6.5.1 工具变量法

公司层面的某些不可观测的因素可能同时影响企业创新产出、投入和股价崩盘风险。一般来说，利用变量的滞后期数值可以有效缓解内生性问题，书中模型已经考虑了滞后期问题，从稳健性角度考虑，本章首先采用工具变量法对模型进行重新检验。借鉴 Kim et al.（2016）[181]、王化成等（2015）[79]和周铭山等（2017）[191]等的研究，采用同年度行业、同年度地区的专利数对数的均值（IP_ind，IP_ad）以及研发投入占销售收入比均值（RD_ind，RD_ad）分别作为创新产出和创新投入的工具变量。选取这两个变量作为工具变量，主要是因为其能够满足工具变量的要求：其一为相关性。同行业上市公司在外部竞争环境、内部公司特性上有很大相似之处，在进行创新决策时会参考同一行业其他企业的创新情况，因此满足相关性要求；其二为外生性，行业内其他公司的创新投入和产出并不能影响本公司的股价崩盘风险，因此满足外生性。

工具变量的两阶段回归结果如表6-13所示。模型（1）～（3）为创新产出水平的工具变量两阶段模型，对于工具变量进行 Cragg-Donald 检验的 F 值分别为 103.87 和 102.37，大于 10，说明工具变量通过了弱工具变量的检验，工具变量有效；对工具变量进行 Sargen 检验，P 值分别为 0.3584 和 0.7074，都大于 0.1，说明不存在过度识别问题。从模型（1）可见，企业技术创新水平在1%水平上与年度行业、年度地区其他公司的技术创新水平均值正相关，满足相关性要求。从模型（2）、（3）列示可知，lnPatent 的系数仍在 10% 水平上显著为负，说明在克服内生性后，前文的结论仍然成立。模型（4）～（6）为创新投入水平的工具变量两阶段模型，对工具变量进行 Cragg-Donald 检验的 F 值分别为 97.77 和 96.25，大于 10，说明工具变量通过了弱工具变量的检验，工具变量有效；对工具变量进行 Sargen 检验，P 值分别为 0.4655 和 0.5237，都大于 0.1，说明不存在过度识别问题。从模型（4）可见，企业研发投入占销售收入比在 1%水平上与年度行业、年度地区其他公司的研发投入占销售收入比均值正相关。从模型（5）、（6）列示可知，RDsale 的系数仍在 5% 和 10% 水平上显著为正，说明在考虑内生性问题后，前文的结论仍然成立。

表6-13　　　　　　　　内生性检验——工具变量法

Variables	第一阶段	第二阶段		第一阶段	第二阶段	
	(1)	(2)	(3)	(4)	(5)	6)
	lnPatent	$NCSKEW_{t+1}$	$DUVOL_{t+1}$	RDsale	$NCSKEW_{t+1}$	$DUVOL_{t+1}$
lnPatent	—	−0.0261*	−0.0211*			
		(−1.8345)	(−1.8234)			
lnP_ind	0.8147***					
	(8.4755)					
lnP_ad	0.9228***					
	(19.4565)					
RDsale				—	2.9267**	3.6321*
					(1.98)	(1.85)
RD_ind				0.5720***		
				(5.4823)		
RD_ad				0.4554***		
				(10.0852)		
Sigma	—	1.5349*	1.7350***	—	1.0557	1.0037
		(1.9320)	(2.6330)		(1.1767)	(1.3365)
Ret	—	15.9183***	14.7228***	—	13.8650***	12.8390***
		(7.8566)	(8.0607)		(6.0345)	(6.2714)
Dturn		−0.0427	−0.0392		−0.0637*	−0.0283
		(−1.3298)	(−1.4521)		(−1.8934)	(−1.0012)
Size	—	0.0509**	0.0471***		0.0305**	0.0266**
		(2.5411)	(2.8645)		(2.0925)	(2.1634)
BM	—	−0.2197***	−0.2002	—	−0.2312***	−0.1993***
		(−9.1663)	(−10.2324)		(−7.5682)	(−7.9133)

续表

Variables	第一阶段	第二阶段		第一阶段	第二阶段	
	(1)	(2)	(3)	(4)	(5)	6)
	lnPatent	NCSKEW$_{t+1}$	DUVOL$_{t+1}$	RDsale	NCSKEW$_{t+1}$	DUVOL$_{t+1}$
ABACC	—	0.1606	0.0828	—	0.1719**	0.0754*
		(1.1440)	(0.7059)		(1.9754)	(1.8498)
cons	—	−0.1425*	−1.2319	—	−1.0211***	−0.9378***
		(−1.846)	(−3.5970)		(−2.9958)	(−3.2544)
Year/Ind	YES	YES	YES	YES	YES	YES
N	7 708	7 708	7 708	6 278	6 278	6 278
R²	0.3366	0.1801	0.2404	0.3732	0.1952	0.1782
识别不足 (Anderson)	—	0.0000	0.0000		0.0000	0.0000
弱工具变量 (CD-Wald)	—	103.87	102.37		97.77	96.25
识别过度 (Sargen)	—	0.3584	0.7074		0.4655	0.5237

注：括号内的数字为稳健性标准误对应的t值；***、**、*分别表示1%、5%、10%的显著性水平。

6.5.2　倾向得分匹配法

为了保证结论的稳健性，本书进一步采用倾向得分匹配法（PSM）以验证姜博等（2014）[288]提出的内部人减持前会有意识地提高研发投入，同时通过此方法以期有效解决可能存在遗漏变量而导致的内生性问题。将进行了内部人减持（包括高管减持和大股东减持）的样本按减持比例较大的前四分之一作为处理组，将未进行减持的样本归为控制组，并据此设立虚拟变量Netsellr_dum，当公司进行了内部人减持时，Netsellr_dum取值为1，否则取值为0。内部人减持会受到公司治理和公司财务等变量的影响，因此采用股东集中度（Top1）、是否两职合一（Dual）、产权性质（SOE）

等公司治理指标，以及盈利能力（ROE）、资产负债率（Lev）、增长率（growth）等公司财务指标作为配对变量。采用最近邻匹配进行匹配，图6-2为按照配对变量进行匹配前后的密度函数图。

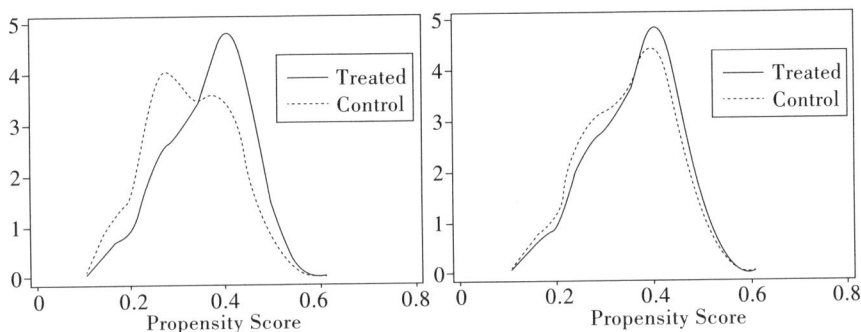

图6-2 匹配前后的密度函数图

用配对后的样本对内部人减持对上期创新投入（RDsale$_{t-1}$）尤其对开发支出资本化（RDin$_{t-1}$）的影响，以及对下期股价崩盘风险（NCSKEW$_{t+1}$/DUVOL$_{t+1}$）的影响进行 ATT 比较并进行多元回归检验，AAT 的比较结果如表6-14所示，ATT 分别在1%、5%和10%水平上显著，其一说明内部减持前企业研发投入尤其是进行资本化处理的研发投入确实有显著增加；其二说明在解决了遗漏变量导致的内生性问题后，内部人减持仍然显著增加股价崩盘风险。

在内部人减持与企业创新投入以及与开发支出资本化的多元回归检验中[1]，如表6-15所示，第（1）、（2）列列示了内部人减持与上期创新投入（RDsale$_{t-1}$）以及与开发支出资本化（RDin$_{t-1}$）的关系，Netsellr_dum 的系数分别在5%和1%水平上显著为正，说明在内部人减持前确实会有意识地提高研发投入，尤其是通过开发支出资本化实现其减持目的；第（3）、（4）列列示了内部人减持与下期股价崩盘风险（NCSKEW$_{t+1}$/DUVOL$_{t+1}$）的关系，Netsellr_dum 的系数在10%和5%的水平上显著为正，说明在通过 PSM 方法解决遗漏变量所导致的内生性问题后结论依然稳健。

---

① 借鉴姜博等(2014)的研究，在内部人减持与前期创新投入的模型中选取的控制变量为本年大股东是否存在质押、上一年度公司规模、上一年度资产负债率、上一年度盈利能力、本年度两职兼任、本年度企业性质以及上一年度的应计盈余管理，同时控制了行业、年份。

表6-14　　　　倾向得分匹配法——ATT的比较(最近邻匹配)

Variable	Sample	Treated group	Control group	ATT	S.E	t-stat
RDsale$_{t-1}$	Unmatched	0.0457	0.0375	0.0082	0.0009	8.69***
	ATT	0.0457	0.0405	0.0052	0.0012	4.03***
RDin$_{t-1}$	Unmatched	0.0227	0.0195	0.0032	0.0004	3.71***
	ATT	0.0226	0.0206	0.0020	0.0006	2.85***
NCSKEW$_{t+1}$	Unmatched	−0.1291	−0.1755	0.0464	0.028	1.98**
	ATT	−0.1293	−0.1643	0.0350	0.036	1.75*
DUVOL$_{t+1}$	Unmatched	0.0202	−0.0339	0.0541	0.0246	2.20**
	ATT	0.0201	−0.0183	0.0384	0.0320	1.97**

注：***、**、*分别表示1%、5%、10%的显著性水平。

表6-15　　　　内生性检验——倾向得分匹配法

	(1)	(2)	(3)	(4)
	RDSale$_{t-1}$	RDin$_{t-1}$	NCSKEW$_{t+1}$	DUVOL$_{t+1}$
Netsellr_dum$_t$	0.0007**	0.0047***	0.0475*	0.0720**
	(1.6632)	(2.8990)	(1.6710)	(2.5728)
cons	0.0938***	−0.1189	−0.3666*	−0.6812*
	(5.1742)	(−1.2411)	(−1.7488)	(−1.6812)
Controls	YES	YES	YES	YES
Year fixed	YES	YES	YES	YES
Ind fixed	YES	YES	YES	YES
N	4 184	4 184	4 662	4 662
Adjusted-R^2	0.2076	0.2782	0.1743	0.1659

注：括号内的数字为稳健性标准误对应的t值；***、**、*分别表示1%、5%、10%的显著性水平。

6.6 本章小结

创新活动具有不确定性、长期性和高额预期收益性。企业进行创新活动时，一方面可能增加了企业信息的不对称性和不确定性，同时也可能在市场上传递企业发展前景良好的信号。而从股价崩盘风险的形成机理上来说，学者们将其归因于两方面：其一为内部人的捂盘行为致使负面信息的集中释放；其二为企业内外信息不对称。此外，近年来发现投资者关注对股价崩盘风险亦发挥重要作用。本章实证考察了企业创新活动（创新产出和创新投入两个层面）对股价崩盘风险的影响，内部人减持对股价崩盘风险的影响（内部人出于自利动机利用增加研发投入提升股价以达到进行股票减持的目的），并进一步研究了投资者关注在这三种关系中所发挥的不同效应。实证研究发现：

（1）企业技术创新产出水平抑制了股价崩盘风险，相比于策略性创新，实质性创新水平对股价崩盘风险的抑制性作用更显著，这说明企业创新产出的信息披露在一定程度上减少了企业与市场的不对称性和不确定性，实质性创新相对于策略性创新更能代表企业的研发实力，向投资者传递了企业良好发展前景的信号，投资者关注增强了企业创新产出与股价崩盘风险的负相关效应，此时其更多发挥增强投资者信心的效应，外部投资者相信企业深耕发展的良好动机，从而避免了大量抛售股票的恶性事件的发生。

（2）企业创新投入增加了股价崩盘风险，相比于研发支出费用化，研发支出资本化与股价崩盘风险正相关关系更为显著，这说明企业创新投入的信息披露增加了企业的不确定性和信息不对称性，同时企业进行研发投入，尤其是将研发投入进行资本化处理，可能成为企业内部人(高管或大股东)进行机会主义行为的工具，隐藏负面消息，当其积累到阈值时可能引发股价崩盘风险。投资者关注减弱了企业创新投入与股价崩盘风险的正相关关系，此时其更多发挥信息解读效应，当投资者有更多精力和时间对企业信息进行了解和追踪时，负面信息集中释放的可能性降低，同时也能从众多企业中甄选出进行实质性创新的企业进行投资，从而减少了股价崩盘风险。

（3）姜博等(2014)[291]和周铭山等(2017)[191]研究发现，内部人在减持前很可能利用增加创新投入尤其是开发支出资本化的方式提升股价，本章研究发现内部人减持行为增加了股价崩盘风险，相比于高管减持，大股东减持行为对股价崩盘风险的影响更加显著。这说明内部人减持行为一方面可能存在严重的内部人"掏空"行为，另一方面也增加了市场的不确定性，从而增加了股价崩盘风险。投资者关注更增强了内部人减持与股价崩盘风险的正相关关系，此时其更多表现为投资情绪的恐慌效应，在一定程度上成为"股价崩盘加速器"。

（4）本章在以上基于投资者关注视角分析创新相关活动与股价崩盘风险之间三个关系的基础上，又从外部市场态势方面进行了探讨。从外部市场态势来说，当外部市场状态良好时(股市为"牛市")，信心效应和信息解读效应对股价崩盘风险的抑制作用将更显著；当外部市场状态欠佳时(股市为"熊市")，投资者关注的恐慌效应将更显著。

第7章 高管权力、企业创新与股价
崩盘风险传导分析

　　第4章我们探讨了高管权力与企业创新（创新投入和创新产出两个层面）的关系，第5章探讨了高管权力与股价崩盘风险的关系，第6章探讨了企业创新与股价崩盘风险的关系。研究结果发现高管权力影响企业创新水平，同时也在一定程度上影响股价崩盘风险，而企业内部创新也会对外部资本市场的股价崩盘风险有所影响。因此，本章探讨高管权力是否有可能通过企业创新进而影响股价崩盘风险，即企业创新行为是否是高管权力影响股价崩盘风险的中介变量。

7.1 理论分析与研究假设

　　根据第4章、第5章和第6章的研究结论，位于科层结构顶端的高管可能凌驾于董事会之上，拥有控制权和决策权，高管既可能具有自利性，也可能以股东价值最大化为目标具有企业家精神，一方面高管权力促进了企业创新投入和产出水平，另一方面高管权力加剧了未来股价崩盘风险，对于企业创新与股价崩盘风险的关系为：创新产出尤其是实质性创新产出增加了投资者的信心，从而在一定程度上降低了股价崩盘风险，而创新投入的增加使企业的信息不对称程度有所增加从而加剧了股价崩盘风险。

基于以上分析，本书认为高管权力增加企业创新投入，进而增加了股价崩盘风险，即具有自利性的高管权力通过企业创新投入影响股价崩盘风险的传导；同时以股东价值最大化为目标的高管权力通过企业创新产出影响股价崩盘风险的传导。由此我们提出假设：

H7.1：高管权力通过企业创新影响股价崩盘风险。

7.2 研究设计

7.2.1 样本选择和数据来源

为了保持研究的一致性和结论的可比性，本章的研究样本与前3章一致，由于模型中需要将解释变量和控制变量进行滞后一期处理，同时为了前后一致性，在进行股价崩盘风险的影响回归时，将解释变量和控制变量进行滞后两期处理（在第5章稳健性检验时，已经验证了高管权力对股价崩盘风险的长期效果）。选择的企业创新的样本期为2007—2016年，股价崩盘风险的样本期为2008—2017年，高管权力和其他控制变量的样本期为2006—2015年，按照前文相应原则进行了数据删减（不予赘述），以创新投入为中介变量时共计7 732个观测值，以创新产出为中介变量时共计8 940个观测值（描述性统计报告的被解释变量和控制变量以创新投入为标准）。

本章使用的创新投入和产出的数据与第4章一致，高管权力数据、公司财务数据及公司治理数据均来自国泰安（CSMAR）数据库，股价崩盘风险相关数据来自锐思（Resset）数据库。对所有连续型变量进行了上下1%分位数的Winsorize处理，同时回归分析时进行了公司代码的聚类调整（Cluster）并利用Robust调整标准误处理。本章研究使用的统计软件是Stata15.0。

7.2.2 变量定义和模型构建

（1）变量定义

根据前文变量定义，同时借鉴蒋德权等（2018）[308] 的研究，本章变量定义见表7-1。

表 7-1 变量定义

	变量名称	变量代码	变量定义
被解释变量	股价崩盘风险	$NCSKEW_{i,t+2}$	第t+2年NCSKEW(计算方法见第5章)
		$DUVOL_{i,t+2}$	第t+2年DUVOL(计算方法见第5章)
中介变量	创新投入	$RDsale_{i,t+1}$	第t+1年企业研发费用占企业销售收入的比重
	创新产出	$Patent_{i,t+1}$	第t+1年公司专利申请总数
		$Patenti_{i,t+1}$	第t+1年公司发明专利申请的总数
		$Patentud_{i,t+1}$	第t+1年公司非发明专利申请的总数
解释变量	高管权力	$Power1_{i,t}$	表4-1构建的高管权力的主成分合成指标(主回归)
控制变量	负收益偏态系数	$NCSKEW_{i,t}$	第t年NCSKEW
	收益波动率	$DUVOL_{i,t}$	第t年DUVOL
	月平均超额换手率	$Dturn_{i,t}$	第t年股票i的月平均换手率与第t-1年股票i的月平均换手率之差
	周特有收益率	$Ret_{i,t}$	第t年股票i周特有收益的平均值
	收益波动	$Sigma_{i,t}$	第t年周特有收益的标准差
	企业规模	$Size_{i,t}$	第t年公司总资产的自然对数
	资产负债率	$Lev_{i,t}$	第t年期末总资产/期末总负债
	资产收益率	$ROA_{i,t}$	第t年税前利润/期末总资产
	市账比	$MB_{i,t}$	第t年市账比
	信息透明度	$ABACC_{i,t}$	第t年ABACC(计算方法见正文)
	行业变量	Ind	样本涉及16个行业，共设置15个行业虚拟变量
	年度变量	Year	样本研究期限为10年，共设置9个年度虚拟变量

（2）中介模型

为分析高管权力对股价崩盘风险的传导路径，本书借鉴 Baron 和 Kenny（1986）[306]、温忠麟和叶宝娟（2014）[307]、江轩宇（2016）[245] 以及蒋德权等（2018）[308] 的研究方法利用中介模型进行检验。

如图 7-1 所示，中介效应主要流程可以分为以下几个步骤：

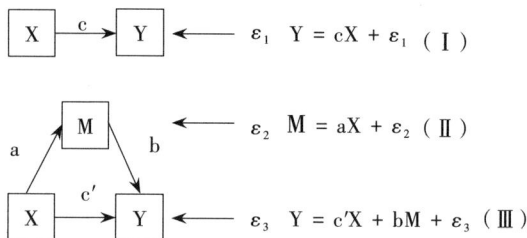

图 7-1 中介效应模型

①在模型（Ⅰ）中检验解释变量 X 与被解释变量 Y 是否相关，即 c 是否显著，如 c 不显著则无须继续进行检验。

②在模型（Ⅱ）中检验解释变量 X 是否与中介变量 M 相关，即 a 是否显著，同时在模型（Ⅲ）中检验中介变量 M 是否与被解释变量 Y 相关，即 b 是否显著。如果 a 或 b 至少一项不显著，用 Bootstrap 检验 H0：ab=0，若不接受原假设，则不存在中介效应；如果 a 和 b 都不显著，则说明不存在中介效应。

③如果 a、b 显著，c' 不显著，且 Sobel 检验在统计上显著，则说明 M 可以起到完全中介作用；如果 a、b 和 c' 都显著，且 c'<c，Sobel 检验在统计上显著，则部分中介效应成立（本书同时进行了 Bootstrap 检验，温忠麟和叶宝娟（2014）提出 Bootstrap 检验能够克服 Sobel 检验中必须服从正态分布的局限，检验效应更强，检验结果更加可信）。

④比较 ab 与 c' 的符号，若 ab 与 c' 同号，属于部分中介作用，中介效应占总效应的比例为 ab/c。若 ab 与 c' 异号，属于遮掩效应，间接效应与直接效应的比例值为 |ab/c'|。

在上述步骤描述中，解释变量 X 直接作用于被解释变量 Y 即为直接效应，c 反映 X 对 Y 的总效应，c' 为 X 对 Y 的直接效应；而当解释变量 X 通过中介变量 M 作用于被解释变量 Y 时，即为中介效应，ab 反映中介效应。二个效应的关系为c=ab+c′。中介效应可以进一步细分为完全中介效应、部分中介效应和遮掩效应，完全中介效应是解释变量X只能通过中介变量M影响被解释变量Y，自身不具有影响Y的直接效应或者也没有其他的中介效应进行传导；部分中介效应是指解释变量X可以通过中介变量M影响Y，但也有其他中介变量可以影响；遮掩效应是指解释变量X通过M影响被解释变量Y，但是存在作用相反的直接效应或其他中介变量。在实证分析中，采用Stata15.0中的Sgmediation命令进行检验，Sobel检验（Goodman-1、Googman-2）通过时，证明具有中介效应；在遮掩效应Sobel检验的基础上采用Bootstrap方法进行进一步检验。

（3）模型构建

基于以上分析，设定传递路径模型如下：

$$CR_{i,t+2} = \beta_0 + \beta_1 Power_{i,t} + \beta_2 Dturn_{i,t} + \beta_3 Sigma_{i,t} + \beta_4 Ret_{i,t} + \beta_5 Size_{i,t} + \beta_6 MB_{i,t} +$$
$$\beta_7 Lev_{i,t} + \beta_8 ROA_{i,t} + \beta_9 ABACC_{i,t} + Year + Ind + \varepsilon_{i,t} \quad (7.1)$$

$$Mediator_{i,t+1} = \beta_0 + \beta_1 Power_{i,t} + \beta_2 Dturn_{i,t} + \beta_3 Sigma_{i,t} + \beta_4 Ret_{i,t} + \beta_5 Size_{i,t} +$$
$$\beta_6 MB_{i,t} + \beta_7 Lev_{i,t} + \beta_8 ROA_{i,t} + \beta_9 ABACC_{i,t} +$$
$$Year + Ind + \varepsilon_{i,t} \quad (7.2)$$

$$CR_{i,t+2} = \beta_0 + \beta_1 Power_{i,t} + \beta_2 Mediator_{i,t+1} + \beta_3 Dturn_{i,t} + \beta_4 Sigma_{i,t} + \beta_5 Ret_{i,t} +$$
$$\beta_6 Size_{i,t} + \beta_7 MB_{i,t} + \beta_8 Lev_{i,t} + \beta_9 ROA_{i,t} + \beta_{10} ABACC_{i,t} +$$
$$Year + Ind + \varepsilon_{i,t} \quad (7.3)$$

其中，股价崩盘风险（$CR_{i,t+2}$）为被解释变量，高管权力（$Power_{i,t}$）为解释变量，$Mediator_{i,t+1}$为中介变量，本章中选取了创新投入$RDsale_{i,t+1}$和创新产出$lnPatent_{i,t+1}$（$lnPatenti_{i,t+1}/lnPatentud_{i,t+1}$）等指标作为中介变量。

7.3 实证结果

7.3.1 描述性统计

变量的主要描述性统计见表7-2，各变量在前三章已进行分析，此处不予赘述。

表7-2   **变量描述性统计**

Variables	N	均值	最小值	25%分位数	中位数	75%分位数	最大值	标准差
$NCSKEW_{t+2}$	7 732	−0.1691	−2.6110	−0.7657	−0.1927	0.4421	1.9571	0.8626
$DUVOL_{t+2}$	7 732	−0.0177	−1.7924	−0.5569	−0.0702	0.4938	1.9732	0.7504
Power1	7 732	−0.0572	−1.8887	−0.9450	−0.1439	0.6848	2.8583	1.0175
$RDsale_{t+1}$	7 732	0.0426	0.0000	0.0149	0.0330	0.0495	2.5162	0.0623
$lnPatent_{t+1}$	8 940	2.9878	0.6931	1.9459	2.8904	3.8712	6.8395	1.3923
$lnPatenti_{t+1}$	8 940	2.0114	0	0	2.0794	3.0910	5.9428	1.2903
$lnPatentud_{t+1}$	8 940	2.4929	0	1.3863	2.1972	3.2958	6.3561	1.7197
Sigma	7 732	0.0520	0.0203	0.0393	0.0495	0.0622	0.1097	0.0172
Ret	7 732	−0.0008	−0.0187	−0.0053	−0.0011	0.0033	0.0196	0.0066
Dturn	7 732	−0.1195	−1.7508	−0.3068	−0.0496	0.1315	0.9429	0.4279
Size	7 732	21.9673	19.0811	21.0783	21.7679	22.6254	28.5052	1.2488
ROA	7 732	0.0454	−0.7747	0.0157	0.0409	0.0729	0.4770	0.0573
Lev	7 732	0.4038	0.0075	0.2373	0.3922	0.5605	1.6499	0.2069
BM	7 732	0.8073	0.0508	0.3295	0.5503	0.9306	12.1002	0.8363
ABACC	7 732	0.0737	0.0000	0.0201	0.0456	0.0892	6.1939	0.1227

注：以上指标均在1%和99%分位进行了Winsorize处理。

7.3.2 多元统计分析

表7-3为高管权力对股价崩盘风险影响通过创新投入路径传导的多元回归分析。回归模型（1）、（2）是高管权力对股价崩盘风险的影响，高管权力Power1的系数为0.0348，在5%水平上显著；在模型（2）中Power1的系数为0.0457，在1%水平上显著，即在中介效应模型（Ⅰ）中c显著。回归模型（3）是高管权力对中介变量企业创新投入的多元回归结果，Power1的系数为0.3486，在5%水平上正相关，即中介效应模

型（Ⅱ）中a显著。在回归模型（4）、（5）中，中介变量RDsale$_{t+1}$对股价崩盘风险（NCSKEW$_{t+2}$）的估计系数为0.0082，在1%水平上显著，对股价崩盘风险（DUVOL$_{t+2}$）的估计系数为0.0122，在5%水平上显著，即中介效应模型（Ⅱ）中b显著。Power1的系数为0.0281和0.0401，都在5%水平上显著，即中介效应模型（Ⅱ）中c'显著。最后Sobel检验的z值分别为0.0029和0.0043，分别在1%和5%水平上显著。总体结果证实，当股价崩盘风险以周收益负偏程度NCSKEW$_{t+2}$或以收益波动率DUVOL$_{t+2}$测度时，高管权力通过创新投入路径部分中介，其部分中介效应分别为0.0821和0.0929。

表7-3　高管权力与股价崩盘风险——创新投入的中介效应检验

Variables	$Y=cX+\varepsilon_1$（Ⅰ）		$M=aX+\varepsilon_2$（Ⅱ）	$Y=c'X+bM+\varepsilon_3$（Ⅲ）	
	(1)	(2)	(3)	(4)	(5)
	NCSKEW$_{t+2}$	DUVOL$_{t+2}$	RDsale$_{t+1}$	NCSKEW$_{t+2}$	DUVOL$_{t+2}$
Power1	0.0348**	0.0457***	0.3486**	0.0281**	0.0401**
	(2.3373)	(4.2245)	(2.1367)	(2.3002)	(2.5249)
RDsale$_{t+1}$				0.0082**	0.0122***
				(2.0655)	(3.8720)
Sigma	1.2167*	2.0176***	0.2646***	1.1597	1.9462***
	(1.7281)	(3.4084)	(4.3424)	(1.6422)	(3.2819)
Ret	10.7259***	9.2389***	−0.5139***	10.8365***	9.3776***
	(6.8765)	(7.1302)	(−4.4074)	(6.9343)	(7.2145)
Dturn	−0.1125***	−0.1019***	0.0011	−0.1128***	−0.1022***
	(−4.3781)	(−4.7858)	(0.6860)	(−4.3911)	(−4.8044)
Size	0.0028	0.0101	0.0002	0.0028	0.0101
	(0.2274)	(0.9993)	(0.1644)	(0.2251)	(0.9966)
ROA	0.4224**	0.1738	−0.0838***	0.4404**	0.1964
	(2.3931)	(1.1494)	(−3.5849)	(2.4869)	(1.3013)
Lev	0.1177*	0.1042**	−0.0643***	0.1315**	0.1216**
	(1.8786)	(2.0807)	(−8.7247)	(2.0709)	(2.4045)

续表

Variables	$Y=cX+\varepsilon_1$（Ⅰ）		$M=aX+\varepsilon_2$（Ⅱ）	$Y=c'X+bM+\varepsilon_3$（Ⅲ）	
	(1)	(2)	(3)	(4)	(5)
	$NCSKEW_{t+2}$	$DUVOL_{t+2}$	$RDsale_{t+1}$	$NCSKEW_{t+2}$	$DUVOL_{t+2}$
BM	−0.1605***	−0.1343***	−0.0008	−0.1603***	−0.1341***
	(−8.0189)	(−8.0745)	(−0.6304)	(−8.0160)	(−8.0686)
ABACC	−0.0439	0.0222	−0.0041	−0.0431	0.0233
	(−0.2908)	(0.1947)	(−1.3496)	(−0.2847)	(0.2038)
cons	−0.2668	−0.1560	0.0152	−0.2701	−0.1601
	(−0.9409)	(−0.6592)	(0.7147)	(−0.9537)	(−0.6776)
Year fixed	YES	YES	YES	YES	YES
Ind fixed	YES	YES	YES	YES	YES
N	7 732	7 732	7 732	7 732	7 732
Adjusted-R^2	0.1821	0.2487	0.2035	0.1822	0.2490
F	49.2543	68.1368	34.2215	48.0106	66.6109
Sobel检验	0.0029**(z=2.127)			0.0043**(z=3.275)	
Goodman-1	0.0029**(z=2.099)			0.0043***(z=3.246)	
Goodman-2	0.0029**(z=2.155)			0.0043***(z=3.205)	
中介效应系数	0.0029**(z=2.127)			0.0043**(z=3.275)	
直接效应系数	0.0281**(z=2.310)			0.0401***(z=2.525)	
总效应系数	0.0348**(z=2.337)			0.0457***(z=4.225)	
中介效应比例	0.0821			0.0929	

注：括号内的数字为经公司聚类和异方差调整的稳健性标准误对应的t值；***、**、*分别表示1%、5%、10%的显著性水平；Sobel检验中括号内为z值。

表7-4 Panel A、Panel B为高管权力对股价崩盘风险影响通过创新产出路径传导的多元回归分析。以Panle A为例，回归模型（1）是高管权力对股价崩盘风险的影响，高管权力Power1的系数为0.0341，在5%

水平上显著，即在中介效应模型（Ⅰ）中 c 显著。回归模型（2）～（4）是高管权力对中介变量企业创新产出（创新总水平、实质性创新和策略性创新）的多元回归结果，模型（2）中 Power1 的系数为 0.0656，在 5% 水平上显著，模型（3）中 Power1 的系数为 0.0827，在 5% 水平上显著，模型（4）中 Power1 的系数为 0.0591，在 10% 水平上显著。回归模型（5）～（7）为解释变量高管权力与中介变量创新产出对股价崩盘风险的共同影响，由结果可知，模型（5）的 Power1 的系数为 0.0309，在 5% 水平上显著，创新总水平 $lnPatent_{t+1}$ 的系数为 -0.0069，在 10% 水平上显著，模型（6）的 Power1 的系数为 0.0298，在 5% 水平上显著，实质性创新 $lnPantenti_{t+1}$ 的系数为 -0.0101，在 5% 水平上显著，模型（7）中 Power1 的系数为 0.0311，在 5% 水平上显著，而策略性创新 $lnPatentud_{t+1}$ 的系数不显著。以上实证结果可以进行间接效应和直接效应的对比，其中以创新总水平（$lnPatent_{t+1}$）和实质性创新（$lnPatenti_{t+1}$）为中介变量时，ab 与 c′ 的符号不一致，进行遮掩效应判断。同时以策略性创新（$lnPatentud_{t+1}$）为中介变量时，b 不显著，应利用 Bootstrap 检验 H0：ab=0，如拒绝假设 0 则不存在中介效应。以上检验利用 SPSS21.0 软件完成。

表 7-5 为对创新产出在高管权力与股价崩盘风险之间的"遮掩效应"检验结果，结果显示高管权力通过创新总产出对股价崩盘风险的间接影响 ab=-0.000464，在 5% 水平上显著，其 Bootstrap 检验后的置信区间为（LLCI=-0.000723，ULCI=-0.000145），不包含 0，说明间接效应显著，中介效应为 -0.000464，直接效应的置信区间为（LLCI=0.056782，ULCI=0.014236），不包含 0，直接效应显著值为 0.031109，间接效应与直接效应符号不一致，说明确实存在遮掩效应，其遮掩效应的比例为 |-0.000464|/0.031109=0.0149，与 Sobel 检验基本一致；高管权力通过实质性创新对股价崩盘风险遮掩效应与创新总产出大致相同，其遮掩效应比例为 |-0.000827|/0.029605=0.0279；高管权力通过策略性创新对股价崩盘风险的影响，其中介效应的置信区间为（LLCI=-0.001029，ULCI=0.000217），0 在置信区间内，即中介效应不显著，可见策略性创新在高管权力与股价崩盘风险之间不存在中介效应。

表7-4　　高管权力与股价崩盘风险——创新产出的中介效应检验

Panel A　　被解释变量为NCSKEW$_{t+2}$

Variables	Y=cX+ε$_1$(Ⅰ)	M=aX+ε$_2$(Ⅱ)			Y=c′X+bM+ε$_3$(Ⅲ)		
	(1)	(2)	(3)	(4)	(5)	(6)	(7)
	NCSKEW$_{t+2}$	lnPatent$_{t+1}$	lnPatenti$_{t+1}$	lnPatentud$_{t+1}$	NCSKEW$_{t+2}$	NCSKEW$_{t+2}$	NCSKEW$_{t+2}$
Power1	0.0341**	0.0656**	0.0827**	0.0591*	0.0309**	0.0298**	0.0311**
	(2.4773)	(2.1185)	(2.3842)	(1.7802)	(2.2179)	(2.1895)	(2.2025)
lnPatent$_{t+1}$					−0.0069*		
					(−1.8356)		
lnPatenti$_{t+1}$						−0.0101**	
						(−2.1248)	
lnPatentud$_{t+1}$							−0.0121
							(−1.2181)
Sigma	3.3830***	0.0793	−0.1636	−0.4901	3.3835***	3.3828***	3.3800***
	(4.0667)	(0.0550)	(−0.1210)	(−0.2673)	(4.0685)	(4.0666)	(4.0655)
Ret	4.4166**	−1.2518	−0.5438	−1.2326	4.4080**	4.4160**	4.4091**
	(2.4577)	(−0.5008)	(−0.2325)	(−0.3797)	(2.4530)	(2.4572)	(2.4544)
Dturn	−0.082***	0.0635	0.0083	0.1440***	−0.082***	−0.082***	−0.081***
	(−2.7555)	(1.4924)	(0.2090)	(2.5962)	(−2.7415)	(−2.7550)	(−2.7292)
Size	0.0308**	0.5870***	0.5649***	0.5361***	0.0268**	0.0302**	0.0276**
	(2.4958)	(17.4484)	(16.9741)	(12.3192)	(2.0329)	(2.2940)	(2.1461)
ROA	1.6943***	3.0349***	2.2112***	3.1569***	1.7151***	1.6966***	1.7133***
	(7.2873)	(6.1596)	(4.7690)	(4.5894)	(7.2974)	(7.2539)	(7.3412)

Variables	$Y=cX+\varepsilon_1(\text{Ⅰ})$	$M=aX+\varepsilon_2(\text{Ⅱ})$			$Y=c'X+bM+\varepsilon_3(\text{Ⅲ})$		
	(1)	(2)	(3)	(4)	(5)	(6)	(7)
	$NCSKEW_{t+2}$	$lnPatent_{t+1}$	$lnPatenti_{t+1}$	$lnPatentud_{t+1}$	$NCSKEW_{t+2}$	$NCSKEW_{t+2}$	$NCSKEW_{t+2}$
Lev	0.1931***	0.2544	0.1315	0.4918**	0.1949***	0.1933***	0.1961***
	(2.8538)	(1.5207)	(0.8228)	(2.2091)	(2.8797)	(2.8534)	(2.9064)
BM	−0.080***	−0.174***	−0.2043***	−0.1246**	−0.081***	−0.080***	−0.081***
	(−3.7880)	(−3.7700)	(−4.3156)	(−2.2197)	(−3.8401)	(−3.7788)	(−3.8296)
ABACC	−0.2961**	−0.5735**	−0.4434**	−0.4723*	−0.3001**	−0.2966**	−0.2990**
	(−2.1914)	(−2.4351)	(−1.9868)	(−1.6682)	(−2.2113)	(−2.1874)	(−2.2092)
cons	−0.1533	−10.991***	−10.860***	−11.381***	−0.2288	−0.1649	−0.2219
	(−0.5169)	(−14.8602)	(−14.3295)	(−12.2454)	(−0.7387)	(−0.5322)	(−0.7228)
Year/Ind	YES	YES	YES	YES	YES	YES	YES
N	8 940	8 940	8 940	8 940	8 940	8 940	8 940
Adjusted-R^2	0.1458	0.3312	0.2936	0.2775	0.1458	0.1457	0.1458
F	35.5768	36.4322	24.2297	33.5393	34.5559	34.5248	34.5864
Sobel 检验	−0.0005**(z=−2.063)		−0.0008**(z=−2.041)		−0.0007(z=−1.541)		
Goodman-1	−0.0005**(z=−2.028)		−0.0008**(z=−2.005)		−0.0007(z=−1.535)		
Goodman-2	−0.0005**(z=−2.099)		−0.0008**(z=−2.08)		−0.0007(z=−1.556)		
中介效应系数	−0.0005**(z=−2.063)		−0.0008**(z=−2.041)				
直接效应系数	0.0309**(z=2.218)		0.0298**(z=2.190)				
中介效应比例	|−0.0146|=0.0146		|−0.0280|=0.0280				

续表

Panel B　被解释变量为 $DUVOL_{t+2}$

Variables	$Y=cX+\varepsilon_1(\text{I})$	$M=aX+\varepsilon_2(\text{II})$			$Y=c'X+bM+\varepsilon_3(\text{III})$		
	(1)	(2)	(3)	(4)	(5)	(6)	(7)
	$DUVOL_{t+2}$	$lnPatent_{t+1}$	$lnPatenti_{t+1}$	$lnPatentud_{t+1}$	$DUVOL_{t+2}$	$DUVOL_{t+2}$	$DUVOL_{t+2}$
Power1	0.0439***	0.0606**	0.0867***	0.0461	0.0412***	0.0408***	0.0395***
	(2.6241)	(2.4999)	(3.5737)	(0.5255)	(3.3414)	(3.3523)	(3.3396)
$lnPatent_{t+1}$					−0.0069*		
					(−1.9892)		
$lnPatenti_{t+1}$						−0.0049**	
						(−2.3671)	
$lnPatentud_{t+1}$							−0.0029
							(−1.5285)
Sigma	3.7548***	0.1718	0.0146	−0.5595	3.7353***	3.7339***	3.7333***
	(5.3463)	(0.1194)	(0.0109)	(−0.3050)	(5.3209)	(5.3183)	(5.3175)
Ret	5.1698***	−1.1835	−0.4738	−1.1575	5.2061***	5.2121***	5.2112***
	(3.3994)	(−0.4736)	(−0.2027)	(−0.3567)	(3.4203)	(3.4238)	(3.4239)
Dturn	−0.0628**	0.0582	−0.0020	0.1484***	−0.0610**	−0.0614**	−0.0611**
	(−2.4953)	(1.3657)	(−0.0516)	(2.6586)	(−2.4203)	(−2.4359)	(−2.4221)
Size	0.029***	0.5733***	0.5433***	0.5368***	0.0267**	0.0281***	0.0297***
	(−2.8621)	(16.7942)	(16.0726)	(12.1835)	(2.5388)	(2.6390)	(2.8736)
ROA	1.2308***	3.0578***	2.2518***	3.1469***	1.2503***	1.2401***	1.2384***
	(6.4410)	(6.2083)	(4.8644)	(4.5714)	(6.4735)	(6.4546)	(6.4451)
Lev	0.1448***	0.2236	0.0718	0.5155**	0.1535***	0.1524***	0.1531***
	(2.6915)	(1.3373)	(0.4496)	(2.3231)	(2.8476)	(2.8241)	(2.8455)

Variables	$Y=cX+\varepsilon_1$ (I)	$M=aX+\varepsilon_2$ (II)			$Y=c'X+bM+\varepsilon_3$ (III)		
	(1)	(2)	(3)	(4)	(5)	(6)	(7)
	$DUVOL_{t+2}$	$lnPatent_{t+1}$	$lnPatenti_{t+1}$	$lnPatentud_{t+1}$	$DUVOL_{t+2}$	$DUVOL_{t+2}$	$DUVOL_{t+2}$
BM	−0.063***	−0.167***	−0.191***	−0.129**	−0.065***	−0.065***	−0.065**
	(−3.7664)	(−3.6021)	(−4.0459)	(−2.2960)	(−3.9423)	(−3.9111)	(−3.8947)
ABACC	−0.2010*	−0.5673**	−0.4368**	−0.4658	−0.2011*	−0.1993*	−0.1985*
	(−1.8003)	(−2.4100)	(−1.9643)	(−1.6439)	(−1.7959)	(−1.7796)	(−1.7773)
cons	−0.0896	−10.75***	−10.409**	−11.527***	−0.2010	−0.1782	−0.1577
	(−0.3679)	(−14.4895)	(−13.6660)	(−12.3730)	(−0.8076)	(−0.7109)	(−0.6423)
Year/Ind	YES	YES	YES	YES	YES	YES	YES
N	8 940	8 940	8 940	8 940	8 940	8 940	8 940
Adjusted-R^2	0.1997	0.3327	0.2975	0.2768	0.2005	0.2005	0.2005
F	47.2656	36.2908	24.5807	33.0730	46.5331	46.4163	46.4413
Sobel 检验	−0.0004**(z=−2.134)		−0.0004**(z=−2.569)		−0.0001(z=−1.526)		
Goodman-1	−0.0004**(z=−2.087)		−0.0004**(z=−2.539)		−0.0001(z=−1.530)		
Goodman-2	−0.0004**(z=−2.125)		−0.0004***(z=−2.621)		−0.0001(z=−1.544)		
中介效应系数	−0.0004**(z=−2.134)				−0.0061**(z=−2.569)		
直接效应系数	0.0412***(z=3.341)				0.0408***(z=3.352)		
中介效应比例	|−0.0101|=0.0101				|−0.0104|=0.0104		

注：括号内的数字为经公司聚类和异方差调整的稳健性标准误对应的 t 值；***、**、*分别表示 1%、5%、10%的显著性水平；Sobel 检验中括号内为 z 值。

表7-5 对创新产出的Bootstrap检验

Indirect effect	相关系数			Bootstrap检验	
	系数	标准差	显著性水平	BootLLCI	BootULCI
$lnPatent_{t+1}$	−0.000464	0.0415	<0.05	−0.000723	−0.000145
$lnPatenti_{t+1}$	−0.000827	0.0287	<0.05	−0.001224	−0.000370
$lnPatentud_{t+1}$	−0.000723	0.0311	>0.05	−0.001029	0.000217
Direct effect	相关系数			检验	
	系数	标准差	显著性水平	LLCI	ULCI
$lnPatent_{t+1}$	0.031109	0.0341	>0.05	0.056782	0.014236
$lnPatenti_{t+1}$	0.029605	0.0275	>0.05	0.054671	0.011257
$lnPatentud_{t+1}$	0.031423	0.0286	>0.05	0.052157	−0.021340

7.4 拓展性研究

考虑到国有上市公司与非国有上市公司中创新投入和创新产出对高管权力与股价崩盘风险影响的差异性，本节进一步检验不同股权性质的公司中高管权力通过企业创新影响股价崩盘风险的传导关系是否成立。

表7-6、表7-7分别报告了非国有上市公司中创新投入和创新产出对高管权力与股价崩盘风险的传导作用的回归结果。在表7-6中，非国有上市公司的高管权力与未来股价崩盘风险显著正相关，高管权力与中介变量创新投入显著正相关，同时高管权力、创新投入与被解释变量股价崩盘风险也显著正相关，经过Sobel检验的z值分别为5.4和6.056，在1%水平上显著正相关。总体结果证实了在非国有上市公司中，高管权力在创新投入路径上存在部分中介效应。在表7-7中，高管权力与中介变量创新产出显著正相关，在模型（7.3）中，当把中介变量加入基本模型中，高管权力的系数有所降低，中介变量创新产出总水平和实质性创新产出系数分别为−0.0091和−0.0132且都在5%水平上负相关，策略性创新的系数为负，但不显著，在经过Sobel检验后发现z值未达到显著性水平，Bootstrap检验中拒绝了H0：ab=0的假设，总体实证结果证实了在非国有上市公司中，高管权力在创新总产出和实质性创新影响股价崩盘风险的路径上存在遮掩效应，高管权力通过策略性创新影响股价崩盘风险的路径不成立。

表7-6 非国有上市公司高管权力与股价崩盘风险——创新投入的中介效应检验

Variables	$Y=cX+\varepsilon_1$（Ⅰ）		$M=aX+\varepsilon_2$（Ⅱ）	$Y=c'X+bM+\varepsilon_3$（Ⅲ）	
	(1)	(2)	(3)	(4)	(5)
	$NCSKEW_{t+2}$	$DUVOL_{t+2}$	$RDsale_{t+1}$	$NCSKEW_{t+2}$	$DUVOL_{t+2}$
Power1	0.0323*	0.0390**	0.0053***	0.0290*	0.0366**
	(1.7762)	(2.1125)	(2.7962)	(1.6969)	(2.0446)
$RDsale_{t+1}$				0.6186**	0.4556*
				(2.0212)	(1.8462)
Sigma	2.9028***	3.2608***	0.1760***	2.7939***	3.1806***
	(3.3735)	(4.4397)	(3.4287)	(3.2376)	(4.3307)
Ret	8.3501***	6.2769***	−0.3992***	8.5970***	6.4588***
	(4.1490)	(3.7171)	(−4.6169)	(4.2662)	(3.8107)
Dturn	−0.1263***	−0.1033***	0.0020	−0.1275***	−0.1042***
	(−4.4569)	(−4.4259)	(1.4042)	(−4.5089)	(−4.4702)
Size	0.0266	0.0029	0.0012	0.0258	0.0024
	(1.4353)	(0.1860)	(0.9672)	(1.3953)	(0.1508)
ROA	0.0831	−0.0935	−0.0928***	0.1405	−0.0512
	(0.3899)	(−0.4925)	(−4.9407)	(0.6513)	(−0.2683)
Lev	0.1135	0.1197*	−0.0692***	0.1563*	0.1512**
	(1.3964)	(1.7698)	(−9.9708)	(1.8634)	(2.1994)
BM	−0.2186***	−0.1834***	−0.0064***	−0.2146***	−0.1805***
	(−5.8329)	(−5.2431)	(−3.3792)	(−5.7569)	(−5.1771)
ABACC	−0.1745	−0.0786	−0.0007	−0.1741	−0.0782
	(−1.4637)	(−0.7552)	(−0.2994)	(−1.4606)	(−0.7524)
cons	−1.2267***	−0.6509*	0.0053	−1.2300***	−0.6533*
	(−2.8746)	(−1.8173)	(0.1890)	(−2.8857)	(−1.8250)
Year fixed	YES	YES	YES	YES	YES
Ind fixed	YES	YES	YES	YES	YES

续表

Variables	Y=cX+ε_1(Ⅰ)		M=aX+ε_2(Ⅱ)	Y=c′X+bM+ε_3(Ⅲ)	
	(1)	(2)	(3)	(4)	(5)
	$NCSKEW_{t+2}$	$DUVOL_{t+2}$	$RDsale_{t+1}$	$NCSKEW_{t+2}$	$DUVOL_{t+2}$
N	4 762	4 762	4 762	4 762	4 762
R^2	0.2181	0.2958	0.3618	0.2187	0.2963
Adjusted-R^2	0.2124	0.2908	0.3572	0.2129	0.2911
F	44.2508	60.8923	22.3657	43.2039	59.4395
Sobel 检验	0.0033***(z=5.4)			0.0024***(z=6.056)	
Goodman-1	0.0033***(z=5.382)			0.0024***(z=6.038)	
Goodman-2	0.0033***(z=5.418)			0.0024***(z=6.075)	
中介效应系数	0.0033***(z=5.4)			0.0024***(z=6.0564)	
直接效应系数	0.0290***(z=2.8652)			0.0366***(z=3.3844)	
总效应系数	0.0323***(z=3.6277)			0.0390***(z=4.2783)	
中介效应比例	0.1015			0.0619	

注：括号内的数字为经公司聚类和异方差调整的稳健性标准误对应的 t 值；***、**、*分别表示1%、5%、10%的显著性水平；Sobel 检验中括号内为 z 值。

表7-7　非国有上市公司高管权力与股价崩盘风险——创新产出的中介效应检验

Variables	Y=cX+ε_1(Ⅰ)	M=aX+ε_2(Ⅱ)			Y=c′X+bM+ε_3(Ⅲ)		
	(1)	(2)	(3)	(4)	(5)	(6)	(7)
	$NCSKEW_{t+2}$	$lnPatent_{t+1}$	$lnPatenti_{t+1}$	$lnPatentud_{t+1}$	$NCSKEW_{t+2}$	$NCSKEW_{t+2}$	$NCSKEW_{t+2}$
Power1	0.0147**	0.0797**	0.1101***	0.0257*	0.0141***	0.0143**	0.0139*
	(2.1035)	(1.9963)	(2.7922)	(1.7135)	(2.8582)	(2.3696)	(1.8464)
$lnPatent_{t+1}$					−0.0091**		
					(2.0735)		
$lnPatenti_{t+1}$						−0.0132**	
						(−2.0194)	

续表

Variables	$Y=cX+\varepsilon_1$（Ⅰ）	$M=aX+\varepsilon_2$（Ⅱ）			$Y=c'X+bM+\varepsilon_3$（Ⅲ）		
	(1)	(2)	(3)	(4)	(5)	(6)	(7)
	$NCSKEW_{t+2}$	$lnPatent_{t+1}$	$lnPatenti_{t+1}$	$lnPatentud_{t+1}$	$NCSKEW_{t+2}$	$NCSKEW_{t+2}$	$NCSKEW_{t+2}$
$lnPatentud_{t+1}$							-0.0060
							(-0.6652)
Sigma	3.7748***	0.3721	0.5802	-0.5943	4.2927***	4.2853***	4.2894***
	(4.1809)	(0.2138)	(0.3642)	(-0.2692)	(4.1558)	(4.1494)	(4.1565)
Ret	9.1110***	-6.9070**	-5.3691	-6.8272	8.8450***	8.9099***	8.7976***
	(4.3090)	(-1.9629)	(-1.6074)	(-1.5344)	(3.4610)	(3.4938)	(3.4449)
Dturn	-0.103***	0.1175**	0.0413	0.2209***	-0.121***	-0.122***	-0.119***
	(-3.5166)	(2.3244)	(0.8924)	(3.2778)	(-3.4238)	(-3.4410)	(-3.3858)
Size	0.0165	0.5711***	0.5495***	0.4841***	0.0067	0.0135	0.0033
	(0.9624)	(10.9013)	(11.1180)	(7.0238)	(0.2897)	(0.5771)	(0.1468)
ROA	1.0077***	3.6019***	3.1592***	2.9547***	1.3434***	1.3048***	1.3644***
	(3.5834)	(5.5538)	(5.3426)	(3.3012)	(3.8449)	(3.7601)	(3.9249)
Lev	0.1430*	0.6100***	0.4142**	1.0251***	0.1263	0.1214	0.1331
	(1.8927)	(3.1516)	(2.2581)	(3.9809)	(1.3498)	(1.2964)	(1.4209)
BM	-0.130***	-0.4019***	-0.3834***	-0.3901***	-0.137***	-0.133***	-0.140***
	(-4.1452)	(-4.8907)	(-4.3923)	(-4.1582)	(-3.2556)	(-3.1157)	(-3.3348)
ABACC	-0.2376*	-1.1133***	-0.8178***	-1.0994***	-0.3165*	-0.3067*	-0.3242*
	(-1.6964)	(-4.1566)	(-3.1155)	(-3.2710)	(-1.8506)	(-1.7977)	(-1.9061)
cons	-0.4021	-10.266***	-10.002***	-10.303***	-0.7471	-0.6238	-0.8185
	(-1.0092)	(-9.4115)	(-9.5418)	(-7.1283)	(-1.4383)	(-1.1932)	(-1.5962)
Year/Ind	YES	YES	YES	YES	YES	YES	YES

续表

Variables	Y=cX+ε₁(I)	M=aX+ε₂(II)			Y=c′X+bM+ε₃(III)		
	(1)	(2)	(3)	(4)	(5)	(6)	(7)
	$NCSKEW_{t+2}$	$lnPatent_{t+1}$	$lnPatenti_{t+1}$	$lnPatentud_{t+1}$	$NCSKEW_{t+2}$	$NCSKEW_{t+2}$	$NCSKEW_{t+2}$
N	5 311	5 311	5 311	5 311	5 311	5 311	5 311
R^2	0.2871	0.2860	0.2435	0.2489	0.2103	0.2105	0.2104
Adjusted-R^2	0.2799	0.2788	0.2359	0.2413	0.2021	0.2023	0.2022
F	39.9418	30.7043	15.6273	19.8485	29.8157	30.0838	29.8424
Sobel 检验	−0.0007***(z=3.13)		−0.0015**(z=2.579)		z=−0.0002(z=1.475)		
Goodman-1	−0.0007***(z=3.098)		−0.0015**(z=2.539)		z=−0.0002(z=1.460)		
Goodman-2	−0.0007***(z=3.164)		−0.0015***(z=2.621)		z=−0.0002(z=1.481)		
中介效应系数	−0.0007***(z=3.1304)			−0.0015***(z=2.5791)			
直接效应系数	0.0141***(z=4.1730)			0.0141***(z=4.2598)			
中介效应比例	I−0.0514I=0.0514			I−0.1031I=0.1031			

注：括号内的数字为经公司聚类和异方差调整的稳健性标准误对应的t值；***、**、*分别表示1%、5%、10%的显著性水平；Sobel检验中括号内为z值。

表7-8、表7-9分别报告了国有上市公司中创新投入和创新产出对高管权力与股价崩盘风险传导作用的回归结果。在表7-8中，国有上市公司的高管权力与股价崩盘风险显著正相关，高管权力与创新投入并不显著正相关，即a不显著，Bootstrap检验拒绝了原假设，说明在国有上市公司中创新投入不具有中介效应；在表7-9中，高管权力与创新产出显著正相关，但在模型（7.3）的回归中，高管权力与股价崩盘风险的各系数并不小于模型（7.1）中的系数且不显著，同时创新产出与股价崩盘风险回归系数为负，但并不显著，即b不显著，在进行Bootstrap检验后拒绝了原假设，说明在国有上市公司中创新产出不具有中介效应。

表7-8　国有上市公司高管权力与股价崩盘风险——创新投入的中介效应检验

Variables	$Y=cX+\varepsilon_1$（Ⅰ）		$M=aX+\varepsilon_2$（Ⅱ）	$Y=c'X+bM+\varepsilon_3$（Ⅲ）	
	(1)	(2)	(3)	(4)	(5)
	$NCSKEW_{t+2}$	$DUVOL_{t+2}$	$RDsale_{t+1}$	$NCSKEW_{t+2}$	$DUVOL_{t+2}$
Power1	0.0085*	0.0194**	0.0047	0.0030	0.0134
	(1.8107)	(2.3273)	(1.1486)	(0.0423)	(0.2242)
$RDsale_{t+1}$				1.1618**	1.2527***
				(2.3760)	(2.9025)
Sigma	−1.9478	−0.7720	0.0850*	−2.0466*	−0.8785
	(−1.6092)	(−0.7597)	(1.6660)	(−1.6853)	(−0.8637)
Ret	10.2730***	10.4642***	−0.3641***	10.6960***	10.9202***
	(3.7346)	(4.7218)	(−2.9218)	(3.8852)	(4.9255)
Dturn	−0.0881	−0.0919*	−0.0008	−0.0872	−0.0909*
	(−1.4393)	(−1.7829)	(−0.4696)	(−1.4271)	(−1.7693)
Size	0.0309*	0.0237*	0.0017**	0.0290*	0.0216
	(1.8688)	(−1.7497)	(2.1173)	(1.7525)	(1.5949)
ROA	0.9573***	0.5699**	0.0150	0.9398***	0.5511**
	(3.2278)	(2.2815)	(0.8069)	(3.2126)	(2.2422)
Lev	0.1558	0.1277	−0.0207***	0.1798*	0.1537*
	(1.5385)	(1.5698)	(−3.3238)	(1.7621)	(1.8853)
BM	−0.1312***	−0.1131***	−0.0014	−0.1295***	−0.1113***
	(−5.7000)	(−5.9869)	(−1.4657)	(−5.6578)	(−5.9319)
ABACC	0.5168***	0.3537***	−0.0079	0.5260***	0.3636***
	(3.2791)	(2.8527)	(−1.6090)	(3.3462)	(2.9439)
cons	0.7214*	0.4595	0.0345*	0.6813*	0.4163
	(1.9253)	(1.4535)	(1.7799)	(1.8210)	(1.3219)

续表

Variables	$Y=cX+\varepsilon_1(\text{I})$		$M=aX+\varepsilon_2(\text{II})$	$Y=c'X+bM+\varepsilon_3(\text{III})$	
	(1)	(2)	(3)	(4)	(5)
	$NCSKEW_{t+2}$	$DUVOL_{t+2}$	$RDsale_{t+1}$	$NCSKEW_{t+2}$	$DUVOL_{t+2}$
Year fixed	YES	YES	YES	YES	YES
Ind fixed	YES	YES	YES	YES	YES
N	2 970	2 970	2 970	2 970	2 970
R^2	0.1550	0.1984	0.3311	0.1563	0.2005
Adjusted-R^2	0.1452	0.1891	0.3234	0.1463	0.1909
F	17.9786	23.2865	17.4814	17.7680	23.0900

注：括号内的数字为经公司聚类和异方差调整的稳健性标准误对应的 t 值；
***、**、*分别表示 1%、5%、10%的显著性水平；Sobel 检验中括号内为 z 值。

表7-9　国有上市公司高管权力与股价崩盘风险——创新产出的中介效应检验

Variables	$Y=cX+\varepsilon_1(\text{I})$	$M=aX+\varepsilon_2(\text{II})$			$Y=c'X+bM+\varepsilon_3(\text{III})$		
	(1)	(2)	(3)	(4)	(5)	(6)	(7)
	$NCSKEW_{t+2}$	$lnPatent_{t+1}$	$lnPatenti_{t+1}$	$lnPatentud_{t+1}$	$NCSKEW_{t+2}$	$NCSKEW_{t+2}$	$NCSKEW_{t+2}$
Power1	0.0135*	0.0797*	0.1101*	0.0457**	0.0143	0.0143	0.0137
	(1.8081)	(1.6963)	(1.7922)	(2.0135)	(0.8527)	(0.8532)	(0.8169)
$lnPatent_{t+1}$					−0.0094		
					(−0.8371)		
$lnPatenti_{t+1}$						−0.0071	
						(−0.6221)	
$lnPatentud_{t+1}$							−0.0051
							(−0.5427)
Sigma	1.3311	−0.5213	−0.7775	−1.0621	1.3262	1.3256	1.3257
	(0.9430)	(−0.2192)	(−0.3436)	(−0.3577)	(0.9405)	(0.9402)	(0.9397)

Variables	$Y=cX+\varepsilon_1$（Ⅰ）	$M=aX+\varepsilon_2$（Ⅱ）			$Y=c'X+bM+\varepsilon_3$（Ⅲ）		
	(1)	(2)	(3)	(4)	(5)	(6)	(7)
	$NCSKEW_{t+2}$	$lnPatent_{t+1}$	$lnPatenti_{t+1}$	$lnPatentud_{t+1}$	$NCSKEW_{t+2}$	$NCSKEW_{t+2}$	$NCSKEW_{t+2}$
Ret	3.8337	4.4415	3.6755	4.7711	3.8755	3.8599	3.8579
	(1.4899)	(1.2101)	(1.0786)	(0.9718)	(1.5037)	(1.4984)	(1.4989)
Dturn	−0.0393	−0.0292	−0.0992	0.0609	−0.0396	−0.0400	−0.0390
	(−0.6533)	(−0.3635)	(−1.3155)	(0.5885)	(−0.6571)	(−0.6636)	(−0.6485)
Size	0.0356**	0.5994***	0.5518***	0.5920***	0.0299*	0.0316*	0.0326*
	(2.2638)	(13.9591)	(13.0333)	(10.5022)	(1.7530)	(1.8562)	(1.9410)
ROA	1.7357***	2.0441***	1.0627	2.8486***	1.7549***	1.7433***	1.7501***
	(5.2777)	(2.9202)	(1.5182)	(2.8477)	(5.2971)	(5.2853)	(5.3049)
Lev	0.2966***	−0.1338	−0.2275	0.0669	0.2953***	0.2949***	0.2969***
	(2.9086)	(−0.4918)	(−0.8697)	(0.1840)	(2.9012)	(2.8968)	(2.9186)
BM	−0.0907***	−0.0919*	−0.1462***	−0.0320	−0.0916***	−0.0917***	−0.0909***
	(−3.4666)	(−1.7282)	(−2.6754)	(−0.4635)	(−3.5047)	(−3.4953)	(−3.4795)
ABACC	−0.2695	−0.2487	−0.2721	−0.0276	−0.2718	−0.2714	−0.2696
	(−1.2410)	(−0.6628)	(−0.8128)	(−0.0600)	(−1.2517)	(−1.2480)	(−1.2419)
cons	0.2396	−11.4255***	−10.8888***	−12.4850***	0.1320	0.1619	0.1763
	(0.6395)	(−11.5659)	(−10.4857)	(−10.6197)	(0.3316)	(0.4060)	(0.4447)
Year/Ind	YES	YES	YES	YES	YES	YES	YES
N	3 629	3 629	3 629	3 629	3 629	3 629	3 629
R^2	0.1110	0.3933	0.3628	0.3275	0.1112	0.1111	0.1111
Adjusted-R^2	0.1022	0.3873	0.3565	0.3209	0.1021	0.1020	0.1020
F	14.0182	23.4345	17.3510	23.0253	13.6179	13.5954	13.6359

注：括号内的数字为经公司聚类和异方差调整的稳健性标准误对应的 t 值；***、**、*分别表示1%、5%、10%的显著性水平；Sobel 检验中括号内为 z 值。

7.5　本章小结

　　本章在第4章、第5章和第6章的基础上，利用中介效应模型探讨了高管权力、企业创新与未来股价崩盘风险之间的传导作用机制。实证结果表明，在总样本和非国有上市公司样本中，高管权力影响股价崩盘风险在创新投入的路径中具有部分中介效应，而高管权力影响股价崩盘风险在创新产出总水平和实质性创新中具有部分遮掩效应，而在国有上市公司样本中，无论是创新投入还是创新产出都无法实现高管权力对股价崩盘风险的中介效应。

　　以上结论在一定程度上证实了高管权力本身既具有机会主义动机同时也具有维护股东利益的企业家精神，高管权力的扩大一方面提升了创新投入，而创新投入本身具有信息隐蔽性，进一步增加了企业信息的不对称程度，同时可能被内部人利用实施捂盘行为而导致负面信息的集中释放，从而增加了股价崩盘风险；另一方面，高管权力的扩大也带动了创新产出的增加，尤其是实质性创新产出的增加提高了信息的确定性和投资者的信心，在一定程度上抑制了股价崩盘风险。

第8章 结论与展望

8.1 研究结论

本书在我国企业高管权力不断膨胀导致较多代理问题、国家层面上呼吁企业创新但企业实质性创新效果有限以及资本市场上股价波动剧烈的现实背景下，区分异质性产权，考察了高管权力、企业创新和股价崩盘风险之间的关系。本书主要研究了高管权力对创新投入及创新产出（实质性产出和策略性产出）的影响规律、高管权力对未来股价崩盘风险的影响规律、企业创新对股价崩盘风险的影响规律和高管权力可能通过企业创新行为影响未来股价崩盘风险的传导规律。

本书的主要结论包括：

（1）从总体来说，高管权力提升了企业创新投入能力和创新产出水平，但并不能将其全部归因于是高管维护股东利益和发挥企业家精神的体现。

具体来说，在国有企业中，国企高管的"政治人"特征更为明显，出于职位固守或政治晋升等自利动机，国企高管利用权力对创新投入具有挤出效应，因此与创新投入无显著相关性。同时在对创新产出的影响上，国企高管更多基于获取政府补助或税收补贴，因此相比于实质性创新产出，高管权力对策略性创新产出具有显著提升作用。再进一步将国有企业细分为中央国有企业和地方国有企业时，发现地方国有企业由于受到更多政治干预，其高管权力与策略性创新的正相关关系更为显著；对于非国有企业高管来说，一方面可能由于面临严峻市场竞争环境和较少的政府干预，高管权力促进了创新投入水平和实质性创新，但另一方面可能受到"掏空"动机影响，将创新投入作为代理工具，从而促进了策略性创新投入和产出水平。

（2）从总体来说，高管权力加剧了未来股价崩盘风险，一方面主要源于治理的不完备导致管理层凌驾于董事会之上而使代理成本增加，另一方面源于权力的扩大激发了高管过度自信导致信息披露不准确。

具体来说，在股权分散的非国有企业中，高管权力加剧了股价崩盘风险，但大股东可以起到监督作用从而在一定程度上抑制了两者的正相关关系；在股权集中的非国有企业中，高管权力同样加剧股价崩盘风险，但高管与控股股东的利益一致提升了控股股东的"掏空"效应，控股股东控制权的增加加剧了两者的正相关关系。相比于非国有企业，国有企业中高管权力同样加剧了股价崩盘风险，但由于国企高管出于自利动机往往会规避风险，两者的正相关关系明显较弱。对上述关系规律进行影响机制检验发现高管权力影响股价崩盘风险的主因并非过度自信，而是深层的代理问题。

（3）企业创新活动增加了企业信息不对称性和未来的不确定性，同时也向市场传递了未来良好发展前景的信号，因此创新投入和创新产出两者对股价崩盘风险的影响并不一致，通过加入投资者关注调节变量分析其关系规律。

具体来说，创新产出抑制了股价崩盘风险，主要由于创新产出减少了创新的不确定性并向投资者提供良好发展前景的信号，相比于策略性创新，实质性创新与股价崩盘风险的负相关关系更明显，投资者关注此时具有信心效应从而增强了创新产出和股价崩盘风险的负相关性；创新投入加剧了股价崩盘风险，主要源于创新投入增加了信息的不对称性，同时可以成为高管进行盈余管理的工具，增加了代理成本，投资者关注此时具有信息解读效应从而减弱了两者的正相关关系；增加创新投入还可能成为内部人进行减持的工具，因此在研究创新投入和创新产出对股价崩盘风险影响的基础上又探讨了内部人减持与股价崩盘风险的关系，发现内部人减持确实加剧了股价崩盘风险，投资者关注会加剧市场恐慌从而增强两者的正相关性。

（4）在总样本和非国有企业样本中，高管权力影响股价崩盘风险在创新投入的路径中具有部分中介效应，而高管权力影响股价崩盘风险在创新产出总水平和实质性创新中具有部分遮掩效应，而在国有企业样本中，无论是创新投入还是创新产出都无法实现高管权力对股价崩盘风险的中介效应。

8.2 政策建议

上述研究表明，高管权力确实影响了企业的创新行为与资本市场上未来的股价崩盘风险。根据上述结论，本书提出以下几个方面建议：

8.2.1 制衡高管权力以发挥高管权力积极作用

对于企业的行为决策来说，高管权力是一把"双刃剑"，应对其进行有效监督以发挥其正面作用，制衡权力膨胀而导致的负面效应，在赋予高管一定权力的同时应通过公司内部和外部治理方式予以规范和监督。

首先，从内部治理的股权结构来说。在国有企业中"一股独大"股权结构下的所有者缺位是导致高管集权形成的首要原因，在国企改革中鼓励非国有股交叉持股或相互融合，建立相互制衡的股权结构，同时改善所有者虚置的局面。经理人观认为更高的非国有股权比例可以有效制约高管权力，促使企业更为积极地开展创新活动（余明桂等，2017[270]）。在非国有企业中，应发挥大股东和高管之间的双向制衡作用，防范控股股东与高管合谋对中小股东的利益侵占，因此应鼓励非控股股东积极参与企业决策实现对控股股东和高管权力的制衡（李姝等，2018[303]），减少两种代理问题的成本，在制约权力的同时为各方观点提供思想碰撞的机会，鼓励创新、提高决策效率。

其次，从内部治理的董事会治理来说。建立有效的董事会治理机制，发挥董事会和监事会的监督职能，在我国目前来说董事会更多发挥咨询作用，其监督作用与高管和控股股东的权力相比明显较弱，董事会作为重要的内部控制机制应赋予合法权利监督高管，有权去雇用、辞退和激励高管团队，保护权益资本，维护股东最大利益；对于两职兼任来说，其既可能增加高管的机会主义动机从而导致代理问题（Fama和Jensen，1983[202]），也可能在一定程度上为高管提供一种激励，有利于提高企业绩效和决策速度（Davis et al.，1997[6]）。但在国有企业中两职兼任尤其是高管兼任党组织负责人往往会享受许多特权，权力集中而导致的高管腐败和低效问题严重，实施两职分离形成制衡以避免高管的寻租行为发生；对于独立董事来说，由于其是由高管或大股东提名，监督性有限。但声誉较高、具有财务背景、从公司获得报酬较少的独立董事可以通过投非赞成票的方式对高管和控股股东实施有效监督。

再次，从内部治理的经理人激励与约束来说。应完善经理人的激励制度，除了必要的薪酬机制和股权激励外，还需要重视高管的非物质激励，如声誉的满足、晋升渠道的畅通以及稳定的聘期，让高管充分发挥其个人能力，满足于自我价值的实现，此时高管更多会发挥恪尽职守的企业家精神，履行管家职能，而抑制自利动机，有效发挥高管正面积极作用，提升企业创新效率。

最后，从公司外部治理的层面来说。其一，应大力发展职业经理人市场。目前高管的选聘在国有企业中往往是行政任命，在非国有企业中主要来自控股股东或家族内部，导致高管集权现象严重，因此在国有企业中应打破行政任命并取消行政级别，2015年中央下发的《关于深化国有企业改革的指导意见》中明确提出国企领导要实施分层管理、依法选择经营管理者并推行职业经理人制度等政策，在非国有企业中随着家族企业规模扩大以及企业传承问题的出现，这都将对专业运营的职业经理人产生巨大需求。其二，应加强对投资者保护制度的立法与执行，完善立法和执法的建设，从制度上保护中小投资者利益，制衡高管权力。其三，应完善市场竞争机制，市场竞争机制可以通过竞争压力和增加信息透明度来抑制高管的机会主义行为从而降低代理成本，同时激发公司创新意愿和潜能，提升企业创新能力。其四，应提升政府治理水平，减少政府干预，推进政府放权，有助于完善高管的激励机制，提升其创新意愿。

8.2.2　引导实质性创新以提升实际创新能力

我国经济进入增速放缓的新常态，中央大力倡导通过创新进行产业和技术升级，政府在进行创新产业政策引导时应识别企业的创新动机，对企业创新的潜力、创新的难度和深度以及未来创新价值进行综合评估，以抑制部分企业通过利用政治关联以谋求政府创新补贴和税收优惠；对创新能力较弱的企业可以给予政策支持，但应进行事中监督，可根据企业各阶段完成目标的情况而定，同时要对阶段性创新产出进行鉴定和甄别，从总体上提高创新质量和水平，避免企业高管或控股股东利用策略性创新行为谋取私利；从创新的政策扶持渐渐转变为创建完善开放的创新环境，消除行业保护和资源垄断，积极拓宽非国有企业创新资源（创新投入）的筹集渠道，为国有企业和非国有企业提供公平市场竞争环境，提升创新投入转化的效率，使高管真正意识到只有提高实质性创新水平和创新效率，企业才能生存和发展，并减少利用创新投入作为其自利行为的工具。

8.2.3　完善信息披露制度以提高信息披露质量

企业信息披露质量的优劣直接影响资本市场能否有序发展，会计信息披露制度和监督机制建设有利于降低企业信息的不对称程度，减少资本市场上股价的剧烈波动。从会计制度规范上来说，在现有会计准则基础上要进行细化和明确具体准则，增强其可操作性和标准性。在进行会计信息披露时，要减少企业选择会计政策的弹性，以避免内部人利用此空间操纵会计信息，以保证上市公司会计信息披露的真实性；从监管机制上来说，我国资本市场建立时间尚短，执行力度不足、惩罚机制不健全以至于监管并未充分发挥实效，因此要从监督制度体系建设和法规执行力度入手，避免内部人利用信息披露监管空隙隐藏负面信息，同时防止违规行为。

尤其对于研发支出信息披露和监管来说难度更大，应从以下两方面着手：一方面，应规范研发支出的信息披露。会计准则中对研发支出信息披露体现在财务报表和报表附注中，要求较为宽松，可由企业内部人自行判断确定研发支出的费用化和资本化，判断主观性较强，披露难以规范，同时董事会报告中按照上市公司对研发支出披露的规则也应进行披露，但往往出现与报表和附注不一致的情况。这些都为企业内部人（高管和控股股东）实施自利行为提供了可能，也进一步增加了企业创新投入信息的不透明性，因此应规范研发支出的信息披露情况。另一方面，应鼓励企业自愿披露研发情况。在财务报表中披露研发支出资本化的部分的同时，在附注中披露不符合资本化的部分，除了对研发支出的金额进行披露外，应鼓励企业对研发相关流程和内容进行自愿披露，其中包括资金来源、研发的阶段、研发中已遇到的问题、可能解决方案以及研发前景，为投资者进行判断提供依据，以降低信息的不对称性。当企业把研发信息披露作为争取投资者信心的平台时，会吸引更多专业投资者对企业信息的解读，缓解投资者情绪，抑制信息不对称对股价崩盘风险的影响。

8.2.4 提高投资者素养以加强识别信息能力

投资者解读企业信息的能力是判断和衡量资本市场有效性的重要指标之一。对于机构投资者和分析师来说，监管部门应进一步加强对机构投资者和分析师的引导和监督作用，提升二者的专业素养尤其是勤勉的职业道德素养，分析师应在执业过程中秉持独立诚信的原则，机构投资者应注重长期投资而减少投机行为，充分及时地向外部投资者提供上市公司真实的信息，对于负面信息更要客观完整，以避免其集中释放引起股市的崩盘；同时对于外部普通投资者来说，我国主板市场投资者相比于资本市场成立之初已有不少进步，但与国外成熟资本市场或 H 股市场的投资者相比还有不少差距，在规范资本市场制度和监管机制的同时积极培养理性投资者。资本市场监管部门应发挥宣传和引导功能，培养投资者正确的投资理念，使其更加关注企业的长期收益而非投机获利。通过讲座、培训等方式提升投资者的专业素养以及解读信息的能力，有利于投资者识别和甄选出真正具有创新能力和发展潜力的企业。投资者专业分析能力提升后会避免被负面信息诱导并缓解恐慌情绪的产生，从而减少羊群行为，有利于稳定资本市场。

8.3 研究不足与展望

8.3.1 研究不足

尽管本书力求就高管权力、企业创新与股价崩盘风险之间的关系进行全面而系统的探讨，但由于本人研究能力有限，在本书研究中还存在一定的不足，值得在以后的研究中进行进一步探讨：

（1）高管权力衡量的局限性

借鉴已有文献，本书在衡量高管权力时使用了综合指标，其中高管权力的非正式指标（学历特征、专业能力以及社会资源等）以虚拟变量表示，可能与真实情况存在偏误，在后续的研究中应寻找更为恰当的方法进行衡量；对于不同产权性质的企业在进行高管权力衡量时，虽然对"高管"进行了不同界定，但指标选取相同，在以后的研究中要考虑到产权异质性前提下高管权力的影响因素的区别。

（2）企业创新过程研究的局限性

从创新数据来说，企业对创新投入和创新产出的信息披露数据不完整、标准不一致，本书通过多个数据库比对，为了数据真实性将偏差较大的数据进行了删除，样本的缺失会对结果有所影响，在以后的研究中应对创新数据进行更为全面的收集和整理；从创新内容来说，本书探讨了创新投入、创新产出，并将创新产出细分为实质性创新和策略性创新，但并未对创新效率进行探讨，创新投入并不一定能真正转化为实现技术进步的创新产出，除本身的不确定性和风险性，还可能受到高管自利性的影响，因此在后续研究中应结合创新效率，从创新投入、创新产出和创新效率以及创新价值这一系列指标来分析企业创新，更为全面地揭示企业创新行为。

（3）投资者关注衡量的局限

本书对于投资者关注采用的是机构投资者和分析师跟踪的数据，与普通投资者存在差距，主要是认为专业性投资者的信息解读能力更强、信心作用更强烈，而恐慌情绪会相对收敛，在实证分析中都得到了验证，而普通投资者关注的三者效应更明显，通过百度指数对普通投资者关注数据进行获取时发现存在大量缺失数据，同时获取难度较大，因此在后续研究中应尝试寻找更为合理的指标进行衡量。

8.3.2　研究展望

第一，本书重点分析了综合高管权力的情况，在今后的研究中将进一步区分为高管正式权力与非正式权力，尤其侧重高管非正式权力的研究，展现高管的个人特性，从行为观的视角去探讨其对企业技术创新及其他企业战略决策行为的影响作用，更为全面地了解高管权力。

第二，本书考虑了外部治理中制度环境对高管权力的制衡，并未从内部治理如股权结构等方面进行探讨，在以后的研究中应关注非控股股东的参与是否能够有效抑制高管权力以及控股股东控制权，能否促进企业创新的同时抑制股价崩盘风险。

第三，目前对于股价崩盘风险的研究中，大多是从内部代理问题以及所导致的信息不对称角度进行分析，投资者关注作为内部信息向资本市场传递机制，对其研究相对较少，一般只关注其羊群行为的特点，但随着投资者素质的提高，在今后的研究中应从多视角分析投资者关注对股价崩盘风险的作用。

参考文献

[1] 李春涛，宋敏．中国制造企业的创新活动：所有制和 CEO 激励的作用 [J]．经济研究，2010 (5)：55-67．

[2] SOLOW R. Technological change and the aggregate production function [J]. Review of Economics and Statistics, 1957, 39 (3)：312-320.

[3] HOLMSTROM B. Agency cost and innovation [J]. Journal of Economic Behaviar and organization, 1989 (12)：305-327.

[4] MANSO G. Motivating innovation [J]. The Journal of Finance, 2011, 66 (5)：1823-1860.

[5] HIRSHLEIFER D, LOW A, TEOH S H. Are overconfident CEOs better innovators [J]. The Journal of Finance, 2012, 7 (4)：1451-1498.

[6] DAVIS J H, SCHOORMAN F D, DONALSON L. Toward a stewardship theory of management [J]. Academy of Management Review, 1997, 22 (1)：20-47.

[7] JENSEN M C, MECKLING W H. Theory of the firm：Managerial behavior, agency costs and ownership structure [J]. Journal of Financial Economics, 1976, 3 (4)：305-360.

[8] TONG T, HE W, HE Z L. Patent regime shift and firm innovation：Evidence from the second amendment to China's patent law [J]. Academy of Management Proceedings, 2014 (1)：141-174.

[9] 黎文靖，郑曼妮．实质性创新还是策略性创新——宏观产业政策对微观企

业创新的影响 [J]. 经济研究, 2016 (11): 60-73.

[10] JIN L S, MYERS C. R² around the world: New theory and new test [J]. Journal of Financial Economics, 2006, 79 (2): 257-292.

[11] HOTTON A P, MARCUS A J, TEHRANIAN H. Opaque financial reports, R² and crash risk [J]. Journal of Financial Economics, 2009, 94 (1): 67-86.

[12] BERLE A, MEANS G. The modern corporation and private property [M]. New York: Macmillan, 1932.

[13] SHLEIFER A, VISHNY R W. Large shareholders and corporate control [J]. Journal of Political Economy, 1986, 94 (3): 461-488.

[14] CLAESSENS S, DJANKOV S, FAN JPH. Disentangling the incentive and entrenchment effects of large shareholdings [J]. The Journal of Finance, 2002, 57 (6): 2741-2771.

[15] FACCIO M, LANG L H. The ultimate ownership of western European corporations [J]. Journal of Financial Economics, 2002, 65 (3): 365-395.

[16] LAMBERT R A, LARCKER D F, WEIGELT K. The structure of organizational incentives [J]. Administrative Science Quarterly, 1993, 38 (3): 438-461.

[17] COASE R H. The nature of the firm [J]. Economics, 1937, 16 (4): 386-405.

[18] BAYSINGER B, HOSKISON R E. The composition of boards of directors and strategic control: Effects on corporate strategy [J]. Academy of Management Review. 1990, 15: 72-87.

[19] BEBCHUK L A, FRIED J, WALKER D I. Managerial power and rent extraction in the design of executive compensation [J]. The University of Chicago Law Review, 2002, 69 (3): 751-846.

[20] 姜付秀, 肯尼斯, 王运通. 公司治理: 西方理论与中国实践 [M]. 北京: 北京大学出版社, 2016.

[21] 王茂林, 何玉润, 林慧婷. 管理层权力、现金股利与企业投资效率 [J]. 南开管理评论, 2014 (2): 13-22.

[22] 卢锐. 管理层权力、薪酬与业绩敏感性分析——来自中国上市公司的经验证据 [J]. 当代财经, 2008 (7): 107-112.

[23] 陈震, 丁忠明. 基于管理层权力理论的垄断企业高管薪酬研究 [J]. 中国工业经济, 2011 (9): 119-129.

[24] 权小锋，吴世农．CEO权力强度、信息披露质量与公司业绩的波动性——基于深交所上市公司的实证研究 [J]．南开管理评论，2010（4）：142-153．

[25] 刘星，代彬，郝颖．高管权力与公司治理效率——基于国有上市公司高管变更的视角 [J]．管理工程学报，2012（1）：1-12．

[26] 李海霞，王振山．CEO权力与公司风险承担——基于投资者保护的调节效应研究 [J]．经济管理，2015（8）：76-87

[27] 赵毅，咸安邦，乔朋华．强权CEO能更好地利用风险投资进行创新吗？[J]．科学学与科学技术管理，2016（9）：155-168．

[28] 吕长江，赵宇恒．国有企业管理者激励效应研究——基于管理者权力的解释 [J]．管理世界，2008（11）：99-109，188．

[29] 戴伊．谁掌管美国？[M]．张维，吴继淦，刘觉侪，译．北京：世界知识出版社，1984．

[30] MAY R．Power and innocence：A search for the sources of violence [M]．New York：W W Norton& Company，1998：35-79．

[31] RABE W F．Managerial power [J]．California Management Review，1962，4（3）：31-39．

[32] MARCH J G，EASTON D．The power of power [J]．Classics of Organization Theory，1966（3）：39-70．

[33] PFEFFER J．Power in organizations [M]．Pitman Pub，1981．

[34] LOUIS W F，PATRICIAL L N．Flexible manufacturing organizations：Implications for strategy formulation and organization design [J]．Academy of Management Review，1988，13（4）：627-638．

[35] FINKELSTEIN S．Power in top management teams：Dimensions，measurement，and validation [J]．The Academy of Management Journal，1992，35（3）：505-538．

[36] 王雄元，何捷，彭旋，等．权力型国有企业高管支付了更高的职工薪酬吗？[J]．会计研究，2014（1）：49-56，95．

[37] TIAN X，WANG T．Tolerance for failure and corporate innovation [J]．Review of Financial Studies，2014，27（1）：211-255．

[38] 谢德仁，郑登津，崔宸瑜．控股股东股权质押是潜在的"地雷"吗？——基于股价崩盘风险视角的研究 [J]．管理世界，2016（5）：128-140，188．

[39] BLECK A，LIU X．Market transparency and the accounting regime [J]．Journal of Accounting Research，2007（45）：229-256．

[40] 潘越，等．信息不透明、分析师关注与个股暴跌风险 [J]．金融研究，

2011 (9)：138-151.

[41] HARRISON R J, TORRES D L, KUKALIS S. The changing of the guard: Turnover and structural change in the top-management positions [J]. Administrative Science Quarterly, 1988, 33 (2)：211-232.

[42] HAMBRICK D C, FINKELSTEIN S. The effects of ownership on conditions at the top: The case of CEO pay raises [J]. Strategic Management Journal, 1995 (16)：175-193.

[43] WESTPHAL J D, ZAJAC E J. Who shall govern? COE/board power, demographic similarity, and new director selection [J]. Administrative Science Quarterly, 1995 (1)：60-83.

[44] HU A, KUMAR P. Managerial entrenchment and payout policy [J]. Journal of Financial and Quantitative Analysis, 2004, 39 (4), 759-790.

[45] 王克敏, 王志超. 高管控制权、报酬与盈余管理——基于中国上市公司的实证研究 [J]. 管理世界, 2007 (7)：111-119.

[46] CHENG S J. Board size and the variability of corporate performance [J]. Journal of Financial Economics, 2008 (87)：157-176.

[47] KALYTA P, MAGNAN M. Executive pensions, disclosure quality and rent extraction [J]. Journal of Accounting and Public Policy, 2008, 27 (2)：133-166.

[48] 卢锐, 魏明海, 黎文靖. 管理层权力、在职消费与产权效率——来自中国上市公司的证据 [J]. 南开管理评论, 2008 (5)：85-92, 112.

[49] FAHLENBRACH R. Shareholder rights, boards, and CEO compensation [J]. The Review of Finance, 2009, 13 (1)：81-113.

[50] CHIKH S, FILBIEN J Y. Acquisitions and CEO power: Evidence from French networks [J]. Journal of Corporate Finance, 2011, 17 (5)：1221-1236.

[51] MORSE A, NANDA V, SERU A. Are incentive contracts rigged by powerful CEOs? [J]. Journal of Finance, 2011 (66)：1779-1821.

[52] LEWELLYN K B, MULLER-KAHLE M I. CEO power and risk taking: Evidence from the subprime lending industry [J]. Corporate Governance: An International Review, 2012, 20 (3)：289-307.

[53] 王清刚, 胡亚君. 管理层权力与异常高管薪酬行为研究 [J]. 中国软科学, 2011 (10)：166-175.

[54] 孙健, 卢闯. 高管权力、股权激励强度与市场反应 [J]. 中国软科学, 2012 (4)：135-142.

[55] 代彬，彭程．高管控制权、资本扩张与企业财务风险——来自国有上市公司的经验证据 [J]．经济与管理研究，2012（5）：20-30．

[56] 周建，金媛媛，袁德利．董事会人力资本、CEO权力对企业研发投入的影响研究——基于中国沪深两市高科技上市公司的经验证据 [J]．科学学与科学技术管理，2013，34（3）：170-180．

[57] 赵纯祥，张敦力，马彦．管理者权力与企业投资回报——基于我国2007—2010年上市公司的研究 [J]．宏观经济研究，2013（10）：95-104．

[58] 赵息，张西栓．高管权力及其对内部控制的影响——基于中国上市公司的实证研究 [J]．科学学与科学技术管理，2013．34（1）：114-122．

[59] 傅颀，汪祥耀．所有权性质、高管货币薪酬与在职消费——基于管理层权力的视角 [J]．中国工业经济，2013（12）：104-116．

[60] 白俊，连立帅．国企过度投资溯因：政府干预抑或管理层自利？[J]．会计研究，2014（2）：41-48，95．

[61] CHEN H．Board capital，CEO power and R&D investment in electronics firms [J]．Corporate Governance：An International Review，2014，22（5）：422-436．

[62] 吴卫华，万迪　，吴祖光．CEO权力、董事会治理与公司冒险倾向 [J]．当代经济科学，2014（1）：99-107，127-128．

[63] 夏芸．管理者权力、股权激励与研发投资——基于中国上市公司的实证分析 [J]．研究与发展管理，2014（4）：12-22．

[64] 张祥建，徐晋，徐龙炳．高管精英治理模式能够提升企业绩效吗？——基于社会连带关系调节效应的研究 [J]．经济研究，2015（3）：100-114．

[65] 李胜楠，吴泥锦，曾格凯茜，等．环境不确定性、高管权力与过度投资 [J]．财贸研究，2015（7）：111-121．

[66] 姚冰湜，马琳，王雪莉，等．高管团队职能异质性对企业绩效的影响：CEO权力的调节作用 [J]．中国软科学，2015（2）：117-126．

[67] 苏坤．管理层权力、产权性质与公司风险承担 [J]．当代经济管理，2017（4）：15-20．

[68] 吴育辉，吴世农．企业高管自利行为及其影响因素研究——基于我国上市公司股权激励草案的证据 [J]．管理世界，2010（5）：141-149．

[69] 王雄元，何捷．行政垄断、公司规模与CEO权力薪酬 [J]．会计研究，2012（11）：33-38，94．

[70] ADAMS R，ALMEID H，FERREIRA D．Powerful CEOs and their impact on corporate performance [J]．Review of Financial Studies，2005（18）：1403-1432．

[71] COMBS J G, SKILL M S. Managerialist and human capital explanations for key executive pay premiums: A contingency perspective [J]. Academy of Management Journal, 2003 (1): 63-73

[72] 刘星, 汪洋. 高管权力、高管薪酬与现金股利分配 [J]. 经济与管理研究, 2014 (11): 115-123.

[73] 吕长江, 郑慧莲, 严明珠, 等. 上市公司股权激励制度设计: 是激励还是福利? [J]. 管理世界, 2009 (9): 133-147, 188.

[74] 代彬, 彭程, 郝颖. 国企高管控制权、审计监督与会计信息透明度 [J]. 财经研究, 2011 (11): 113-123.

[75] HWANG B H, KIM S. It pays to have friends [J]. Journal of Financial Economics, 2009 (1): 138-158.

[76] 陆瑶, 胡江燕. CEO与董事间的"老乡"关系对我国上市公司风险水平的影响 [J]. 管理世界, 2014 (3): 131-138.

[77] HAMBRICK D C, FINKELSTEIN S. Managerial discretion: A bridge between polar views of organizational outcomes [J]. Research in Organizational Behavior, 1987, 9 (4): 369-406.

[78] PATHAN S. Strong boards, CEO Power and bank risk-taking [J]. Journal of Banking & Finance, 2009, 33 (7): 1340-1350.

[79] 王化成, 曹丰, 叶康涛. 监督还是掏空: 大股东持股比例与股价崩盘风险 [J]. 管理世界, 2015 (02): 45-57, 187.

[80] 权小锋, 吴世农, 文芳. 管理层权力、私有收益与薪酬操纵 [J]. 经济研究, 2010 (11): 73-87.

[81] FAN P H J, WONG T J, ZHANG T. Instituions and organizational structure: The case of state-owned corporate pyramids [J]. The Journal of Law, Economics, and Organization, 2013, 29 (6): 1217-1252.

[82] 王楠, 苏杰, 黄静. CEO权力异质性视角下政府资助对创业板企业研发投入的影响研究 [J]. 管理学报, 2017, 14 (8): 1199-1207.

[83] 李胜楠, 牛建波. 高管权力研究的述评与基本框架构建 [J]. 外国经济与管理, 2014 (7): 3-13.

[84] JENSEN M C. The modern industrial revolution, exit, and the failure of internal control systems [J]. Journal of Finance, 1993 (48): 831-880.

[85] 齐鲁光, 韩传模. 机构投资者持股、高管权力与现金分红研究 [J]. 中央财经大学学报, 2015 (4): 52-57.

[86] CORE J E, HOLTIIAUSEN R W, LARCKER D F. Corporate governance, chief executive officer compensation and firm performance [J]. Journal

of Financial Economics，1999，（51）：371-406．

[87] CYERT R M，KUMAR P，KANG S K．Corporate governance，takeovers and top management compensation：Theory and evidence [J]．Management Science，2002，48（4）：453-469．

[88] BEBCHUK L A，FRIED J M．Executive compensation as an agency problem [J]．Journal of Economic Perspectives，2003，17（3）：71-92．

[89] DUFFHUES P，KABIR R．Is the pay-performance relationship always positive：Evidence from the Netherlands [J]．Journal of multinational financial management，2008，18（1）：45-60．

[90] DORFF M B．Does one hand wash the other? Testing the managerial power and optimal contracting theories of executive compensation [J]．Journal of Corporation Law，2005，30（2）：255-307．

[91] GRINSTEIN Y，HRIBAR P．CEO compensation and incentives：Evidence from M&A bonuses [J]．Journal of Financial Economics，2004，73（1）：119-143．

[92] 卢锐．管理层权力视角下薪酬激励的代理问题分析 [J]．现代管理科学，2007（7）：40-42．

[93] 陈震，汪静．产品市场竞争、管理层权力与高管薪酬——规模敏感性 [J]．中南财经政法大学学报，2014（4）：135-142，160.

[94] 刘星，徐光伟．政府管制、管理层权力与国企高管薪酬刚性 [J]．经济科学，2012（1）：86-102．

[95] 步丹璐，王晓艳．政府补助、软约束与薪酬差距 [J]．南开管理评论，2014．17（2）：23-33．

[96] HERMALIN B E，MICHAEL S W．Endogenously chosen boards of directors and their monitoring of the CEO [J]．The American Economic Review，1998，88（1）：96-118

[97] STEPHEN E S，CHENG W．When to fire a CEO：Optimal termination in dynamic contracts [J]．Journal of Economic Theory，2005，120（2）：239-256．

[98] NAKAUCHI M，WIERSEMA M F．Executive succession and strategic change in Japan [J]．Strategic Management Journal，2015（2）：298-306.

[99] BERGSTRESSER D，PHILIPPON T．CEO incentives and earnings management [J]．Journal of Financial Economics，2006，80（3）：511-529．

[100] 詹雷，王瑶瑶．管理层激励、过度投资与企业价值 [J]．南开管理评论，

2013 (6)：34-46．

[101] 谭庆美，刘楠，董小芳．CEO权力、产权性质与创新绩效 [J]．哈尔滨工程大学学报（社科版），2015 (5)：126-134．

[102] 王嘉歆，黄国良．CEO权力、环境不确定性与投资效率的实证检验 [J]．统计与决策，2016 (10)：120-123

[103] HOLMSTROM B，RICHARTJ．Managerial incentive and capital management [J]．Quarterly Journal of Economics，1986 (101)：835-860．

[104] LEONARD L L．Corporate investment myopia：A horserace of the theories [J]．Journal of Corporate Finance，2002，8 (4)：353-371．

[105] CAMPBELL J Y，LETTAU M，MALKIELaL B G，et al．Have individual stocks become more volatile? An empirical exploration of idiosyncratic risk [J]．Journal of Finance，2001，56 (1)：1-43．

[106] 任海云．公司治理对R&D投入与企业绩效关系调节效应研究 [J]．管理科学，2011 (5)：37-47．

[107] LACH S，SCHANKERMAN M．Dynamics of R & D and investment in the scientific sector [J]．Journal of Political Economy，1989，97 (4)：880-904．

[108] ARROW K J．The economic implications of learning by doing [J]．Review of Economic Studies，1962 (29)：155-173．

[109] MARCUS A．Policy uncertainty and technological innovation [J]．Academy of Management Review，1981，6 (3)：443-448．

[110] BLOOM N．Uncertainty and the dynamics of R&D [J]．American Economic Review，2007，97 (2)：250-255．

[111] ATANASSOV J，JULIO B，LENG T．The bright side of political uncertainty：The case of R&D [Z]．Working Paper，2015．

[112] 顾夏铭，陈勇民，潘士远．经济政策不确定性与创新——基于我国上市公司的实证分析 [J]．经济研究，2018 (2)：109-123．

[113] 陈德球，金雅玲，董志勇．政策不确定性、政治关联与企业创新效率 [J]．南开管理评论，2016 (4)：27-35．

[114] 潘红波，夏新平，余明桂．政府干预、政治关联与地方国有企业并购 [J]．经济研究，2008 (4)：41-52．

[115] 沈坤荣，孙文杰．市场竞争、技术溢出与内资企业R&D效率——基于行业层面的实证研究 [J]．管理世界，2009 (1)：38-48，187-188．

[116] 徐业坤，钱先航，李维安．政治不确定性、政治关联与民营企业投资——

来自市委书记更替的证据 [J]. 管理世界, 2013 (5): 116-130.

[117] CHEN C, LI Z, SU X. Rent seeking incentives, political connections and organizational structure: Empirical evidence from listed family firms in China [Z]. City University of Hong Kong Working Paper, 2005.

[118] YU F. Government R & D subsidies, political relations and technological SMEs innovation transformation [J]. iBusiness, 2013 (3): 104-109.

[119] 张小红, 逯宇铎. 政府补贴对企业 R&D 投资影响的实证研究 [J]. 科技管理研究, 2014 (15): 204-209.

[120] 冯海红, 曲婉, 李铭禄. 税收优惠政策有利于企业加大研发投入吗? [J]. 科学学研究, 2015 (5): 665-673.

[121] LUO Y. Industrial dynamics and managerial networking in an emerging market: The case of China [J]. Strategic Management Journal, 2003 (13): 1315-1327.

[122] 游家兴, 徐盼盼, 陈淑敏. 政治关联、职位壕沟与高管变更——来自中国财务困境上市公司的经验证据 [J]. 金融研究, 2010 (4): 128-143.

[123] FACCIO M. Politically connected firms [J]. The American Economic Review, 2006, 96 (1): 369-386.

[124] NANDA R, RHODES - KROPF M. Investment cycles and startup innovation [J]. Journal of Financial Economics, 110 (2): 403-418.

[125] 鲁桐, 党印. 公司治理与技术创新: 分行业比较 [J]. 经济研究, 2014 (6): 115-128.

[126] HALL B H, ORIANI R. Does the market value R & D investment by European firms? Evidence from a panel of manufacturing firms in France, Germany, and Italy [J]. International Journal of Industrial Organization, 2006, 24 (5): 971-993.

[127] 文芳. 股权集中度、股权制衡与公司 R&D 投资——来自中国上市公司的经验证据 [J]. 南方经济, 2008 (4): 11, 41-52.

[128] 杨洋, 魏江, 罗来军. 谁在利用政府的补贴进行创新? ——所有制和要素市场扭曲的联合调节效应 [J]. 管理世界, 2015 (1): 75-86.

[129] 唐跃军, 左晶晶. 所有权性质、大股东治理与公司创新 [J]. 金融研究, 2014 (6): 177-192.

[130] YEH Y H, SHU P G, HO F S. Board structure, intra-industry competition and R&D announcement effect [D]. Taibei: Fu Jen Catholic University, 2008: 1-40.

[131] 夏芸，唐清泉．我国高科技企业的股权激励与研发支出分析 [J]．证券市场导报，2008（10）：29-34．

[132] 鲁桐，党印．投资者保护行政环境与技术创新：跨国经验证据 [J]．世界经济，2015（10）：99-124

[133] AGHION P，VAN REENEN J，ZINGALES L．Innovation and institutional ownership [J]．American Economic Review，2013，103（1）：277-304．

[134] 温军，冯根福．异质机构、企业性质与自主创新 [J]．经济研究，2012（3）：53-64．

[135] YANG L，MASKUS K E．Intellectual property rights，technology transfer and exports in developing countries [J]．Journal of Development Economics，2009，90（2）：231-236．

[136] 解维敏，方红星．金融发展、融资约束与企业研发投入 [J]．金融研究，2011（5）：171-18．

[137] 朱永明，贾明娥．市场化进程、融资约束与企业技术创新——基于中国高新技术企业2010—2014年数据的分 [J]．商业研究，2017（1）：49-56．

[138] SCHUMPETER J A．The Theory of economic development [M]．Cambridge，MA：Harvard University Press，1934．

[139] PENROSE E T．The theory of the growth of the firm [M]，Oxford：Oxford University Press，1959．

[140] 赵旭峰，温军．董事会治理与企业技术创新：理论与实证 [J]．当代经济科学，2011．33（3）：110-116，128．

[141] 朱德胜，周晓珮．股权制衡、高管持股与企业创新效率 [J]．南开管理评论，2016（3）：136-144．

[142] CHEN H L，HSU W T．Family ownership，board independence，and R&D investment [J]．Family Business Review，2009，22（4）：347-362．

[143] HAMBRICK D．Upper echelons theory：An update [J]．Academy of Management Review，2007，32（2）：334-343．

[144] WIERSEMA M F，BANTAL K A．Top management team demography and corporate strategic change [J]．Academy of Management Journal，1992，35（1）：91-121．

[145] CARMEN C，ANA BEATRIZ H，RAMON V．The relationship between top management teams and innovation capacity in companies [J]．Journal Management Development，2005，24（8）：683-705．

[146] DALZIEL T，RICHARD J G，BOWERMAN M．An integrated agency

resource dependence view of the influence of directors' human and relational capital on firms' R&D spending [J] . Journal of Management Studies, 2011, 48（6）: 1217-1248 .

[147] HILLMAN A, DALZIEL T. Boards of directors and firm performance: Integrating agency and resource dependence perspectives [J] . Academy of Management Review, 2003, 28（3）: 383-396 .

[148] FRANCIS B, HASAN I, WU Q. Professors in the boardroom and their impact on corporate governance and firm performance [J] . Financial Management, 2015, 44（3）: 547-581 .

[149] 虞义华，赵奇锋，鞠晓生 . 发明家高管与企业创新 [J] . 中国工业经济，2018（3）: 136-154 .

[150] LIN C, LIN P, SONG F. Managerial incentives, CEO characteristics and corporate innovation in Chinese private sector [J] . Journal of Comparative Economics, 2011, 39（2）: 176-190 .

[151] FALEYE O, KOVACS T, VENKATESWARAN A. Do better - connected CEOs innovate more [J] . Journal of Financial and Quantitative Analysis, 2014, 49（5）: 1201-1225 .

[152] 申宇，赵玲，吴风云 . 创新的母校印记：基于校友圈与专利申请的证据 [J] . 中国工业经济，2017（8）: 156-173 .

[153] 熊婷，程博，潘飞 . CEO权力、产品市场竞争与公司研发投入 [J] . 山西财经大学学报，2016（5）: 56-68 .

[154] GRIFFIN D, TVERSKY A. The weighing of evidence and the determinants of confidence [J] . Cognitive Psychology, 1992, 24（3）: 411-435 .

[155] GOEL A M, THAKOR A V. Overconfidence, CEO selection, and corporate governance [J] . Journal of Finance, 2008, 63（6）: 2737-2784.

[156] MALMENDIER U, TATE G. CEO overconfidence and corporate investment [J] . The Journal of Finance, 2005, 60（6）: 2661-2700 .

[157] 姜付秀，张敏，陆正飞，等 . 管理者过度自信，企业扩张与财务困境 [J] . 经济研究，2009（1）: 131-143 .

[158] LEE P M, O' NEILL H M. Ownership structures and R&D investments of US and Japanese firms: Agency and stewardship perspectives [J] . Academy of Management Journal, 2003, 46（2）: 212-225 .

[159] 易靖韬，张修平，王化成 . 企业异质性、高管过度自信与企业创新绩效

[J]. 南开管理评论, 2015 (6): 101-112.

[160] BLACK F. Noise [J]. Journal of Finance, 1976 (41): 529-542

[161] CHRISTIE A A. The stochastic behavior of common stock variances: Value, leverage and interest rate effects [J]. Journal of Financial Economics, 1982, 10 (4): 407-432.

[162] PINDYCK R S. Uncertainty in the theory of renewable resource markets [J]. The Review of Economic Studies, 1984, 51 (2): 289-303.

[163] FRENCH K R, SCHWERT G W, Stambaugh R F. Expected stock returns and volatility [J]. Journal of Financial Economics, 1987, 19 (1): 3-29.

[164] BLANCHARD O J, WATSON M W. Bubbles, rational expectations and financial markets [Z]. NBER Working Paper, 1982.

[165] ROMER. Rational Asset-price Movements without News [J]. American Economic Review, 1993, 83 (5): 1112-1130.

[166] HONG H, STEIN J C. Differences of opinion, short-sales constraints, and market crashes [J]. Review of Financial Studies, 2003, 16 (2): 487-525.

[167] CHEN J, HONG H, STEIN J C. Forecasting crashes: Trading volume, past returns, and conditional skewness in stock prices [J]. Journal of Financial Economics, 2001, 161 (6): 345-381.

[168] KOTHARI S P, SHU S, WYSOCKI P D. Do managers withhold bad news? [J]. Journal of Accounting Research, 2009 (47): 241-276.

[169] KIM J, LI Y, ZHANG L. CFOs versus CEOs: Equity incentives and crashes [J] Journal of Financial Economics, 2011a (101): 713-730.

[170] XU N, LI X, YUAN Q, et al. Excess perks and stock price crash risk: Evidence from China [J]. Journal of Corporate Finance, 2014 (25): 419-434.

[171] 沈华玉, 吴晓晖, 吴世农. 控股股东控制权与股价崩盘风险: "利益协同" 还是 "隧道" 效应? [J]. 经济管理, 2017 (4): 65-83.

[172] 林川, 杨柏, 彭程. 控制人权力、制度环境与股价崩盘风险——基于创业板上市公司的经验证据 [J]. 现代财经, 2017 (12): 36-51.

[173] 姜付秀, 蔡欣妮, 朱冰. 多个大股东与股价崩盘风险 [J]. 会计研究, 2018 (1): 68-74.

[174] KIM J, LI Y, ZHANG L. Corporate tax avoidance and stock price crash risk: Firm-level analysis [J]. Journal of Financial Economics, 2011b, 100 (3): 639-662.

［175］ 江轩宇．税收征管、税收激进与股价崩盘风险［J］．南开管理评论，2013
（5）：152-160．

［176］ 江轩宇，许年行．企业过度投资与股价崩盘风险［J］．金融研究，2015
（8）：141-158．

［177］ 杨棉之，张园园．会计稳健性、机构投资者异质性与股价崩盘风险——来
自中国 A 股上市公司的经验证据［J］．审计与经济研究，2016（5）：
61-71．

［178］ KIM J，ZHANG L．Accounting conservatism and stock price crash risk：
Firm-level evidence［J］．Contemporary Accounting Research，2016，
33（1）：412-441．

［179］ 权小锋，吴世农，尹洪英．企业社会责任与股价崩盘风险："价值利器"或
"自利工具"［J］．经济研究，2015（11）：49-64．

［180］ 宋献中，胡　，李四海，社会责任信息披露与股价崩盘风险——基于信息
效应与声誉保险效应的路径分析［J］．金融研究，2017（4）：161-175．

［181］ 肖土盛，宋顺林，李路．信息披露质量与股价崩盘风险：分析师预测的中
介作用［J］．财经研究，2017（2）：110-121．

［182］ GENNOTTE G，LELAND H．Market liquidity，hedging，and crashes
［J］．The American Economic Review，1990，43（16）：999-1021．

［183］ MARIN J M，OLIVIER J P．The dog that did not bark：Insider trading
and crashes［J］．The Journal of Finance，2008，63（5）：2429-2476．

［184］ 高昊宇，杨晓光，叶彦艺．机构投资者对暴涨暴跌的抑制作用：基于中国
市场的实证［J］．金融研究，2017（2）：163-178．

［185］ 许年行，于上尧，伊志宏．机构投资者羊群行为与股价崩盘风险［J］．管
理世界，2013（7）：31-43．

［186］ 李小荣，刘行．CEO vs CFO：性别与股价崩盘风险［J］．世界经济，
2012（12）：102-129．

［187］ 曾爱民，林雯，魏志华，等．CEO过度自信、权力与股价崩盘风险［J］．
经济理论与经济管理，2017（8）：75-90．

［188］ 周铭山，张倩倩，杨丹．创业板上市公司创新投入与市场表现：基于公司
内外部的视角［J］．经济研究，2017（11）：135-149．

［189］ SHLEIFER A，VISHNY R W．A survey of corporate governance［J］．
The Journal of Finance，1997，52（2）：737-783．

［190］ DENIS D J，DENIS D K，SARIN A．Agency problems，equity
ownership，and corporate diversification［J］．The Journal of Finance，
1997，52（1）：135-1997．

[191] HELWEGE J, INTINTOLI V J, ZHANG A. Voting with their feet or activism? Institutional investors' impact on CEO turnover [J]. Journal of Corporate Finance, 2012, 18 (1): 22-37.

[192] LA PORTA R L, LOPEZ-DE-SILANES F, SHLEIFER A, et al. Law and finance [J]. Journal of Political Economy, 1998, 106 (6): 1113-1155.

[193] LA PORTA R L, LOPEZ-DE-SILANES F, SHLEIFER A, et al. The quality of government [J]. Journal of Law Economics and organization, 1999, 15 (1): 222-279.

[194] JOHNSON S, LA PORTA R L. Tunneling [J]. American Economic Review, 2000, 90 (2): 22-27.

[195] 柳建华, 魏明海, 郑国坚. 大股东控制下的关联投资: "效率促进" 抑或 "转移资源" [J]. 管理世界, 2008 (3): 133-141, 187.

[196] 姜国华, 岳衡. 大股东占用上市公司资金与上市公司股票回报率关系的研究 [J]. 管理世界, 2015 (9): 119-126, 157, 171.

[197] 雷光勇, 刘慧龙. 大股东控制、融资规模与盈余操纵程度 [J]. 管理世界, 2016 (1): 129-136, 172.

[198] 郑国坚, 林东杰, 林斌. 大股东股权质押、占款与企业价值 [J]. 管理科学学报, 2014 (9): 72-87.

[199] GROSSMAN S J, Hart O D. The costs and benefits of ownership: A theory of vertical and lateral integration [J]. The Journal of Political Economy, 1986, 94 (4): 691-719.

[200] HART O, MOORE J. Property rights and the nature of the firm [J]. Journal of Political Economy, 1990, 98 (6): 1119-1158.

[201] HART O. Firms, contracts, and financial structure [M], London: Oxford University, 1995.

[202] FAMA E, JENSEN M C. Agency problems and residual claims [J]. Journal of Law and Economics, 1983, 26 (2): 327-349.

[203] KAPLAN S, STROMBERG P. Financial contracting theory meets the real world [Z]. NBER Working Paper, 2000.

[204] RAJAN R G, ZINGALES L. Power in a theory of the firm [J]. The Quarterly Journal of Economics, 1998, 113 (2): 387-432.

[205] EDDLESTON K A, KELLERMANNS F W. Destructive and productive family relationships: A stewardship theory perspective [J]. Journal of Business Venturing, 2007, 22 (4): 545-565.

[206] MILLER D T, ROSS M. Self-serving biases in the attribution of

causality: Fact or fiction? [J]. Psychological Blletin, 1975, 82 (2):
213-225.

[207] LANGER E J. The illusion of control [J]. Journal of Personality and
Social Psychology, 1975, 32 (2), 311-328.

[208] GERVARIS S, HEATON J B, ODEAN T. The positive role of
overconfidence and optimism in investment policy [J]. The Rodney L.
White Center for Financial Research, 2002 (4): 1-49.

[209] FORBES D P. Are some entrepreneurs more overconfident than others?
[J]. Journal of Business Venturing, 2005, 20 (5): 623-640.

[210] 周铭山，张倩倩. "面子工程" 还是 "真才实干"? ——基于政治晋升激励下
的国有企业创新研究 [J]. 管理世界, 2016 (12): 116-132, 187-188.

[211] PORTER M. Capital disadvantage: America's failing capital investment
system [J]. Harvard Business Review, 1992, 70 (5): 65-82.

[212] 鞠晓生，卢狄，虞义华. 融资约束、营运资本管理与企业创新可持续性
[J]. 经济研究, 2013 (1): 4-16.

[213] HE J J, TIAN X. The dark side of analyst coverage: The case of innovation
[J]. Journal of Financial Economics, 2013, 109 (3): 856-878.

[214] BERTRAND M, MULLAINATHAN S. Corporate governance and
executive pay: evidence from takeover legislation [Z]. Working Paper,
2000.

[215] JENSEN M C. Agency cost of free cash flow, corporate finance, and
takeover [J]. American Economic Review, 1986, 76 (2): 323-329.

[216] YERMACK D. Flights of fancy: Corporate jets, CEO perquisites, and
inferior shareholder returns [J]. Journal of Financial Economics, 2006,
80 (1): 211-242.

[217] WRIGHT P, FERRIS S P, SARIN A. Impact of corporate insider,
blockholder, and institutional equity ownership [J]. Academy of
Management Journal, 1996, 39 (2): 255-291.

[218] NAKANO M, NGUYEN P. Foreign ownership and firm performance:
Evidence from Japan's electronics industry [J]. Applied Financial
Economics, 2013, 23 (1): 41-50.

[219] KELTNER D, GRUENFELD D H, ANDERSON C. Power, approach,
and inhibition [J]. Psychological Review, 2003, 110 (2): 265-284.

[220] ANDERSON C, GALINSKY A D. Power, optimism, and risk-taking
[J]. European Journal of Social Psychology, 2006, 36 (4): 511-536.

[221] EISENHARDT K M, ZBARACKI M J. Strategic decision-making [J]. Strategic Management Journal, 1992, 13 (1): 17-37.

[222] TEECE D J, PISANO G, SHUEN A. Dynamic capabilitiesand strategic management [J]. Strategic Management Journal, 1997, 18 (7): 509-533.

[223] WERNERFELT B. A resource-based view of the firm [J]. Strategic Management Journal, 1984, 57 (2): 298-326.

[224] EGGERS J P, KAPLAN S. Cognition and renewal: Comparing CEO and organizational effects on incumbent adaptation to technical change [J]. Organization Science, 2009, 20 (2): 461-477.

[225] 杨瑞龙, 王元, 聂辉华. "准官员"的晋升机制: 来自中国央企的证据 [J]. 管理世界, 2013 (3): 23-33.

[226] 金太军, 袁建军. 与企业的交换模式及其演变规律——腐败深层机制的微观视角 [J]. 中国社会科学, 2011 (1): 102-118, 222.

[227] 董晓庆, 赵坚, 袁朋伟. 国有企业创新效率损失研究 [J]. 中国工业经济, 2014 (2): 97-108.

[228] KANDEL E, LAZEAR E. Peer pressure and partnerships [J]. Journal of Political Economy, 1992, 100 (4): 801-817.

[229] CHILD J, PLEISTER H. Governance and management in China's private sector [J]. Management International, 2003, 7 (3): 13-23.

[230] LIANG X, LU X, WANG L. Outward internationalization of private enterprises in China: The effect of competitive advantages and disadvantages compared to home market rivals [J]. Journal of World Business, 2012 (47): 134-144.

[231] DOSI G, MARENGO L, PASQUALI C. How much should society fuel the greed of innovators? On the relations between appropriability, opportunities and rates of innovation [J]. Research Policy, 2006, 35 (8): 1110-1121.

[232] 李莉, 于嘉懿, 赵梅, 等. 管理防御视角下的国企创新——基于国企高管"作为""不作为"的探讨 [J]. 科学学与科学技术管理, 2018 (3): 101-121.

[233] SHLEIFER A, VISHNY R W. Politicians and firms [J]. The Quarterly Journal of Economics, 1994, 109 (4): 995-1025.

[234] 周黎安. 晋升博弈中政府官员的激励与合作——兼论我国地方保护主义和重复建设问题长期存在的原因 [J]. 经济研究, 2004 (6): 33-40.

[235] 郑志刚, 李东旭, 许荣, 等. 国企高管的政治晋升与形象工程——基于N

省 A 公司的案例研究［J］. 管理世界，2012（10）：146-156，188.

［236］ SCHULZE W S，LUBATKIN M H，Dino R N. Toward a theory of agency and altruism in family firms［J］. Journal of Business Venturing，2003，18（4）：473-490.

［237］ 李婧，贺小刚. 控制性股东与 CEO 的亲缘关系对企业技术创新能力的影响［J］. 科技管理研究，2011（8）：148-155.

［238］ DYCK A，ZINGALES L. Private benefits of control：An international comparison［J］. The Journal of Finance，2004，59（2）：537-600.

［239］ 姜付秀，马云飙，王运通. 退出威胁能抑制控股股东私利行为吗？［J］. 管理世界，2015（5）：147-159.

［240］ 李胜楠. 我国上市公司银行贷款与投资行为的关系研究——基于终极控制人性质调节效应的分析［J］. 管理学报，2011，8（3）：464-470.

［241］ 周飞舟. 从汲取型政权到"悬浮型"政权——税费改革对国家与农民关系之影响［J］. 社会学研究，2006（3）：1-38，243.

［242］ 刘骏，刘峰. 财政集权、政府控制与企业税负——来自中国的证据［J］. 会计研究，2014（1）：21-27，94.

［243］ 余明桂，范蕊，钟慧洁. 中国产业政策与企业技术创新［J］. 中国工业经济，2016（12）：5-21.

［244］ KOCHHAR R，DAVID P. Institutional investors and firm innovation：A test of competing hypotheses［J］. Strategic Management Journal，1996，17（1）：73-84.

［245］ 江轩宇. 政府放权与国有企业创新——基于地方国企金字塔结构视角的研究［J］. 管理世界，2016（9）：120-135.

［246］ 周煊，程立茹，王皓. 技术创新水平越高企业财务绩效越好？［J］. 金融研究，2012（8）：166-179.

［247］ WAHAL S，MC CONNELL J J. Do institutional investors exacerbate managerial myopia？［J］. Journal of Corporate Finance，2000，6（3）：307-329.

［248］ 刘张发，田存志. 所有权性质、在职消费与企业创新. 山西财经大学学报［J］.2017（9）：72-88.

［249］ 刘芍佳，孙霈，刘乃全. 终极产权论、股权结构及公司绩效［J］. 经济研究，2003（4）：51-62.

［250］ 窦炜，刘星，安灵. 股权集中、控制权与公司非效率投资行为——兼论大股东的监督抑或合谋？［J］. 管理科学学报，2011，14（11）：81-96.

［251］ KUMAR N，SAQIB M. Firm size，opportunities for adaptation and in-house R & D activity in developing countries: The case of Indian manufacturing [J]. Research Policy, 1996, 25 (5): 713-722.

[252] LALL S. Technological capabilities and industrialization [J]. World Development, 1992, 20 (2): 162-186.

[253] 周黎安, 罗凯. 企业规模与创新——来自中国省级水平的经验证据 [J]. 经济学 (季刊), 2005 (3): 623-638.

[254] SINGH J V. Performance, slack, and risk taking in organizational decision making [J]. Academy of Management Journal, 1986, 29 (3): 312-340.

[255] KOERNIADI H. Impact of corporate governance on financial practices of New Zealand companies [J]. Applied Finance Letters, 2013, 2 (2): 14-19.

[256] HE Z, WINTOKI M B. The cost of innovation: R&D and high cash holdings in U.S. firms [J]. Journal of Corporate Finance, 2016 (41): 280-303.

[257] KHANNA T, PALEPU K. Is group affiliation profitable in emerging markets? [5]An analysis of diversified Indian business groups [J]. The Journal of Finance, 2000, 55 (2): 867-891.

[258] 刘行, 李小荣. 金字塔结构、税收负担与企业价值: 基于地方国有企业的证据 [J]. 管理世界, 2012 (8): 91-105.

[259] ZHANG M, LIJUN M, ZHANG B, et al. Pyramidal structure, political intervention and firms' tax burden: Evidence from China's local SOEs [J]. Journal of Corporate Finance, 2016, 36 (1): 15-25.

[260] SUNDER J, SUNDER S V, Zhang J. Pilot CEOs and corporate innovation [J]. Journal of Financial Economics, 2017, 123 (1): 209-224.

[261] BERRONE P, OTTEN J. A global perspective on executive compensation [J]. Global Compensation Foundations and Perspectives, 2008, 34 (1): 216-235.

[262] 王烨, 叶玲, 盛明泉. 管理层权力、机会主义动机与股权激励计划设计 [J]. 会计研究, 2012 (10): 35-41, 95.

[263] NOE T H, REBELLO M J. Renegotiation, investment horizons, and managerial discretion [J]. The Journal of Business, 1997, 70 (3): 385-407.

[264] CORE J E, GUAY W R, VERRECCHIA R E. Price versus non-price performance measures in optimal CEO compensation contracts [J].

The Accounting Review, 2003, 78 (4): 957-981.

[265] SCHRAND C M, ZECHMAN S L C. Executive overconfidence and the slippery slope to financial misreporting [J]. Journal of Accounting and Economics, 2012, 53 (1): 311-329.

[266] 钟海燕, 冉茂盛, 文守逊. 政府干预、内部人控制与公司投资 [J]. 管理世界, 2010 (7): 98-108.

[267] 侯青川, 靳庆鲁, 陈明端. 经济发展、政府偏袒与公司发展 [J]. 经济研究, 2015 (1): 140-152.

[268] 辛清泉, 谭伟强. 市场化改革、企业业绩与国有企业经理薪酬 [J]. 经济研究, 2009, 44 (11): 68-81.

[269] CHEN D, KIM J, OLIER Z L. China's closed pyramidal managerial labor market and the stock price crash risk [J]. The Accounting Review, 2018, 93 (3): 105-131.

[270] LA PORTA R L, LOPEZ-DE-SILANES F, SHLEIFER A, et al. Investor protection and corporate governance [J]. Journal of Financial Economics, 2000, 58 (1): 3-27.

[271] 甄红线, 张先治, 迟国泰. 制度环境、终极控制权对公司绩效的影响——基于代理成本的中介效应检验 [J]. 金融研究, 2015 (12): 162-177.

[272] DECHOW P M, SLOAN R G, SWEENEY A P. Detecting earnings management [J]. Accounting Review, 1995, 70 (2): 193-225.

[273] 徐莉萍, 辛宇, 陈工孟. 控股股东的性质与公司经营绩效 [J]. 世界经济, 2006 (10): 78-89, 96.

[274] 王甄, 胡军. 控制权转让、产权性质与公司绩效 [J]. 经济研究, 2016 (4): 146-160.

[275] 李姝, 翟士运, 古朴. 非控股股东参与决策的积极性与企业技术创新 [J]. 中国工业经济, 2018 (7): 155-173.

[276] 郑国坚, 林东杰, 张飞达. 大股东财务困境、掏空与公司治理的有效性——来自大股东财务数据的证据 [J]. 管理世界, 2013 (5): 157-168.

[277] 叶康涛, 曹丰, 王化成. 内部控制信息披露能够降低股价崩盘风险吗? [J]. 金融研究, 2015 (2): 192-206.

[278] 林川. 过度投资、市场情绪与股价崩盘——来自创业板上市公司的经验证据 [J]. 中央财经大学学报, 2016 (12): 53-64.

[279] 潘秀丽, 王娟. 政府层级、审计意见与股价崩盘风险 [J]. 中央财经大学学报, 2016 (11): 57-65.

[280] BARBER B M, ODEAN T. All that glitters: The effect of attention and

news on the buying behavior of individual and institutional investors [J].
Review of Financial Studies, 2008, 21 (2): 785-818.

[281] GODFREY P C, MERRILL C B, HANSEN J M. The relationship between corporate social responsibility and shareholder value: An empirical test of the risk management hypothesis [J]. Strategic Management Journal, 2009, 30 (4): 425-445.

[282] GODFREY P C. The relationship between corporate philanthropy and shareholder wealth: A risk management perspective [J]. Academy of Management Review, 2005, 30 (4): 777-798.

[283] 安同良, 周绍东, 皮建才. R&D 补贴对中国企业自主创新的激励效应 [J]. 经济研究, 2009 (10): 87-98.

[284] HALL B H, HARHOFF D. Recent research on the economics of patents [J]. Annual Review of Economics, 2012, 4 (1): 541-565.

[285] HO, YEW KEE, ZHENYU X, et al. R&D investment and systematic risk [J]. Accounting and Finance, 2004 (44): 393-418.

[286] COHEN L, DIETHER K, MALLOY C. Misvaluing innovation [J]. Review of Financial Studies, 2003 (12): 1-32.

[287] ABOODY D, LE B. Information asymmetry, R&D, and insider gains [J]. Journal of Finance, 2000 (55): 2747-2766.

[288] 姜博, 郑登津, 汤晓燕. 高管持股变动与开发支出会计政策选择 [J]. 投资研究, 2014 (12): 56-73.

[289] 谢德仁, 廖珂. 控股股东股权质押与上市公司真实活动盈余管理 [J]. 会计研究, 2018 (11): 21-27.

[290] 谢德仁, 廖珂, 郑登津. 控股股东股权质押与开发支出会计政策隐性选择 [J]. 会计研究, 2017 (3): 30-38, 94.

[291] 韩鹏, 彭韶兵. 研发信息披露质量测度及制度改进 [J]. 财经科学, 2012 (7): 103-110.

[292] 李小晗, 朱红军. 投资者有限关注与信息解读 [J]. 金融研究, 2011 (8): 128-142.

[293] DRAKE M S, ROULSTONE D T, THORNOCK J R. Investor information demand: Evidence from Google searches around earnings announcements [J], Journal of Accounting Research, 2012 (50): 1001-1040.

[294] 李春涛, 宋敏, 张璇. 分析师跟踪与企业盈余管理——来自中国上市公司的证据 [J], 金融研究, 2014 (7): 124-139.

[295] IRANI R M, OESCH D. Monitoring and corporate disclosure: Evidence

from a natural Experiment［J］．Journal of Financial Economics，2013，109（2）：398-418．

［296］徐欣，唐清泉．财务分析师跟踪与企业R&D活动［J］．金融研究，2012（12）：173-189．

［297］张继德，廖微，张荣武．普通投资者关注对股市交易的量价影响——基于百度指数的实证研究［J］．会计研究，2014（8）：52-59，97．

［298］GRAHAM J R，HAREY C R，RAJGOPAL S．The economic implications of corporate financial reporting［J］．Journal of Accounting& Economics，2005，40（1-3）：3-73．

［299］林永坚，曹国华，沈华玉．股票流动性与股价崩盘风险：公司治理和短期行为视角［J］．重庆大学学报（社会科学版），2018（2）：47-65．

［300］TRUEMAN B．Theories of earnings-announcement timing［J］．Journal of Accounting and Economics，1990，13（3）：285-301．

［301］PARK M S，PARK T．Insider sales and earnings management［J］．Journal of Accounting and Public Policy，2004，23（5）：381-411．

［302］吴育辉，吴世农．股票减持过程中的大股东掏空行为研究［J］．中国工业经济，2010（5）：121-130．

［303］吴战篪，李晓龙．内部人抛售、信息环境与股价崩盘［J］．会计研究，2015（6）：48-55，97．

［304］袁建国，后青松，程晨．企业政治资源的诅咒效应——基于政治关联与企业技术创新的考察［J］．管理世界，2015（1）：139-155．

［305］许年行，江轩宇，伊志宏，等．分析师利益冲突、乐观偏差与股价崩盘风险［J］．经济研究，2012（7）：127-140．

［306］BARON R M，KENNY D A．The moderator-mediator variable distinction in social psychological research：Conceptual，strategic，and statistical considerations［J］．Journal of Personality and Social Psychology，1986，51（6）：1173-1182．

［307］温忠麟，叶宝娟．中介效应分析：方法和模型发展［J］．心理科学进展，2014（5）：731-745．

［308］蒋德权，姚振晔，陈冬华．财务总监地位与企业股价崩盘风险［J］．管理世界，2018，34（3）：153-166．

索引